OEUVRES
COMPLÈTES
D'ÉTIENNE JOUY.

TOME XXII.

ON SOUSCRIT A PARIS:

Chez JULES DIDOT AÎNÉ, rue du Pont-de-Lodi, n° 6;
BOSSANGE père, rue de Richelieu, n° 60;
PILLET aîné, imprimeur-libraire, rue Christine, n° 5;
AIMÉ-ANDRÉ, quai des Augustins, n° 59;
Et chez l'AUTEUR, rue des Trois-Frères, n° 11.

ŒUVRES
COMPLÈTES
D'ÉTIENNE JOUY,

DE L'ACADÉMIE FRANÇAISE;

AVEC DES ÉCLAIRCISSEMENTS ET DES NOTES.

Mélanges.

TOME II.

PARIS

IMPRIMERIE DE JULES DIDOT AÎNÉ,
RUE DU PONT-DE-LODI, N° 6.

1823.

MÉLANGES.

SECONDE PARTIE.

BEAUX-ARTS ET INDUSTRIE.

VOLUME XXII.

BEAUX-ARTS.

SALON DE 1817.

COUP D'ŒIL GÉNÉRAL.

« Il y a une gloire pour les arts de la paix comme pour les arts de la guerre » (disait l'écrivain le plus profond et le plus éloquent en prose de l'époque où nous vivons). Je le crois comme lui, et je regarde les beaux-arts comme la plus belle partie de toute gloire nationale : je pense aussi qu'ils tiennent de plus près à la nature que les arts industriels : les premiers sont les moyens de la civilisation, les autres n'en sont que les produits.

Parmi les beaux-arts, la peinture est celui auquel je suis le plus sensible, que j'ai le plus étudié, non dans les livres, mais dans mes propres sensations, qu'à tort ou raison je prends toujours pour juge du mérite de l'ouvrage que j'examine : exempt de préjugés et de préventions d'écoles, sûr d'être aussi bien organisé qu'un autre pour recevoir l'impression que l'artiste cherche à communiquer ; pour décider, sinon de la vérité de l'imitation qu'il s'est proposée, du moins du sentiment qu'il a voulu rendre, de la passion qu'il a voulu peindre ; je me crois en droit d'avoir un avis; et j'oserais presque dire (si je ne craignais qu'on se méprît sur le sens de mes paroles) que le suffrage ou la critique impartiale de cette espèce d'amateurs au nombre desquels je me mets sans façon, importe bien plus à l'art et aux artistes, que la louange ou le blâme intéressé de leurs confrères et de leurs rivaux.

Tous les goûts à-la-fois ne sont pas entrés dans mon ame. Celui de la peinture y a précédé tous les autres; et si je n'y ai fait aucun progrès, c'est que je me suis aperçu de bonne heure qu'on naît peintre, comme on naît poëte, et que j'ai eu le bon esprit de gagner à jouir des ouvrages des autres, le temps que j'aurais infailliblement perdu à travailler moi-même.

Pour un amateur aussi passionné que je le suis, on conçoit que l'ouverture du Salon est une véritable fête. Chaque jour j'y arrive le premier, et le suisse ne se doute pas du chagrin qu'il me fait, quand, à cinq heures, il donne le signal de la retraite en criant d'une voix de Stentor : *Messieurs, on va fermer.* Je n'ai rapporté de ma première visite au Salon, au milieu d'une foule immense, qu'une idée trop confuse des objets sur lesquels s'est promenée ma vue pour qu'il me soit permis d'entrer, dès aujourd'hui, dans l'examen particulier des tableaux dont se compose cette exposition; je me bornerai à quelques considérations générales qui trouveront leur application dans le cours de cette revue pittoresque.

Pour peu qu'on ait étudié l'histoire de la peinture et de la sculpture, on est frappé de cette observation, que ces deux arts, après avoir marché progressivement vers la perfection, s'en éloignent à pas également mesurés dans une direction contraire. Dans ses progrès, dans sa décadence, l'art procède, sinon avec la même sagesse, du moins avec la même régularité.

On a cru trouver les causes de ces progrès et de cette décadence des arts dans les circonstances qui les ont accompagnés, et qui, pour la plupart, y sont restées étrangères, sans en excepter le défaut ou l'abondance des encouragements auxquels on a eu d'ailleurs de fort bonnes raisons pour attribuer, en pareil cas, l'influence la plus directe. En y regardant de plus loin, peut-être verrait-on plus juste, et s'apercevrait-on que la cause principale de ce flux et reflux des arts tient au changement qui s'opère dans le système d'étude.

L'imitation fut d'abord le premier et l'unique but de l'art; le mérite d'un tableau ne se mesurait alors que sur le degré d'illusion que l'artiste parvenait à atteindre. Les productions de l'art se multiplièrent; on examina ce qu'on s'était jusque-là contenté de regarder, et l'admiration plus exigeante ne s'arrêtant plus au seul prestige de l'illusion, demanda compte au peintre du choix des objets imités. Ce premier pas vers le beau idéal étant fait, il ne tarda pas à se présenter un homme de génie, qui, parvenu dès sa première jeunesse à *imiter* et à *choisir* aussi bien que les maîtres, sentit bientôt que pour les surpasser, il fallait ne considérer l'art que comme un moyen, et que, pour atteindre son but, il fallait en reculer les limites jusqu'au point où elles touchent à la perfection, c'est-à-dire où la peinture peut se définir dans les propres termes de notre immortel Poussin : *la représentation d'une chose naturelle dont le but est la délectation.* Qu'on applique maintenant ces observations à la renaissance de l'art en Italie, on se convaincra de leur justesse.

Dès le milieu du quinzième siècle, des exemples d'une imitation parfaite avaient été donnés ; et, dans l'intervalle de près de deux cents ans, entre Cimabué et Raphaël, on remarque plusieurs ouvrages qui se distinguent progressivement par le choix du sujet. Raphaël commença par surpasser ses prédécesseurs dans cette imitation minutieuse des plus petits détails où le comble de l'art était d'exceller ; mais entraîné bientôt par l'élévation de son ame et par une exquise sensibilité, il observa mieux la nature: en imitant de préférence les traits caractéristiques de l'expression et de la beauté, il agrandit sa manière, et s'avança rapidement vers cette perfection qu'il était sur le point d'atteindre, quand la mort l'arrêta au milieu de sa carrière.

Ses élèves marchèrent trop vite dans la route qu'il avait tracée ; en voulant partir d'un point plus rapproché du but, ils négligèrent cette vérité d'imitation, cette éducation première d'où leur maître avait pris son élan, et qui lui donnait la force de fournir sa course tout entière.

Cependant Jules Romain avait reçu de la nature autant de dispositions que Raphaël, peut-être même était-il plus fortement organisé ; mais faute d'avoir appris à imiter comme lui, souvent son exécution manque de vérité, et son expression de justesse.

Le tableau de la *Transfiguration* offre un exemple frappant de la différence que le talent d'imitation avait mise entre le maître et l'élève ; on y reconnaît au premier coup d'œil les trois figures achevées par Jules Romain.

L'altération une fois introduite, elle s'accroît si rapidement qu'un siècle suffirait pour amener la décadence entière de l'art, s'il n'y avait qu'une seule école : on ne peut douter de cette vérité quand on remarque (en réunissant autour des chefs d'école leurs différents élèves) qu'il ne s'y trouve plus un seul homme distingué à la troisième génération. Mais les principes fondamentaux de l'imitation rigoureuse se conservent fort heureusement parmi quelques hommes médiocres, qui n'ont pu aller audelà, et c'est de leur modeste atelier qu'on voit sortir de temps à autre ces artistes habiles qui retardent la décadence de l'art, ou raniment ses progrès : ceci est applicable aux Carraches et à Rubens.

Il suit de là que ce principe de simplifier l'imitation de manière à la mettre en rapport avec la rapidité de l'imagination ; que ce principe, dis-je, à l'aide duquel l'homme de génie qui l'emploie avec habileté arrive à la perfection, devient une cause immédiate de décadence entre les mains de celui qui ne voit qu'un accessoire dans la vérité de l'imitation où il devrait chercher une base. Nous avons vu le temps où, pour paraître savant, on exprimait des courbes avec des angles ; où l'on voulait qu'une surface unie fût représentée par des couches raboteuses ; en un mot où l'on accordait d'autant plus d'estime à une méthode d'imitation, qu'elle s'éloignait davantage de la nature. Encore un pas, et l'art retombait dans la barbarie où deux hommes à talent, Carle Vanloo et Boucher, le conduisaient par de fausses routes : fort heureusement quelques uns de leurs élèves refusèrent de les suivre.

Un homme qui fut à son plus habile élève ce que le Pérugin fut à Raphaël, Vien, sentit le premier la nécessité de réformer le système d'étude, et de revenir lui-même à la vérité de l'imitation et à l'étude de l'antique, dont il fit la base de l'enseignement auquel notre école est redevable de l'éclat dont elle brille aujourd'hui.

L'école française ne rivalise, pour le coloris, ni avec l'école flamande ni avec l'école vénitienne, qui ne cherchaient que la couleur; mais elle les surpasse toutes pour la correction du dessin : la supériorité qu'elle s'est acquise dans cette partie est due à la loi que nos artistes s'imposent de consulter, en les comparant, le modèle vivant et les magnifiques débris de l'antiquité : en peinture, la perfection est de ressembler à tous deux ; un seul artiste a ce mérite par excellence, c'est le Raphael de notre école, l'auteur des *Thermopyles*.

Depuis près de trente ans, la peinture a pris en France un essor prodigieux; mais peut-être en s'emparant trop exclusivement des faits de notre histoire moderne, nos artistes ont-ils introduit trop de portraits dans leurs tableaux.

Parmi nous, il n'est pas rare de voir un héros, un grand homme, avec une tête sans noblesse et sans caractère; vous pouvez être l'honneur, la gloire ou l'amour de votre pays, avec une taille de quatre pieds dans toutes ses dimensions, avec la figure d'un marguillier de paroisse; toutes les actions de votre vie sont héroïques, tout en vous appartient à la peinture, excepté votre personne; vous pouvez être le sujet de vingt tableaux, mais vous ne devez jamais en être *le modèle,* car le beau choix dans les figures est une des premières obligations imposées au peintre d'histoire : sous ce rapport il faut convenir que nous sommes moins heureusement placés que ne l'étaient les Grecs, que ne le sont même aujourd'hui les Italiens, chez qui l'on retrouve encore quelques uns de ces types, de ces modèles originaux dont la beauté régulière est l'emblème matériel de *l'héroïcité*.

La vérité des costumes modernes, indispensable dans les sujets contemporains, est encore un obstacle que l'habileté des plus grands peintres ne saurait surmonter. Le costume militaire est moins défavorable que l'habit civil; mais il pèche encore par une insupportable uniformité. Il suit de là que l'histoire contemporaine n'est pas moins difficile à faire en peinture qu'en récit, et que l'art aurait fini par perdre beaucoup au maintien du système qui circonscrivait en quelque sorte nos peintres dans le cercle des hommes et des événements de nos jours : quelque grands que soient les uns et les autres, ils ont besoin, pour être peints avec tous leurs avantages, d'être vus dans le lointain du temps ou du moins de l'espace : dans tous les arts, *major è longinquo reverentia*.

La première impression que l'on éprouve en parcourant des yeux les salles d'exposition fait l'éloge du directeur aux soins duquel le Muséum est confié; il est rare, et peut-être plus rare en France que par-tout ailleurs, de voir se succéder dans une même place deux hommes également dignes de la remplir. Tous les amis des arts avaient applaudi, à une autre époque, au choix qui avait été fait de M. le baron Denon pour diriger ce magnifique établissement; les mêmes suffrages ont accueilli son successeur : M. le comte de Forbin réunit au plus haut degré les qualités nécessaires aux fonctions qu'il exerce. A qui pourraient-elles mieux convenir qu'à l'ami passionné des arts, qui les cultive lui-même avec un si brillant succès?

L'aspect général du salon ne pouvait être aussi imposant cette année qu'il le fut en 1814, où nous avions pour ainsi dire récapitulé nos richesses en présence des étrangers, qui nous ont depuis débarrassés de notre superflu. L'exposition nouvelle n'en est pas moins de nature à dissiper les craintes qu'on a pu concevoir en voyant *les dieux s'en aller*. Plusieurs grands tableaux d'histoire, parmi lesquels je citerai, dans l'ordre où j'ai l'intention d'en rendre compte, *la Didon* et *la Clytemnestre*, de M. Guérin; *le Départ du roi pour Gand*, de M. Gros; *le saint Étienne prêchant l'Évangile*, de M. Abel Pujol; *la Mort de Louis XII*, de M. Blondel, et quelques autres compositions d'un grand style, attestent, sinon les progrès de notre école, du moins une suite de travaux propres à maintenir son illustration.

Dans les expositions antérieures, peut-être les tableaux de batailles étaient-ils en trop grand nombre : j'en ai dit la raison plus haut ; peut-être sont-ils trop rares dans l'exposition nouvelle : la guerre en peinture est sans inconvénient pour l'humanité, et sans conséquence pour la politique. A voir la foule qui se presse autour des *Taureaux antiques de Guisando*, et de plusieurs *batailles* d'Horace Vernet, on peut juger du plaisir que les Français trouveront toujours au récit ou à la représentation des actions héroïques dont s'enorgueillit la gloire nationale et contemporaine.

Parmi les tableaux de genre, qui ne sont pas la partie la moins brillante de cette exposition, *la Convalescence de Bayard*, de M. Revoil ; *Louis XVI distribuant des secours pendant un hiver rigoureux*, par M. Hersent ; *l'Arioste au milieu des voleurs*, de M. Mauzaize ; *une Scène de l'Inquisition*, de M. de Forbin ; *l'Intérieur d'une salle à manger*, de M. Drolling, sont les premiers sur lesquels s'est arrêtée ma vue : je ne pense pas que la vérité d'imitation ait jamais été poussée plus loin qu'elle ne l'est dans ce dernier tableau d'un peintre que les arts ont eu le malheur de perdre au moment où il venait d'achever ce petit chef-d'œuvre.

Il faudrait citer un trop grand nombre de paysages, si l'on voulait indiquer tous ceux qui contribuent à enrichir cette exposition : même à côté des tableaux de M. le comte de Turpin, de

MM. Bertin et Watelet, on remarque la *Cascade de Tandon*, de M. Dutac, jeune homme sur lequel il est permis de fonder de grandes espérances, quand on sait qu'il n'a encore eu d'autre modèle que la nature, et qu'il a pour ainsi dire deviné l'art que les autres apprennent.

C'est parmi les portraits que se trouve, selon moi, l'ouvrage le plus voisin de la perfection que renferme le salon de 1817 : on voit que je veux parler du *portrait en pied de S A. R. le duc d'Orléans.* Il n'est peut-être permis qu'à un amateur qui ne doit compte à personne de son opinion, dont le jugement est sans conséquence aux yeux même de l'envie, de décider qu'aucun peintre ancien ou moderne, que Vandyck lui-même n'a rien produit d'aussi beau que ce portrait, où tout ce qui constitue un chef-d'œuvre dans ce genre, la ressemblance, la couleur, la pose et le dessin, se trouve réuni au même degré de perfection.

PREMIÈRE VISITE.

ENTRÉE D'HENRI IV A PARIS.

Cedite, romani pictores,
Cedite, belgi

« Chacun son tour, me dit mon ami Léonard (en entrant dans ma chambre, où j'étais retenu depuis quelques jours par une légère indisposition), vous m'avez consulté pour rendre compte du Salon, et je viens vous demander votre avis sur une histoire que j'achéve; je ne vous en lirai qu'un fragment assez court, mais il suffira pour vous donner une idée de l'ouvrage sur lequel j'appelle toute la sévérité de votre critique. Il ne s'agit de rien moins que d'une Vie de Henri IV, que j'ai essayé d'écrire comme il engageait le président Jeanin à le faire, *en laissant à la vérité toute sa franchise, et en prenant la liberté de la dire sans artifice et sans fard* [1].

« Le premier morceau que vous allez entendre, est la fin du chapitre intitulé : *Entrée d'Henri IV à Paris*. Je vous préviens que je suppose cette histoire

---

[1] Casaubon; lettre de Henri IV.

écrite par un vieillard contemporain, lequel rapporte des faits dont il est censé avoir été témoin.

— « Il se levait pour nous ce jour de gloire et de bonheur qui devait arracher la France au joug des factions et de l'étranger; qui devait mettre un terme à tant d'années de désordres, de calamités et de fureurs; ce jour enfin qui nous rendait Henri IV:

« La nuit qui l'avait précédé avait été orageuse, et le ciel, couvert encore de nuages épais que le soleil à l'horizon dissipait avec effort, offrait l'image de la situation de cette capitale.

« On savait que le brave et indiscret Saint-Luc [1] avait été envoyé à Senlis pour y traiter de la reddition de Paris; mais on ignorait généralement l'issue de cette négociation que la faction de l'étranger se flattait encore de pouvoir rompre.

« Tout-à-coup l'heureuse nouvelle est annoncée par des trompettes qui se répandent dans les divers quartiers de la ville; toute la population est en mouvement, des groupes nombreux se forment sur toutes les places; on s'interroge, on se félicite, on s'embrasse, et des flots de peuple se précipitent par différents chemins au-devant du cortége.

« Trop vieux pour obéir à mon impatience en volant à sa rencontre, j'allai me placer à l'extrémité

---

[1] Il avait été sur le point de perdre la vie pour avoir révélé a sa femme le secret des amours de Henri III.

du quai de l'École, sur un échafaudage qu'avait fait dresser mon neveu le *quartenier Neret*, et d'où je pouvais jouir avec délices d'un bonheur auquel mon âge ne me permettait plus de prétendre.

« Je vis d'abord défiler l'avant-garde royale, élite des vieilles bandes de *Coutras*, d'*Arques*, d'*Ivry*, que le peuple saluait en passant de cette acclamation : *Vivent les soldats du roi des braves!*

« Henri IV parut, et s'arrêta quelques moments à l'entrée de la *porte Neuve* pour y recevoir les clefs de la ville, que ses magistrats vinrent lui présenter. Après cinq ans, ce spectacle sublime est encore sous mes yeux.

« Je vois le meilleur, le plus valeureux des princes au milieu des compagnons de sa fortune et de sa gloire; son visage rayonnant des vertus de son ame et des sentiments qui la remplissent, exprime une joie noble et pure, une confiance généreuse; il a l'air de se donner au peuple qui se soumet à lui; c'est bien là le roi des Français! *Ses talents, ses vertus, et jusqu'à ses défauts, tout nous appartient* [1].

« *Sully*, qu'on cherche le premier par-tout où l'on voit Henri, est le plus près du roi, dont il porte le casque où flotte ce panache que *l'on trouva toujours au chemin de la gloire et de l'honneur*. Ses traits, naturellement sévères sont animés d'une ex-

---

[1] Thomas (Éloges).

pression touchante où se peint toute la sollicitude de l'amitié.

« Voilà ce *brave Crillon* qui *se serait pendu*, cette fois, si l'on avait triomphé sans lui ; toutes les femmes se montrent du doigt *Montmorency Damville*, que l'infortunée Marie Stuart trouvait si beau qu'elle desirait être veuve pour l'épouser ; mais je suis fâché de voir avec eux, et si près du roi, ce *maréchal de Retz*, un des conseillers de la *Saint-Barthélemy*, et qui fut chargé d'aller excuser auprès d'Élisabeth le crime le plus épouvantable dont le fanatisme religieux ait jamais souillé les annales d'une grande nation.

« *Biron*, que j'aperçois derrière eux, ne paraît prendre qu'un bien faible intérêt à ce grand événement, auquel il a si puissamment contribué ; il y a quelque chose de funeste dans sa physionomie ; aussi envieux qu'il est brave, on voit qu'il aurait voulu que rien ne fût fait que par lui.

« A la tête des échevins, s'avance le prévôt des marchands, le sage et courageux *Luillier,* qui prépara cette journée mémorable, et dont le dévouement ne fut souillé par aucune perfidie. L'histoire, en le plaçant au nombre des bienfaiteurs des peuples, n'oubliera pas que ce titre semble être héréditaire dans cette famille, et que si *Luillier* contribua si puissamment, sous le meilleur des rois, à terminer la guerre de la *ligue religieuse*, un de ses aïeux, sous le plus mauvais des princes, n'intervint pas avec moins de courage et de bonheur dans les négociations qui terminèrent la guerre de *la ligue du bien public.*

« Tandis que le maréchal *de Brissac*, gouverneur de Paris, présente au roi les officiers municipaux, un mouvement tumultueux qui se manifeste à quelque distance paraît causer quelque inquiétude ; mais elle est bientôt dissipée à la vue du maréchal *Matignon*, dont le geste annonce qu'il vient de défaire un corps de lansquenets qui avait opposé quelque résistance du côté de la Bastille.

« J'avais remarqué à l'entrée de la rue des Poulies un groupe assez nombreux de plumets rouges, parmi lesquels fermentait encore *le vieux levain de la ligue* : le brave *Saint-Luc d'Épinay* s'avance vers eux, et leur montrant le roi : *Il vous fera tant de bien*, leur dit-il, *qu'il vous forcera de l'aimer malgré vous* [1]. Tous l'écoutent ; un seul ligueur, un seul, dont les traits sinistres sont restés gravés dans ma mémoire, s'éloigne en jetant sur le roi un regard féroce dont le souvenir me fait encore frissonner.

« Au même moment, et comme pour me distraire de la cruelle pensée que l'aspect de ce malheureux faisait naître dans mon ame, je vois passer auprès de moi mon neveu *Neret*, appuyé sur ses deux fils : ils

---

[1] Ce mot est de Henri IV lui-même.

ont veillé tous trois cette nuit à la garde de la *porte Neuve*, et ce sont eux qui l'ont ouverte au roi. Comment ne seraient-ils pas fiers d'une action qui transmettra leur nom à la postérité?

« Je cherchais le brillant duc *de Bellegarde*, je crus le reconnaître derrière M. de *Sully*, au moment où il levait la visière de son casque en jetant les yeux sur un balcon où se trouvait *Gabrielle d'Estrées*. Quelqu'un fit la remarque que le roi ne porta pas une seule fois ses regards de ce côté.

« Ce serait en vain qu'on essaierait de peindre cet enthousiasme universel, ce délire de joie dont la foule est saisie, et qui se manifeste dans toutes les classes du peuple par des caractères si variés, par des élans si rapides, que la même scène se reproduit à chaque moment sous vingt formes différentes. Aucune crainte pour l'avenir ne se mêle à cette jouissance du bonheur présent; tous les Français connaissent le cœur d'Henri IV; ce n'est point sa valeur plus qu'humaine, ses vertus héroïques, c'est sa bonté, sa franchise, son amour pour le peuple, et son respect pour les lois, qui le placent au-dessus de tous les monarques, ou plutôt qui en font un monarque à part; le seul qui ait justifié sur le trône le titre qu'il prenait, *de père de la grande famille*.

« Qu'ont-ils à craindre, ceux mêmes qui l'ont offensé, de celui dont on répète par-tout la maxime favorite : *La satisfaction qu'on tire de la vengeance ne dure qu'un moment; celle qu'on tire de la clémence est éternelle.*

« Cinq ans d'expérience nous ont déja prouvé que l'entrée d'Henri IV à Paris avait été pour toute la France le signal de la réunion des partis, la garantie de la liberté publique, et le triomphe de la gloire nationale sur la faction de l'étranger. »

— Léonard interrompit sa lecture pour me demander ce que je pensais de ce fragment.

« Je pense, lui dis-je, qu'il y a là le sujet du plus magnifique tableau qu'on puisse offrir à des Français; il est fâcheux que l'exécution en soit impossible en peinture.

— Il est fait, reprit-il, et je viens de vous en lire le programme. »

Je n'étais pas homme à l'en croire sur parole : nous nous rendîmes au Salon, et c'est en présence de ce chef-d'œuvre de M. Gérard, après avoir donné les premiers moments à l'admiration, qui ne s'exprime guère que par monosyllabes, que nous continuâmes un entretien dont nous avions le sujet sous les yeux.

— Le talent de la composition, me dit Léonard, n'a été, à toutes les époques, que le partage d'un très petit nombre d'artistes.

Pendant tout le temps de la décadence de notre école, la composition n'était autre chose qu'une disposition de groupes, plus ou moins pittoresques, à l'arrangement desquels la pensée, la vérité et les convenances étaient impitoyablement sacrifiées.

A l'époque de la réformation de l'école, un de nos plus grands artistes sentit la nécessité de réunir au charme d'une disposition pittoresque cette unité, cette vérité d'action et de moyens dont jusque-là on n'avait tenu aucun compte; malheureusement il ne parvint pas à en donner l'exemple, et ses tableaux, dignes, sous tous les autres rapports, des plus beaux temps de l'art, sont en général très faibles de composition : dès-lors son amour-propre, intéressé à décrier la partie de l'art à laquelle il ne pouvait atteindre, affecta de n'y voir que l'abus qu'en avaient fait les artistes du siècle de Louis XV. M. Gérard profita fort habilement des leçons d'un si grand maître, sans adopter un principe dont il avait peut-être reconnu la source. Il ne crut pas impossible d'allier l'arrangement pittoresque et la vérité de l'expression : ses premiers essais ont été des preuves.

S'il était impossible de présenter un sujet plus beau, plus national que celui de l'*Entrée d'Henri IV à Paris,* il était difficile d'en choisir un plus vaste et plus compliqué : dans la foule des scènes épisodiques qui accompagnèrent ce mémorable événement, et qui toutes se retraçaient à l'imagination du savant artiste, il n'a dû s'emparer que de celles qui pouvaient concourir directement à son but, de représenter le triomphe paisible du magnanime Henri au milieu d'un peuple affamé de le voir.

Il n'y avait qu'un homme aussi habile dans la composition, qui pût (en conservant l'unité d'action, plus indispensable dans ce tableau que dans tout autre) y placer tous ces détails dont chacun attache en particulier, et semble pourtant n'attirer l'attention que pour la ramener au sujet principal, où se concentre l'intérêt.

M. Gérard a pris son point de vue sur le quai de l'École, entre le Pont-Neuf et la rue des Poulies, où les anciens plans de Paris indiquent une tour qui ne subsiste plus; au fond du tableau vous voyez la *porte Neuve*...

—J'aurais bien quelque chicane à faire sur l'emplacement de cette porte, qui n'était point située, comme le dit la notice, à la hauteur du second guichet de la galerie du Louvre; mais cela ne vaut pas la peine de vous interrompre.

—Henri IV, entouré des principaux officiers de son armée, reçoit les clefs de Paris, que lui présentent les magistrats de la ville : tel est le foyer de l'action, dont les nombreux accessoires s'échappent comme autant de rayons, sans se détacher du centre où ils se réunissent. Le groupe des magistrats est de la plus heureuse composition; voyez avec quel art l'œil est conduit par la disposition des lignes, et la gradation naturelle de la lumière, vers le prévôt des marchands, qui présente les clefs dans un bassin d'or.

Toutes les têtes des divers personnages qui entourent le monarque sont admirables d'expression, de grandeur et de variété.

— Ne pensez-vous pas que Montmorency, qui regarde en souriant le maréchal de Brissac, est occupé en ce moment de l'idée que la ligue a fort bien fait de le choisir pour gouverneur quelques mois auparavant? Ces têtes ont toutes un caractère historique : on reconnaît l'austère Sully, le brave Crillon, le beau Montmorency, le galant Bellegarde, et l'infortuné Biron. Je n'aime pas plus que vous à voir en aussi bonne compagnie ce maréchal de Retz, qui n'était d'ailleurs qu'un assez pauvre général.

— Quel charme dans les épisodes! un guerrier embrasse un bourgeois; c'est le jour de la réconciliation.

Un père presse entre ses bras ses deux fils, qu'il a peut-être retrouvés dans le parti qu'il combattait; événement trop commun dans les guerres civiles!

— C'est une idée noble et touchante que celle de ce vieillard qui semble adresser au ciel les paroles de Siméon : « Ordonne de ton serviteur, il peut mourir, il a vu la gloire et le bonheur de sa patrie. »

— Je saurais presque aussi mauvais gré à l'auteur

d'avoir oublié *Gabrielle* que *Sully*: les vertus d'Henri IV sont sublimes, mais ses faiblesses sont si aimables! Je n'en veux rien perdre, pas même l'idée de ses défauts.

— Remarquez, je vous prie, comme un sentiment exquis des convenances, que la tête de cet odieux ligueur, si peu sensible aux exhortations de Saint-Luc, n'a pas du tout le type de la figure française. Je pourrais trouver dans cette observation le sujet d'un plus digne éloge; mais le bien doit quelquefois se louer comme il se fait, avec mystère.

L'étonnante variété qu'on remarque dans les nombreuses figures de ce tableau est due en grande partie au talent de M. Gérard pour peindre le portrait. Les peintres d'histoire qui se sont moins exercés dans ce genre se laissent entraîner à une sorte de prédilection pour certaines formes; ici tout est vrai, tout est varié, tout est beau: les airs de tête sont autant de combinaisons diverses de traits choisis et étudiés sur la nature.

Une des choses qui caractérisent particulièrement le talent de ce chef actuel de l'école française, c'est de dessiner beaucoup mieux les figures drapées que ceux de ses rivaux qui se sont fait la réputation de grands dessinateurs, et cela sans affecter le nu, sans vouloir à toute force indiquer des détails anatomiques que le vêtement dérobe. J'ajouterai qu'il entend mieux que personne l'art d'opposer les couleurs sans heurter les tons, et qu'il emploie son talent avec d'autant plus de supériorité, qu'il ne perd jamais de vue que l'imitation n'est pas le but de l'art, qu'elle n'en est que le moyen.

Émouvoir, tel est le but de la peinture comme de la poésie, et tel est le mérite qui assigne au tableau de l'*Entrée d'Henri IV* un des premiers rangs parmi les cinq ou six chefs-d'œuvre que l'on compte en Europe. M. Gérard a fait mieux que la *Bataille d'Austerlitz*: il ne pouvait être vaincu que par lui-même.

—Je n'ai point quitté le Salon sans aller, avec la foule qui s'y porte sans cesse, admirer cet *Escalier* de M. Isabey, chef-d'œuvre d'un genre dont il est en quelque sorte l'inventeur. Charme de composition, perfection de dessin, vérité de détails, effet, perspective, tout se trouve dans cette composition charmante, où, dans une simple aquarelle, l'artiste a su trouver une chaleur de tons qu'on avait cru, jusqu'ici, ne pouvoir obtenir que de la peinture à l'huile.

J'ai vu un second paysage de M. Dulac, du même genre que sa *Cascade de Tendon*; les progrès de ce jeune artiste y sont déja sensibles; les masses se détachent davantage; l'eau est plus transparente, et l'air y circule plus librement. Ces premiers essais, je le répète, promettent à la France un grand paysagiste.

SECONDE VISITE.

Le meilleur tableau d'histoire est à mes yeux celui où l'action la plus intéressante par le choix du sujet et du moment est rendue de la manière la plus vraie et la plus convenable : à ce titre, la *Didon* de M. Guérin me paraît mériter la palme que lui disputent, à d'autres égards, la *Clytemnestre*, et le *Saint-Étienne* de M. Abel.

C'est un grand avantage pour un artiste (quoi qu'en puissent dire des gens intéressés à soutenir le contraire), que d'avoir beaucoup d'esprit; cet avantage se fait sentir dans toutes les compositions de M. Guérin, et particulièrement dans celle que j'examine en ce moment. On a dit que le Poussin était le peintre des philosophes; on peut dire que M. Guérin est le peintre des poëtes : sa peinture dramatique vous attache sans cesse par l'intérêt de la scène, par la force de la pensée, par le charme des souvenirs : personne ne compose avec plus d'inspiration; sa pantomime est toujours noble, ses intentions toujours justes, et ses sentiments toujours vrais; s'il en exagère quelquefois l'expression, c'est que la peinture n'a qu'un geste et qu'un moment pour accomplir un fait, pour compléter une idée. Ce jeune artiste excelle dans l'art d'ajuster les draperies, de disposer les détails, et de parer la force elle-même de tous les charmes de la grace. On dirait que Racine l'inspire, et que Talma dirige son pinceau.

M. Guérin n'est pas coloriste, du moins dans le sens qu'on est convenu d'attacher à ce mot; c'est-à-dire qu'il n'emploie jamais ces oppositions fortes, ces contrastes heurtés dont Véronèse et Rubens ont tiré de si grands effets. Convaincu, comme je le suis, que c'est presque toujours aux dépens de la vérité que ces effets-là se produisent, je me garderais bien de faire un reproche à l'auteur de *Phèdre* et d'*Andromaque* de cette suavité de pinceau qui le distingue, si l'expérience n'avait déja démontré que la couleur qu'il s'est faite est moins qu'une autre à l'abri des outrages du temps.

La fraîcheur d'une jolie femme ne passe pas moins vite sur la toile de M. Guérin que dans la nature; mais si l'on doit quitter son adorable *Didon* avec autant d'inquiétude que l'on quitte une maîtresse qu'une absence de dix ans peut rendre méconnaissable, c'est une raison de plus pour bien l'apprécier aujourd'hui.

Didon, à demi couchée sur un lit pompeux, écoute, pour la seconde fois probablement, le récit des malheurs de Troie, et regarde le héros qui les lui raconte avec des yeux où se peint déja toute l'ardeur de la passion fatale qu'elle est destinée à ressentir[1]. L'*Amour*, sous la figure d'Ascagne (et que l'on reconnaît, comme dit Virgile, *au feu qui brille dans ses yeux, à la feinte douceur* de son sourire), se joue auprès de la reine qui lui abandonne une de ses mains qu'il caresse. *Élise* (la tendre Élise, que Virgile a peut-être eu tort d'oublier dans ce tableau) est debout au chevet du lit, et partage son attention entre *Énée* qu'elle écoute, et l'*Amour* qu'elle soupçonne.

La scène se passe sous le portique du palais : dans le lointain on découvre le môle de Carthage.

Ceux à qui la lecture du quatrième livre de l'*Énéide* n'aura pas donné assez d'humeur contre Énée, ceux qui auront pu lui pardonner d'avoir quitté si dévotement une reine charmante dont il avait été si généreusement accueilli, partageront sans doute ma colère contre ce Troyen, plus ingrat, plus insensible encore que dévot, en revoyant, dans le tableau de M. Guérin, la veuve de Sichée, dont l'amour lui-même semble avoir pris plaisir à tracer le portrait. Si le faux Ascagne n'était pas là, Didon ne serait que belle ; mais en agitant son cœur, il anime ses yeux, il embrase ses sens, et répand sur cette

---

[1] ..... *Pesti devota futuræ*
Expleri mentem nequit, ardescitque tuendo,
Phœnissa

figure céleste la grace voluptueuse qui manque trop souvent à la beauté régulière.

Énée est trop jeune, trop brillant: il ne me donne pas l'idée de ce *pater Æneas,* si soigneux d'enlever ses pénates de Troie en flammes, où il n'oublie que sa femme : peut-être la tête du héros manque-t-elle de caractère, par cela même qu'on y retrouve celui de plusieurs autres figures du même auteur : le casque dont elle est couverte, contre toute convenance, à ce qu'il me paraît, lui fait perdre encore du mouvement et de l'expression que son aspect de profil a déja beaucoup diminués.

Je connais beaucoup d'amateurs qui préfèrent la figure d'*Élise* à celle de *Didon:* il est vrai qu'il est difficile d'imaginer rien de plus joli, de plus gracieux que ce personnage; et je conçois qu'à vingt ans, avec le pouvoir divin d'animer l'une ou l'autre, un nouveau Prométhée balançât quelque temps entre elles le flambeau de la vie : mais considéré comme acteur dans la scène que le peintre a placée sous nos yeux, le personnage de Didon me semble plus poétiquement dessiné : c'est bien là cette tendre Phénicienne *qui s'enivre à longs traits du poison de l'amour*[1]. J'ai plus de peine à reconnaître sa sœur, sa compagne, son amie, dans cette jolie fille, debout, dans une attitude un peu subalterne, et que rien

---

[1] .. .. *Longumque bibebat amorem.*

n'empêche de prendre pour une jeune esclave admise dans la familiarité de la reine.

C'est le triomphe de l'art et du génie que d'avoir fait deviner l'*Amour* sous la figure d'*Ascagne*. Cet éloge, je l'ai entendu exprimer d'une façon bien naïve par une très jeune personne auprès de qui je me trouvais au salon : « Le joli enfant ! disait sa mère. C'est dommage, répondit la petite fille, qu'il ait l'air d'un bien mauvais sujet. » On a décidé qu'il y avait *trop d'esprit* dans l'action du malin enfant, qui, tout en jouant avec la main de Didon, en retire l'anneau conjugal; et moi je pense qu'il était impossible d'expliquer d'une manière plus ingénieuse et plus naturelle tout à-la-fois les progrès et les suites d'une passion qui doit rendre Didon infidèle à ses premiers serments.

Je ne sais quel marchand de laine a trouvé mauvais que la reine de Carthage fût vêtue d'une étoffe de coton : comme si les tissus de coton n'étaient pas de la plus haute antiquité; comme s'il n'était pas permis de supposer qu'une colonie de Phéniciens qui faisaient le commerce de l'Inde, pouvait en rapporter des mousselines.

Si je voulais absolument trouver quelque critique de détail dans ce magnifique tableau, je demanderais au peintre pourquoi, dans le lointain où il nous montre la *naissante Carthage,* on ne voit que des monuments *achevés;* mais l'admiration n'est pas chicaneuse.

Le même peintre a fait preuve de force et d'adresse en opposant deux tableaux de genres aussi opposés que sa *Didon* et sa *Clytemnestre.* Celui-ci pourrait fort bien être mis au-dessus de l'autre par les grands connaisseurs; mais le public préfère la Didon, et je suis de l'avis du public, tout en reconnaissant les beautés supérieures dont brille cette autre composition.

C'est une grande et belle idée d'avoir placé dans l'ombre le *crime qui veille;* mais il ne fallait pas tant éclairer la *vertu qui dort* : antithèse à part, après avoir admiré dans le tableau de Clytemnestre un prodigieux effet de lumière, quand on vient à se rendre compte du moyen qui le produit, la raison est loin d'être aussi satisfaite que les yeux. Cinq ou six lampes de *Carcelles,* allumées derrière le rideau rouge où repose Agamemnon, donneraient à peine une masse de lumière aussi vive que celle dont la tête et le buste du roi des rois sont éclairés. D'ordinaire on n'illumine pas l'alcove où l'on veut dormir. A cette invraisemblance près, tout est sublime dans cette composition : l'expression de la nature aux prises avec le crime n'a peut-être jamais été plus profondément saisie que dans les figures d'*Égisthe* et de *Clytemnestre:* le premier, en poussant la reine armée d'un poignard vers le lit nuptial, indique suffisamment l'horrible action dont il est le provocateur, et le geste qu'il fait de la main gauche pour montrer à sa complice l'endroit où elle doit frapper me paraît au moins inutile : Clytemnestre sait bien ce qu'elle va faire : regardez-la, le crime est déja consommé. .

J'étais encore en extase devant ce tableau, lorsque je fus joint par mon ami Léonard, à qui j'avais donné rendez-vous au Salon. Ce M. Léonard, après avoir fait à Paris d'excellentes études préliminaires, après avoir voyagé en Italie, en Égypte, et dans la Grèce, est revenu en France avec l'intention d'être peintre : dès son début dans la carrière, où il eut quelque succès comme dessinateur, il s'aperçut, ou plutôt on lui fit apercevoir qu'il n'avait qu'une couleur sur sa palette, et qu'il était irrévocablement condamné au camaïeu ; il se le tint pour dit, et quittant le pinceau du peintre pour le compas de l'architecte, il prit rang parmi les hommes les plus habiles de cette profession. M. Léonard, en abandonnant la peinture, a conservé parmi les artistes la réputation du plus habile connaisseur ; nous ne sommes pas toujours du même avis, mais je défère assez volontiers au sien dans tout ce qui tient aux principes d'un art dont il a fait une étude approfondie.

« Ce tableau, m'a-t-il dit, en me plaçant au point

de vue le plus favorable au *Saint-Étienne* de M. Abel Pujol, est (académiquement parlant) le plus beau de l'exposition, c'est-à-dire celui où l'on remarque le plus de beautés classiques. De très habiles peintres savent imiter ou copier les belles formes grecques; ils font de magnifiques *statues peintes* auxquelles il ne manque rien *que la vie;* c'est dans la seule école de David qu'on apprend à réunir la beauté des formes idéales à la vérité du modèle : M. Abel est un des élèves de ce maître des maîtres qui a le mieux profité de ses leçons.

« A ne considérer que le dessin et la couleur, ce tableau l'emporte sur ceux auxquels vous avez donné la première place : il est vrai que la composition en est moins originale et l'expression plus froide : pour traiter un pareil sujet où l'idée de la multitude est la première qui se présente à l'esprit, une toile de trente pieds eût été nécessaire.

—Ne pensez-vous pas, dis-je à Léonard, que le personnage principal devrait être autrement conçu? Si je me représente un enthousiaste au milieu d'une foule de peuple à laquelle il débite des choses tellement étranges qu'il va se faire lapider, certes, son geste, son regard, son action, seront bien autrement animés; je ne songerai pas à draper son vêtement comme celui d'un pontife dans un jour de fête, et l'espèce de désordre que je croirai devoir y introduire, ne nuira pas à la noblesse de mon héros chrétien.

— Il y a quelque chose de vrai dans cette réflexion, reprit-il ; ce qui n'empêche pas que cette grande composition, admirable sur-tout par la variété des figures, par la disposition des groupes et par l'énergie du pinceau, ne se soutienne à côté des plus beaux tableaux de l'école italienne. »

Je me serais obstiné à trouver que le tableau du *Départ du roi au 20 mars* était fort au-dessous de la réputation de son auteur, si mon ami le connaisseur n'eût redressé mes idées à certains égards. « L'expression, me dit-il, est la première partie de l'art; vous le croyez ainsi que moi : comment donc ne voyez-vous pas que, sous ce rapport du moins, ce tableau est irréprochable? Dans cette scène de nuit, peinte avec des couleurs sombres, appliquez-vous à démêler les objets, et voyez de combien de détails cette composition s'enrichit. La figure de ce fidèle serviteur qui porte le flambeau n'est-elle pas un chef-d'œuvre? par quel art cette foule, sur l'escalier, se détache-t-elle en groupes distincts, où l'expression de la douleur et du respect se varie sous mille formes différentes? Plus on examine ce tableau, plus on doit se convaincre qu'il ne pouvait sortir que du pinceau célèbre auquel nous sommes redevables de *la Bataille d'Aboukir, de la Peste de Jaffa,* et *de Charles-Quint à Saint-Denis.* »

C'est dans l'ouvrage d'un de nos écrivains les plus distingués, dans l'*Itinéraire de Paris à Jérusalem*, que M. Rouget a pris l'idée de son tableau *des Derniers moments de saint Louis*. L'ensemble de cette composition est d'un bel effet; l'ordonnance en est sage, la couleur vraie, les figures bien senties, et pourtant je ne suis pas aussi fortement ému que je devrais l'être de la scène imposante que j'ai sous les yeux. — Voulez-vous en savoir la raison? c'est que cette belle composition n'est pas conçue d'une manière assez dramatique; c'est que la mort du *saint roi* n'est que l'accessoire d'une action dont la douleur de son frère *Charles d'Anjou* est le véritable sujet; c'est que les têtes, d'une expression vraie, manquent un peu de noblesse; que rien n'indique précisément le lieu de la scène, et que l'on croit voir des portraits où l'on cherche des caractères. Que l'auteur de ce tableau soit moins timide; qu'il travaille d'inspiration, et l'on peut lui prédire qu'il prendra sa place parmi les maîtres.

Nous n'avons eu qu'un avis sur *la Clorinde* de M. Mauzaise : ce tableau annoncerait plus de talent que de verve, plus de goût que d'imagination, si l'auteur de l'*Arabe et son Coursier* n'avait pris soin de répondre d'avance à cette critique. Sa *Clorinde* plaît beaucoup et n'émeut que faiblement. Il s'est proposé une action, et il en a peint une autre. Le livret condamne le tableau dont le sujet se trouve indiqué dans ce passage du *Tasse* : « *Une joie soudaine a ranimé Clorinde; elle sourit et semble dire: Le ciel s'ouvre et je m'en vais en paix.* » Rien de tout cela dans la peinture qui nous est offerte. Clorinde n'est pas mourante; elle est morte depuis quinze jours au moins, et Tancrède ne baptise qu'un cadavre : que le sourire est loin de ces lèvres flétries! et combien j'en veux à M. Mauzaise d'avoir fermé ces yeux dont les derniers regards devaient dire en s'élevant de son amant vers le ciel : *Il est ouvert, et je m'en vais en paix*. Le sang coule d'une manière peu naturelle sur la tunique blanche de Clorinde; elle paraît avoir été déshabillée avec beaucoup de précaution, et les pièces de son armure sont placées près d'elle dans un ordre qui fait trop honneur au sang-froid de son amant.

Les accessoires, dans ce tableau, sont peints avec un soin extrême; l'imitation ne peut aller plus loin; tout ce qui est en fer est à toucher.

Après la *Clytemnestre* de M. Guérin, je ne vois pas au Salon de composition plus simple et plus dramatique à-la-fois que celle du *Lévite d'Éphraïm* de M. Couder; et quand on sait qu'un pareil tableau est l'ouvrage d'un jeune homme qui débute dans la carrière, on a besoin d'avoir auprès de soi un artiste aussi éclairé que celui qui m'accompagne, pour ne pas donner à l'éloge le caractère de l'exagération. Voici par quelles observations il tempéra les louanges que je donnais à ce tableau :

« L'attitude de la femme est vraie, expressive ; sa tête est noble, et l'excès de la douleur n'en altère pas la beauté ; le corps est bien tombé, mais la position des bras est fausse ; le manteau est jeté hardiment, les plis en sont larges et bien rendus ; mais la tunique est moins heureusement drapée. On veut toujours dessiner le nu sous le vêtement qui le cache ; pour paraître savant, on cesse d'être vrai : c'est une sorte de pédantisme qu'il faut éviter, quoiqu'un de nos premiers artistes en donne quelquefois l'exemple.

« L'effet général du tableau manque de justesse ; l'idée du matin n'est pas rendue ; la lumière doit être diffuse sans dégradation sensible. Il est vrai que les peintres n'y regardent pas toujours de si près ; on veut attirer l'œil sur la partie qu'on a soignée davantage, et l'on suppose qu'il faut l'éclairer plus que le reste. Je n'en conclus pas moins, ajouta-t-il, que le *Lévite d'Éphraïm* est un tableau remarquable, et que son jeune auteur a surpassé de beaucoup les espérances qu'il avait données au concours de 1815. »

« Il y a dans ce tableau d'*Armide* de M. Ansiaux (c'est toujours mon ami qui parle) une couleur brillante qui ne sent pas la palette ; l'espèce d'afféterie qui se mêle à la grace de l'enchanteresse est justifiée par le sujet; mais je voudrais bien savoir comment un opticien m'expliquerait les reflets bizarres du miroir que tient Armide; je voudrais savoir aussi comment une pareille scène se passe dans un aussi triste paysage : point d'autres fleurs dans ces lieux *enchantés* que deux ou trois misérables pâquerettes!! Le mérite de cette agréable composition est tout entier dans le groupe des deux figures principales. Cette Armide est charmante ; il y a dans son sourire quelque chose de diabolique que j'aime assez... »

Il n'existe, dans les *Annales des arts*, qu'un seul exemple de trois générations d'hommes également célèbres dans la même profession, et c'est dans la famille des Vernet qu'il se trouve : Horace, le plus jeune artiste de ce nom célèbre, déja connu par une foule de productions pleines d'esprit, vient de prendre rang parmi les peintres d'histoire : sa *Bataille de Tolosa* est une composition hardie qui décèle dans son auteur une richesse d'imagination que l'on admire jusque dans ses écarts. Je veux bien convenir avec mon censeur obligé, que cet admirable *cheval blanc* tient trop de place dans le tableau; que le personnage principal (*don Sanche*, roi de Navarre) pourrait être plus noble; que le coup qu'il va porter ne blessera personne; que les armures pourraient être mieux imitées, et que ces reflets blanchâtres sur les cuirasses ne sont pas d'un bon effet; mais quelle figure plus expressive que celle de ce *Rodrigue*, archevêque de Tolède! quelle pieuse audace dans le mouvement de ce *porte-croix* qui s'avance au milieu de la mêlée pour planter cette enseigne de la foi! Où l'auteur a-t-il vu ces guerriers maures dont chaque figure est un portrait? comment a-t-il deviné ces expressions contrastées du fanatisme aveugle et du dévouement religieux, ces angoisses de la mort, ces efforts du désespoir et de la rage, tous ces secrets des batailles que le souvenir peut seul révéler au génie? Voilà les questions qu'on se fait en présence d'un tableau qu'on ne peut cependant comparer, pour la perfection, à un autre du même auteur et de moindre dimension dont j'aurai occasion de parler ailleurs.

TROISIÈME VISITE.

C'est un rude homme que mon ami Léonard; il prétend que, pour s'entendre sur les idées, il faut commencer par s'entendre sur les mots; et j'ai vu le moment où il me faisait une véritable querelle, parceque je ne savais pas précisément la valeur du mot *genre* en peinture.

« Il y a des *peintres de genre*, me dit-il un peu brusquement, ce qui signifie qu'il y a des peintres qui s'occupent exclusivement d'un genre particulier d'imitation; mais l'expression *tableaux de genre* est vide de sens si elle ne s'applique pas généralement à tout ce qui n'est pas l'*histoire*. Si vous en restreignez la signification, comme vous le faites, à la peinture des *scènes familières,* sous quelle dénomination rangerez-vous les tableaux de *fleurs*, d'*animaux*, les *paysages*, et les *portraits?*

Il n'y a que deux classes dans la peinture, l'*histoire* et le *genre,* c'est-à-dire la représentation d'objets ou d'actions d'une nature héroïque, et l'imitation d'objets ou d'actions pris dans la nature commune: c'est moins par le sujet que ces deux classes se distinguent que par le style; et comme le costume, en peinture, en est la partie la plus caractéristique, le choix que l'on fait du costume suffit quelquefois pour assigner à un tableau la classe à laquelle il doit appartenir. Par exemple, que dans le tableau du *Testament d'Eudamidas*, sans rien changer au sujet, à l'ordonnance, à l'admirable expression de ses figures, *le Poussin* se fût contenté de substituer des vêtements modernes aux costumes antiques; qu'il eût affublé son vieillard d'une robe de chambre et d'une coiffe de nuit; qu'il eût donné à son docteur et à son magistrat l'habit d'un médecin et d'un notaire de nos jours, ce tableau, où rien ne serait changé que le costume, perdrait cependant son caractère historique, et rentrerait dans cette division de la classe des tableaux de genre que l'on nomme *scènes familières*.

Le même changement dans le costume des personnages du tableau de la *Malédiction paternelle*, de Greuse, pourrait faire d'une scène villageoise un tableau d'histoire.

Je ne conclus pas de cette observation que le costume constitue essentiellement le genre, mais que souvent il le détermine.

— Déterminez donc, lui dis-je, en lui montrant le *Joueur dépouillé*, de M. Dubost, la classe à laquelle appartient ce tableau.

— En spécifiant l'action dans le livret, l'auteur en fait un tableau de *genre;* il ne tenait qu'à lui de nous le donner pour un tableau d'*histoire*, en indiquant le sujet en ces mots : *Un archonte d'Athènes arrête son fils par son manteau, dans le moment où ce jeune homme se prépare à quitter la maison paternelle, avec une jeune esclave qu'il veut épouser.* Ce vague de l'action qui permet de la caractériser d'une manière si différente est le principal défaut de cette composition, où l'on remarque d'ailleurs de très belles parties; les figures m'en paraissent bien étudiées, le dessin correct, la couleur vigoureuse; mais la composition est froide, incertaine, et le tableau sans beaucoup d'effet... »

Pendant que Léonard discourait sur ce tableau de M. Dubost, je cherchais des yeux la *Promenade à Hyde-Park* et les *Préparatifs de course*, où le même peintre se montre le rival des Vernet dans un genre porté par eux à la perfection. Nous passions dans la grande galerie pour les y chercher, lorsque nous nous aperçûmes que la foule un peu moins grande autour du *Monastère de Guisando* nous permettait d'en approcher. Mon ami, très méthodique de sa nature, prétendait que j'allais intervertir l'ordre de mes observations, et que ce tableau appartenait au genre du paysage, je soutins que c'était un tableau de bataille, et que dans tous les cas il fallait profiter de l'occasion.

— « Cette composition, me dit-il, est tout-à-fait remarquable, comme *paysage* et comme sujet de *bataille;* ne vous y trompez pas cependant, ce ne sont pas les beautés dont elle étincelle qui lui valent un aussi prodigieux concours de spectateurs; c'est au choix d'une action révoltante que l'auteur est redevable du succès d'enthousiasme qu'il obtient. N'avez-vous pas vu pendant cinq ou six ans la foule, à poste fixe, devant un tableau qui représentait le supplice d'*un juge écorché tout vif?* Effacez du tableau de M. Le Jeune ces *hommes nus* que des monstres à figure humaine égorgent de sang froid, *ces cadavres que des chiens dévorent,* cette composition n'en sera pas moins belle, mais ses admirateurs seront beaucoup moins nombreux.

— Quand la foule aura suffisamment contemplé ces horreurs, malheureusement *historiques*, les connaisseurs resteront pour admirer plus froidement ce beau paysage, ce combat si bien figuré dans son ensemble, ces groupes distribués avec tant d'art, ces odieux portraits de *guérillas* dont la physionomie est si bien saisie, qu'on serait tenté de croire que l'auteur les a dessinés pendant qu'ils l'assassinaient : et cet arc-en-ciel si bien peint, ce signe de paix qui, dans la nature annonce la fin de la tempête, n'est-il pas un emblême ingénieux dont l'auteur s'est servi pour annoncer sa délivrance?... — Je ne sais pas si l'artiste guerrier a eu, dans cette circonstance, l'intention que vous lui prêtez peut-être un peu gratuitement, mais c'est par cet arc-en-ciel même, où vous voyez tant de choses, que je commencerai ma critique : d'abord d'où vient-il cet arc-en-ciel? il ne pleut pas : cet accident de lumière peut exister sur un rideau de pluie très-mince, qui ne dérobe pas entièrement les objets placés derrière, mais encore doit-il les voiler d'une manière sensible.

« Ce *cavalier* qui se défend encore est d'une grande vérité d'attitude, mais que fait-il d'un tronçon de sabre dans sa main gauche? il ne s'en est probablement pas servi de cette main-là : que ne le jette-t-il pour faire usage de son mousqueton qu'il tient de la main droite? Le groupe autour du principal personnage est bien en action, et le mouvement du *chef des Espagnols* est d'une vérité parfaite : mais comment ces deux *chiens*, si maigres au milieu des débris humains qu'ils dévorent, ont-ils fait lâcher prise à cet énorme *vautour* que n'effraient ni les coups de fusil ni les cris horribles des combattants? Est-il vraisemblable que ces misérables *guérillas* qui dépouillent si complétement ces *dragons* tombés dans leur embuscade aient oublié, quelques jours avant, de dépouiller les *cuirassiers* dont on voit, dans un coin du tableau, les squelettes revêtus d'armures aussi propres, aussi brillantes qu'elles le seraient un jour de revue? »

Je voudrais, autant que possible, que tous les sujets en peinture s'expliquassent sans le secours d'un livret, ou du moins que l'action s'y trouvât tellement caractérisée, qu'on ne pût se méprendre sur l'époque où elle se passe, sur les personnages qui en sont l'objet. Dans la foule des tableaux qui manquent de cette espèce de précision, je citerai la *Mort de Masaccio*, du même auteur que le *Lévite d'Éphraïm*. Cet élève qui débute par des coups de maître est digne de toute la sévérité de la critique, par les grandes espérances qu'il donne, et par les justes éloges qu'il mérite : j'admirais ce charmant tableau, tout en me plaignant de ce défaut de clarté dans l'exposition du sujet...

— Le *Masaccio*, me dit Léonard, était un peintre florentin qui vivait soixante ans avant Raphaël, et qui mourut en 1443, à l'âge de trente-huit ans. Il s'appelait *Tommaso di San-Giovanni di Valdarno*, et comme il était d'une laideur et d'une saleté remarquables, on l'appelait le *vilain Thomas* (Masaccio). Il mourut *subitement empoisonné*, dit l'histoire. Je ne connais pas de poison qui fasse mourir ainsi : n'importe, un mensonge convenu vaut un fait. Vous avez peut-être vu mourir quelqu'un subitement ; à coup sûr M. Couder n'a jamais eu ce malheur-là. Voici comment la chose se passe en pareil cas.

« Je me trouve mal, dit le peintre,... la tête me tourne... » Il s'assied et s'évanouit. Ses élèves l'entourent, déboutonnent son gilet, lui ôtent sa cravate ; on lui fait respirer du vinaigre, on lui en frotte les tempes... Le moine qui se trouve là s'approche du mourant : « Mon ami, m'entendez-vous ?... recommandez votre ame à Dieu; demandez-lui pardon;... cela ne sera rien!... » En parlant, il lui tâte le pouls, met la main sur son cœur, et sentant qu'il ne bat plus: « C'en est fait, dit-il, il est mort!... — Cela n'est pas possible, répondent les élèves... — Hélas! cela n'est que trop vrai, interrompt le moine; » et tous se mettent à pleurer.

Dans cette succession de mouvements, l'artiste n'en ayant qu'un à saisir, j'aurais pris celui où le moine prononce: *Il est mort!...* Ces mots et l'impression qu'ils produisent sur ceux qui les entendent, peuvent se peindre par des gestes *arrêtés* que l'artiste doit s'attacher à choisir; on éprouve je ne sais quelle impatience à voir fixer sur la toile un mouvement qui en suppose immédiatement un autre. Sous le rapport de l'exécution, ce tableau de M. Couder laisse peu à desirer.

— Je ne vois aucun reproche à faire à celui qui représente un trait de la vie de Callot:

Je me couperai plutôt le pouce, que de rien faire contre l'honneur de mon prince et de ma patrie, dit l'artiste lorrain, à un envoyé du cardinal de Richelieu, qui lui proposait de graver la *prise de Nancy;* cette réponse, où M. Laurent a trouvé le sujet d'un tableau plein de vérité, d'esprit et de grace, est doublement honorable pour les arts: j'ai remarqué plus d'un ouvrage au Salon, dont les auteurs ne se sont pas montrés aussi scrupuleux que le graveur de Nancy.

Les deux figures du tableau de M. Laurent sont dignes d'éloge par le naturel de la pose et l'expression, quoiqu'un peu froide; les objets qui décorent l'atelier sont imités parfaitement, et le jour du châssis ne saurait être mieux rendu. — Sans moi vous ne vous apercevriez pas d'un grand défaut de perspective dans le plafond de cette chambre: il s'abaisse beaucoup trop à l'une de ses extrémités.

— Encore un hommage rendu à la peinture dans la personne d'un des plus grands génies dont elle s'honore. *Le cardinal de Richelieu présentant le Poussin à Louis XIII* est un tableau remarquable par la couleur et par la vérité de la scène; la figure de la reine est drapée avec goût, et celle du Poussin est un véritable portrait. Ce tableau est un des meilleurs de ceux qui ont été demandés par le gouvernement. L'auteur, M. Ansiaux, y fait preuve d'un goût plus sûr, d'une couleur plus franche que dans son tableau d'*Armide* dont j'ai déja parlé.

C'est avant tout le but et l'intention que j'examine dans les productions des arts : réveiller un souvenir honorable, peindre une action intéressante, offrir une leçon utile ou une image agréable, telle est une des conditions qu'un peintre doit au moins s'imposer en prenant ses pinceaux. M. de Forbin en réunit plusieurs dans son tableau *d'une Religieuse interrogée dans un cachot souterrain de l'inquisition*. Cette scène déchirante (qu'on ne peut voir sans frémir à l'idée du tribunal odieux où elle s'est renouvelée tant de fois) est rendue avec la plus effrayante vérité. J'admire sur-tout ce rayon de lumière qui tombe perpendiculairement du haut de la voûte, et qui éclaire les objets d'une manière si pittoresque. Ce moine qui lit à cette fille infortunée l'arrêt du saint-office a bien tout l'impitoyable sang-froid du ministère qu'il exerce : un caractère de férocité plus brutale est empreint dans tous les traits de ce *familier* qui s'apprête à couvrir la victime du terrible *san benito*. — Tout cela est vrai, tout cela est bien; mais pour être tout-à-fait juste, il faut ajouter que la figure de la religieuse manque de cette grace, de cette beauté idéales dont on se plaît à parer la douleur : il faut dire que ce vilain familier qui prend à terre le *san benito* de carton a l'air de soulever un poids de cent livres; que la partie la plus éclairée du pavé n'est pas, comme elle devrait l'être, au milieu de la colonne de lumière qui descend de la voûte; que cette lumière n'est pas assez sentie sur l'habit du dominicain, où elle devrait produire des reflets plus vifs; enfin, il faut remarquer que les figures bien esquissées ne sont pas assez finies pour un tableau de cette dimension. — Pour louer l'auteur avec moins de restriction, attendez son tableau de *la Mort de Pline*.

— Allons maintenant, avec les courtisans de Louis XIV, voir cet autre comte de Forbin *qui mène l'ours;* cet ours, c'est *Jean-Bart à Versailles.* Tout le monde connaît l'anecdote où M. Tardieu a trouvé le sujet de ce joli tableau. Louis XIV veut savoir comment Jean-Bart a fait pour traverser la flotte hollandaise; et notre brave marin, pour donner au monarque une idée de sa manœuvre, passe à travers la foule de courtisans, au milieu desquels il se fait jour à coups de poing. Cette action comique est on ne peut pas mieux rendue; l'habit de drap d'or dont Jean-Bart est embarrassé plutôt que couvert n'empêche pas de reconnaître le *patron de Dunkerque*, et l'impression causée par la brusquerie de ses mouvements se peint d'une manière très variée sur la figure des spectateurs. Un petit page, renversé dans la mêlée, attire sur-tout les regards par la grace de sa personne et la naiveté de son attitude. C'est un détail fort spirituel que cette pipe cassée au milieu du salon.

— La figure du roi pouvait être plus noble et plus belle; il suffisait pour cela qu'il fût plus ressemblant. L'amiral Forbin trouve naturellement sa place auprès du roi dans cette composition, et l'on sait gré à l'auteur du rapprochement ingénieux que cette circonstance donne occasion de faire : c'est sur-tout au mérite personnel qu'on aime à tenir compte d'une gloire héréditaire. Si c'est là de la louange, elle honore peut-être plus celui à qui on l'adresse que celui qui la donne : il est encore plus rare d'être l'objet d'une louange fine que d'en être l'auteur.

Voyons maintenant cet *Arioste au milieu des brigands*. Je suis déja bien favorablement prévenu pour l'auteur du *Baptême de Clorinde*.

Les brigands sont fort bien...... pour des brigands. L'auteur a donné à chacune de ces figures le caractère de férocité et de bassesse qui convient à gens de pareille étoffe ; j'aurais voulu seulement qu'il y eût plus fortement indiqué le sentiment de respect dont ils sont saisis à la vue du grand homme dont la présence les désarme.

L'*Arioste*, dont la pose pourrait être un peu moins académique, a fait trop de toilette pour se mettre en voyage : sa poitrine, recouverte d'une espèce de cuirasse en soie blanche, est d'une largeur démesurée, et sa jambe droite est tendue de façon à marquer une espèce de creux à l'endroit du genou ; je ne conçois aucun effort du jarret qui puisse produire un effet semblable : en cherchant à se rendre compte de tout, on peut encore se demander s'il est bien naturel que, dans une situation aussi critique, Arioste, les deux bras pendants, tienne ses tablettes d'une main et son crayon de l'autre. Toutes ces critiques de détail n'empêchent pas que ce tableau ne soit fait pour ajouter à la réputation de son jeune auteur.

Il y a une grande vérité d'imitation dans un petit tableau représentant *la Mort de l'abbé Edgeworth*. Cette composition est sage; les figures, et particulièrement celle de Madame, sont pleines d'expression. La *Naissance de Louis XIII* du même auteur, M. Menjaud, ne mérite pas les mêmes éloges.

M. Révoil, qu'on peut appeler le peintre de la chevalerie, n'a rien fait dans ce genre de plus parfait que sa *Convalescence de Bayard*; composition, exécution, il faut tout louer, à moins qu'on ne trouve, comme Léonard, que le dessin pourrait être plus correct, et les trois têtes de femmes d'un fini plus précieux.

Après le tableau du *Monastère de Guisando*, celui qui attire le plus constamment la foule est *la Bataille* de M. Horace Vernet, où figurent en première ligne les lanciers polonais. On ne peut quitter ce tableau où respire en quelque sorte la gloire nationale : chaque groupe est un épisode du plus grand intérêt. Là deux lanciers qui meurent en s'embrassant; plus loin, deux autres qui s'embrassent en se félicitant d'être échappés au carnage; au centre de ce groupe d'officiers dont chaque figure est évidemment un portrait, ces prisonniers espagnols que l'on amène; tous ces instruments de guerre, tous ces accessoires d'une inconcevable vérité, transportent le spectateur sur un champ de bataille où la victoire se montre à ses yeux avec tout ce qu'elle a de charmes et d'horreurs.

On peut croire que la nature n'a plus de secrets pour l'art quand on a vu *la Salle à manger* de M. Drolling, et l'on ne saurait donner assez d'éloge à la manière dont il a su combiner ce double effet de la lumière qui vient de la fenêtre du fond et de la porte d'entrée. L'illusion, dans ce petit tableau, est portée au plus haut point où la peinture puisse jamais atteindre. J'en dirai presque autant des tableaux de M. Richard représentant *la duchesse de Montmorenci* et *madame de La Vallière*.

La *Salle du quatorzième siècle* et la *Chapelle du Calvaire* de M. Bouton ne permettent pas de lui comparer les *Peter Neef*, les *Panini*, qui se sont fait une si grande réputation dans un genre où il les a surpassés; mais je voudrois voir de lui un morceau d'architecture éclairé par un jour de face. Ce que je ne conçois pas, c'est que cet habile peintre ne peigne pas mieux la figure, du moins devrait-il s'abstenir d'en mettre dans ses tableaux.

Entre plusieurs tableaux de M. Vanbrée, qui se distinguent par une composition pleine d'esprit et de goût, j'ai remarqué son *Atelier de Vandaël*. L'architecture est d'un très beau style, et les fleurs (on ne saurait en faire un plus bel éloge) sont dignes de figurer dans l'atelier du peintre célèbre qui s'est acquis dans ce genre une si grande réputation. La grandeur du local n'est pas en proportion, du moins à ce qu'il me semble, avec la petitesse des figures. celles-ci n'en sont pas moins ressemblantes, et j'ai cru remarquer parmi les jeunes personnes qui ornent cet atelier une dame qui emploie son immense fortune à protéger les arts qu'elle cultive elle-même avec beaucoup de succès.

Il y a du mérite dans le tableau de *la Reine à la Conciergerie;* mais cette lumière est pâle sans être mélancolique; ces traits ne sont pas ceux de l'auguste prisonnière; et en regardant d'un œil sec la scène douloureuse qu'il nous présente, on demande compte à l'auteur des larmes qu'on ne verse pas.

QUATRIÈME VISITE.

Les tableaux de *scènes intérieures* sont nombreux ; j'en ai sans doute oublié plusieurs qui concourent à l'éclat de cette exposition ; mais il en est un sur lequel je ne me pardonnerais pas de garder le silence : il y a des noms qui recommandent des ouvrages et qui sont déjà une sorte de garantie de leur mérite. M. Ducis, pour qui les sujets de chevalerie semblent avoir un attrait particulier, n'en pouvait choisir un plus heureux que celui de *François Ier armé chevalier par Bayard :* dans son ensemble, cette composition a bien la couleur du temps ; l'action principale est habilement détachée, et les groupes distribués avec art. La figure du roi est noblement posée ; peut-être, dans celle de Bayard, où l'on voit bien le chevalier *sans reproche,* ne voit-on pas assez le chevalier *sans peur.* Ce tableau est d'un effet agréable : la couleur en est brillante, et les détails pleins de goût et de vérité.

— Il y a dans la peinture, comme dans la nature, me dit mon guide, des produits qui servent pour ainsi dire de transition d'une espèce, d'un genre à un autre, ou qui participent de tous à-la-fois ; tel est, entre plusieurs tableaux, celui de M. Hersent représentant *Louis XVI distribuant des bienfaits aux pauvres pendant le rigoureux hiver de* 1788. On peut le considérer par rapport au sujet, c'est une *scène familière ;* par rapport au style, c'est un *tableau d'histoire ;* par rapport au lieu où se passe l'action, c'est un *paysage.*

« On ne saurait dire trop de bien de ce tableau continua Léonard en s'asseyant en face, après l'avoir examiné long-temps ; il n'y a point là de manière d'école, et ce serait en vain qu'on voudrait deviner le maître de cet artiste. Ce tableau présentait de grandes difficultés ; presque toutes ont été habilement vaincues. La palette n'offre pas de couleurs vraiment lumineuses ; il y a par conséquent des effets de lumière qu'il est impossible de peindre, et parmi ceux qui ne dépassent pas les bornes de l'art, on ne réussit à les rendre que par de fortes oppositions ; ce moyen ne pouvait être employé dans un effet de neige ; le peintre s'est donc vu forcé de chercher ses contrastes dans les couleurs locales de ses figures : marche inverse de celle que l'on suit ordinairement dans notre école. Il faut encore louer l'artiste de ce qu'il n'a point affecté cette manière large, ou plutôt expéditive, au moyen de laquelle on vise à rendre beaucoup de choses d'un seul coup de brosse : ici, tous les détails sont non seulement indiqués, mais rendus ; toutes les figures sont non seulement étudiées, mais finies : je n'ai d'objection que contre ces bas de soie, et ces étoffes de couleurs si fraîches, dont le peintre a jugé à propos d'habiller le roi, dans une promenade du matin au milieu de la neige ; et contre les costumes qui, sans en excepter celui du vieil invalide, ne sont pas exactement de la date du sujet : l'auteur m'entend.

Le joli tableau de *Daphnis et Chloé*, du même maître, ne mérite pas moins d'éloges ; on y retrouve toutes les graces, toute la naïveté de l'auteur grec où M. Hersent a puisé son sujet : l'expression de la figure des jeunes bergers est parfaite, et c'est la première partie de la peinture.

Il est sur-tout un genre d'expression qui semble être plus particulièrement une révélation du génie, parceque l'artiste n'en peut trouver le type que dans son imagination exaltée par ses souvenirs.

Un peintre peut avoir eu le bonheur de rencontrer un modèle vivant aussi parfaitement beau que la *Didon* de M. Guérin ; mais s'il a vu sur cette figure divine l'expression ravissante qu'on y admire, c'est qu'il l'avait fait naître, et sans doute alors il avait mieux à faire que de la peindre.

L'Israélite à la fontaine, de mademoiselle Brucy, d'une couleur moins transparente que le tableau de *Daphnis et Chloé*, peut-être aussi d'un dessin moins correct, mérite cependant d'être cité comme une composition très gracieuse, et qui annonce dans son auteur un talent formé par de bonnes études.

Au premier rang des *paysages* de cette exposition (où l'on doit placer le *Paysage historique* de M. Watelet, la *Cour intérieure du château de Wuflens* de M. de Turpin; une *Forêt* de M. Bertin, *où des pasteurs font des offrandes au dieu Pan*), je remarque un tableau de M. Barrigue de Fontainieu, représentant une *Vue de la ville de la Cava dans le royaume de Naples:* ciel, arbres, montagnes, tout y est rendu avec un rare talent.

La *Vallée de Ronciglione*, de M. Bidault, offre un très beau paysage parfaitement composé: les arbres y sont toutefois moins bien étudiés que les montagnes, dont les teintes dégradent avec beaucoup d'art jusqu'au dernier plan. On doit à M. Demarne une *Foire*, un *Clair de lune*, et des *Pâtres portant leur père*. Ces diverses compositions rappellent le talent dont leur auteur a tant de fois donné des preuves.

Des deux tableaux que M. Dunoui a faits pour Trianon, la *Vue de Naples prise auprès du Capo-di-Monte* me semble de beaucoup le meilleur: les figures qui animent ce paysage, et principalement ce villageois jouant de la *zampogna* devant une madone, sont touchées avec beaucoup d'esprit.

J'ai remarqué aussi une autre *Vue de Genesano*, de M. Ronmy, où il a placé une procession de pénitents noirs et blancs portant une jeune fille en terre. La composition de ce tableau est bien entendue, et chaque figure s'y trouve parfaitement en scène; la lumière y est divisée avec art; le ciel et les fonds en sont sur-tout largement peints.

La *Première neige d'automne* aux environs de Gand, par M. César Vanloo, est d'un homme qui a beaucoup étudié sur la nature les effets de neige; il paraît s'être particulièrement adonné à ce genre de tableaux dans lequel il a constamment réussi. — Celui-ci me semble néanmoins pécher par quelques détails; la fumée a l'air de tomber dans cette cheminée au lieu d'en sortir.

La *Vue de la place et de l'église de Pantin le jour de la Fête-Dieu;* la *Prière pendant l'orage* (dont l'idée est empruntée, je crois, à Bernardin-de-Saint-Pierre), font honneur au pinceau léger et gracieux de M. Boubot.

— Vous oubliez de signaler à l'attention des amateurs une charmante composition de M. Seyfert, qui pourrait leur échapper par la petitesse de son cadre. C'est une *Vue prise entre Géménos et la Sainte-Beaume.* Ce petit chef-d'œuvre se trouve au milieu de la première galerie à peu de distance du portrait de la *sœur Marthe,* que j'aimerais encore mieux dépouillée de toutes les décorations mondaines dont elle est couverte.

— Voilà vingt fois que vous passez devant ce paysage, me dit Léonard, en me montrant la *Cascade de Tandon dans les Vosges*, sans faire attention à ce tableau qui mérite cependant une mention toute particulière. — C'est que je n'y vois rien que des arbres trop sombres, des rochers trop noirs et des eaux trop blanches. — Regardez mieux, et vous verrez la nature, la nature prise sur le fait par un jeune homme qui n'a jamais eu d'autre maître, qui a souvent passé la nuit sous ces arbres, sur ces rochers dont il vous offre l'image, et qui a peint son tableau sur la toile de son matelas. M. Dutac (c'est le nom de l'auteur de ce paysage) débute par un coup d'essai prodigieux. — Je crois vous donner une preuve de ma sagacité en vous disant qu'au premier aspect de ce tableau j'avais deviné que l'auteur était jeune, qu'il n'était jamais entré dans un atelier, qu'il avait vécu jusqu'ici dans les montagnes, et qu'il était né avec l'instinct de la peinture. — Et moi je vois là le germe d'un talent original qui se fraie une route nouvelle où chaque pas lui préparé un succès. M. Dutac possède tout ce que la nature donne; il lui manque ce qui constitue l'art, le secret de ces combinaisons savantes qui, sans dénaturer les objets, les présentent sous le jour le plus avantageux, en altérant quelquefois la vérité au profit de la vraisemblance. Il ne sait pas encore détacher les masses, choisir les effets les plus favorables à l'illusion, et se méfier d'une fidélité trop scrupuleuse: les rochers du milieu desquels sa cascade se précipite sont fatigants d'uniformité; je suis sûr qu'ils sont tels qu'il les a peints; mais plus variés, ils plairaient davantage: les eaux ne sont pas ou du moins ne paraissent pas naturelles; je ne vois, dans toute leur étendue, qu'une trace d'écume; et pour peu qu'on ait observé la nature, on a pu remarquer qu'une masse d'eau, à l'endroit où commence sa chute, est transparente, et qu'elle se détache en ruban de cristal. — Je sais bien, moi qui ai passé quelques mois dans les Vosges, à Épinal et à Gérarmer, moi qui l'ai vue cette cascade de Tandon; je sais, dis-je, que le peintre a quelques bonnes raisons à donner de tout ce qu'il a fait: je sais que le torrent qu'il nous représente a déja fait une chute de vingt pieds avant d'arriver aux rochers du haut desquels il se précipite dans le tableau; que les eaux doivent conséquemment en tomber écumantes par l'effet du premier choc qu'elles ont reçu; mais les yeux ne jugent que ce qu'ils voient, et c'est sur-tout en peinture que la vérité n'admet point de commentaires. Au demeurant, que M. Dutac continue à peindre en plein air; qu'il n'étudie que pour apprendre à bien voir; qu'il voyage pour comparer la nature à elle-même, pour s'initier à ses secrets, pour la saisir sous toutes les formes, et nous le verrons dans quelques années, j'oserais en répondre, au premier rang des paysagistes.

En continuant notre revue dans la grande galerie,

nous nous arrêtâmes devant l'*Incendie de Moscou.* Ce tableau est d'un grand effet ; la fumée rougeâtre dont la ville est couverte, éclaire cette scène effrayante du jour qui lui convient ; les progrès des flammes au milieu des monuments qu'elles dévorent, produisent le degré d'illusion où la peinture peut atteindre dans un genre où l'imitation restera toujours si loin de la vérité. — A quelques égards, l'auteur pouvait en approcher de plus près ; la réverbération du feu n'est pas assez sensible, particulièrement sur l'eau ; le ton général devrait en être plus rouge, et les reflets beaucoup plus vifs. Remarquez encore que la foule qui se précipite vers la rivière paraît y tourner le dos : il est vrai que sans cela nous ne verrions pas de visages.

Louis XV répondit au peintre Latour qui lui parlait du mauvais état de notre marine : *Il nous reste Vernet.* Nous n'en pouvons pas dire autant aujourd'hui. Nous ne sommes guère plus riches en *marine* qu'en *marines.* Les Vernet, les Huc attendent encore des successeurs. J'ai le droit d'être difficile sur ce genre de tableaux ; aussi n'en citerai-je que deux, l'*Intérieur d'un port d'Italie* (effet de brouillard) que je trouve d'une vérité parfaite, et le *Départ d'Angleterre de S. A. R. le duc de Berri sur la frégate l'Eurotas,* où je ne trouve à reprendre, en ma qualité de marin, que dans la disposition des voiles du cutter.

Il est à regretter que M. Vandaël n'ait exposé qu'un *Tableau de fleurs;* il est vrai que ce tableau est un chef-d'œuvre. Je témoignais tout haut mon admiration, et je défiais Léonard d'y trouver quelque chose à critiquer, lorsqu'un petit vieillard, en habit noir, qui le regardait avec une loupe de naturaliste, nous fit remarquer que le peintre avait fait éclore ensemble des papillons et des fleurs de saisons différentes, et qui ne pouvaient se rencontrer que dans son tableau. Léonard sourit en me regardant, et ne répondit rien.

Les *portraits*, à chaque exposition, deviennent plus nombreux. Je ne devine pas le plaisir que tant de gens peuvent trouver à se faire rire au nez. Le principal mérite de ce genre d'ouvrage, c'est la ressemblance, et trop souvent cette ressemblance est un défaut aux yeux du public, qui n'attache pas le moindre prix à savoir que M. *tel* a une face à la *Gibbon*, dont le plus vilain petit nez du monde n'occupe pas tout-à-fait le milieu; que madame *telle* a une longue figure niaise, deux gros yeux bleus et le teint couperosé. Tout cela peut être fort agréable pour leurs parents, pour leurs amis; mais pourquoi imposer l'obligation de les voir à des gens qui n'y sont pas forcés?

— Je n'ai qu'un mot sérieux à répondre à cette plaisanterie: à toutes les époques de l'art, *les pein-*

tres de portraits les plus renommés ont été en même temps *les peintres d'histoire* les plus célèbres; témoins *Zeuxis*, *Apelles*, et, après la renaissance des arts, *Léonard de Vinci*, *Raphaël*, *Titien*, *Rubens*, et *Vandyck*. De nos jours encore, c'est parmi nos grands peintres d'histoire qu'il faut chercher nos meilleurs peintres de portraits : d'où je conclus que cette partie de l'art, dont on s'est avisé de faire un genre à part, n'aurait pas dû être détachée de l'*histoire,* dont elle suppose les deux qualités principales, le caractère et l'expression. Le développement de cette pensée nous mènerait trop loin. Revenons à l'examen des *portraits historiques,* nous aurons plus tôt fait.

Après les deux portraits de M. Gérard (celui de Monsieur et de *S. A. le duc d'Orléans,* dont le dernier est, comme vous l'avez fort bien observé, le chef-d'œuvre de l'art), le *portrait de M. de Forbin,* par M. Paulin Guérin, est celui que l'on remarque avec le plus de plaisir : la ressemblance est parfaite, la couleur vraie, et la pose naturelle. M. Counis l'a reproduit sur l'émail d'une manière digne d'éloge.

— Regardez un peu plus loin cette tête de femme, vous devez en être content. La manière de M. Granger me paraît être celle de Raphael et de Léonard de Vinci. — J'aime beaucoup ce portrait qui rappelle effectivement la manière de ces deux maîtres; mais je vous montrerai *un portrait d'homme* du même auteur qui joint au mérite du même *fini* une couleur plus riche et plus vraie.

Vous vous souvenez d'avoir vu à Amsterdam deux magnifiques portraits de Vanderhelst; vous les avez trouvés supérieurs à Vandych, et ils le sont effectivement; mais aucun artiste du siècle dernier n'en serait convenu. Sans établir des rapports plus immédiats, je me borne à féliciter M. Granger de conserver cette méthode *positive* du plus beau temps de la peinture; je vois avec plaisir que nous aurons une école de plus où l'on pourra apprendre à fond un art dont on commence à négliger les principes.

M. Granger n'a pas été aussi heureux dans son tableau d'*Apollon et Cyparisse*, lequel offre pourtant quelques détails de la plus grande beauté. Je suis fâché qu'il n'ait imité que la coiffure de la tête de l'Apollon antique : c'eût été un beau problème à résoudre que d'en reproduire les traits modifiés par l'expression de la douleur. Quoi qu'il en soit, ce peintre mérite d'autant plus d'encouragement, que son talent concourt à faire contre-poids aux artistes à *talent d'effet,* qui séduisent davantage notre jeunesse; ce qui peut, si l'on n'y prend garde, amener une nouvelle décadence.

Ce n'est pas seulement dans le genre de la miniature, où il n'a point de rival en Europe, c'est dans ses dessins, dont il a créé l'art, qu'il faut admirer M. Isabey; son *Congrès de Vienne* est un chef-d'œuvre, dont le moindre mérite est la ressemblance parfaite des portraits des illustres personnages qui siégeaient dans cette assemblée.

Vous m'avez assuré, dis-je à Léonard, que s'il y avait moins de beaux tableaux dans cette exposition que dans les précédentes, par compensation il y avait aussi moins de *croûtes* (qu'on me passe ce terme populaire, il est technique); mais sans disputer sur la quantité, permettez-moi de croire qu'il n'est jamais entré de plus mauvais tableaux dans cette enceinte, que ceux dont j'ai pris note, et de la vue desquels je veux vous donner le plaisir.

Connaissez-vous, par exemple, quelque chose de plus ridicule que cette *Hélène* et ce *Páris?* de quelle enseigne à bière a-t-on détaché un pareil tableau, pour l'exposer au Salon? Regardez le *berger phrygien*, qui pince ou plutôt qui égratigne sa lyre avec des doigts dont les ongles sont en dessous; examinez cette *Hélène* au teint écailleux et safrané, et dites-moi si vous avez jamais vu un couple d'amants aussi ignobles?

Maintenant regardez, si vous pouvez, sans rire, *ce serpent que mène en lesse* ce bon évêque! La mauvaise plaisanterie en peinture a-t-elle jamais été portée à ce point-là? c'est un miracle que l'artiste a voulu peindre; mais il y a tant de miracles! pourquoi en choisir un que les jongleurs indiens renouvellent tous les jours? il paraît même plus difficile de faire danser une sarabande à des serpents en colère, comme font ces derniers, que d'en conduire un seul en bride, qui paraît d'ailleurs d'un naturel tout-à-fait débonnaire: rien de moins rétif que ce pauvre animal; il semble vouloir s'écarter du bord de la mer, mais d'un coup de langue son maître le remet sur la voie, et le pauvre reptile va se noyer avec une résignation tout-à-fait édifiante.

— La disposition de ce tableau n'est point heureuse, j'en conviens, mais l'exécution n'en est pas sans quelque mérite, et si cette tête d'évêque n'était pas à peu de chose près copiée, on pourrait y trouver un juste sujet d'éloge.

Pour trouver réunis dans un même tableau l'incorrection du dessin, la pauvreté de la couleur, l'absurdité de la composition, et le triomphe du mauvais goût, il ne faut que jeter les yeux sur cette *Prestation de serment des habitants de Lille*. Entre ce tableau et la *Didon*, combien de siècles y a-t-il?...
— L'éternité...

Il est quatre heures, messieurs, on va fermer!!...

— Le maudit suisse! nous ne verrons pas aujourd'hui le salon de sculpture... — Nous nous y retrouverons mercredi. — Je vous attends, à une heure, auprès d'*Ajax*.

CINQUIÈME VISITE.

Je traversais le Palais-Royal, m'acheminant vers la salle d'exposition des ouvrages de sculpture, lorsque je rencontrai Léonard qui s'y rendait comme moi; il n'était pas encore dix heures, nous nous assîmes pour reprendre l'entretien de la veille.

Je trouve, lui dis-je, quelque chose de plus positif dans la sculpture que dans la peinture; on est moins seul avec une statue qu'avec un portrait; et l'imagination, en présence de *Galatée*, peut aller jusqu'à concevoir le délire de *Pygmalion*. Il n'y a pas de degré dans l'impossible; pourquoi donc l'esprit se prête-t-il plus facilement à l'idée d'animer le marbre que la toile? C'est que, dans le premier cas, le prodige est en quelque sorte commencé: déjà l'image est en relief; les formes sont réelles; pour achever de leur donner la vie, il ne manque plus qu'une étincelle du feu céleste. De ce que cet art est peut-être plus près de la nature, n'en doit-on pas conclure qu'il offre, par cela même, moins de difficulté? pour moi je m'en tiens à la décision de cet aveugle de naissance à qui l'on présentait son portrait et son buste : il tâta celui-ci et en apprécia très bien le travail et la ressemblance; mais quand on l'assura que les mêmes traits, nuancés des couleurs que la nature leur donne, se trouvaient aussi sur ce carré de toile où sa main ne trouvait qu'une surface plane, sans le moindre relief, il prononça, ce me semble judicieusement, qu'en supposant l'imitation également parfaite, l'art le plus difficile devait être celui où tout était prestige.

Cette question, que je me permets de décider sans égard aux autorités respectables qu'on peut m'opposer, sans répondre aux nombreuses objections qu'on peut m'adresser, me conduirait, pour peu que j'eusse un livre à faire sur ce sujet, à rechercher lequel de ces deux arts a précédé l'autre, et celui auquel les anciens attachaient un plus haut degré d'estime; j'arriverais, je crois, à prouver que les temps héroïques où l'on place les *Prométhée*, les *Dédale*, les *Pygmalion*, auxquels on fait remonter l'origine de la sculpture, sont antérieurs aux siècles historiques où florissaient les premiers peintres dont il soit fait mention dans l'histoire, les *Gigès*, les *Enchir*, les *Burlaque*, et que néanmoins la même célébrité s'attachait en Grèce aux noms des *Lysippe*, des *Phidias*, des *Praxitèle*, et à ceux des *Zeuxis*, des *Apelles* et des *Protogènes*; mais une pareille dissertation me ramènerait trop lentement à l'objet spécial qui nous occupe. Je me contenterai d'une seule observation générale qui trouve ici son application particulière : on a souvent répété que ces deux arts, la peinture et la sculpture, ont une destinée à-peu-près semblable dans leur décadence et dans leurs progrès ; l'époque actuelle me semble démentir en partie cette assertion : notre école de peinture est aujourd'hui, sans aucune comparaison, la première de l'Europe ; mais je ne pense pas que nous puissions également nous prévaloir du nombre et de la supériorité de nos artistes, pour réclamer la prééminence dans l'art de la sculpture. — Rien cependant n'est plus vrai, et pour vous en convaincre, examinez les bas-reliefs exécutés au Louvre depuis quelques années ; et si le préjugé ne vous aveugle pas, vous conviendrez que, sous beaucoup de rapports, le ciseau de Cartelier, de Chaudet, de Lemot, de Dupaty et de Roland n'est point inférieur à celui de Jean Goujon[1]. Comparez ces ouvrages avec la sculpture monumentale exécutée sous Louis XV, et vous serez forcé de reconnaître que nos statuaires actuels ne ressemblent pas plus à Lemoine (l'auteur du *Tombeau du cardinal de Fleury*) que David, Gérard, Girodet, Gros et Guérin ne ressemblent à Carle-Vanloo et à Boucher.

En bien comme en mal, tous les arts qui ont le dessin pour base suivent la même direction, et la

---

[1] Depuis cette exposition de 1817 un jeune statuaire, M. Kra, a pris un rang très distingué parmi les maîtres de l'art.

forme d'une pièce d'orfévrerie sera toujours plus parfaite au temps où l'on dessinera le mieux. Les artistes du même temps ont nécessairement de fréquents rapports entre eux; ils discutent ensemble le système d'étude qu'ils adoptent, et si quelques uns obtiennent de la célébrité en suivant une voie particulière, tous veulent y entrer dans l'espoir d'obtenir le même succès.

Voyez si, au temps de la décadence des arts en Italie, le Bernini, qui passait pour le premier statuaire de l'époque, ne drapait pas comme le Carle Maratte, et si le Boromini, dans son architecture, ne s'éloignait pas, dans le même sens, de la noble simplicité des formes adoptées par les anciens.

— Cependant, répondis-je, vous ne pouvez nier que nos premiers peintres ne soient plus estimés dans l'étranger que nos statuaires. — Cela tient peut-être à ce que leurs tableaux y sont connus par la gravure; au reste, je ne veux point établir de comparaison entre les individus, mais seulement entre les arts qui sont de même origine.

Il peut arriver sans doute qu'il y ait à certaines époques, dans un art plutôt que dans un autre, un homme d'un talent transcendant. Sous Louis XIV, le premier des artistes était sans contredit le Pujet. La nature n'est pas obligée de produire dans une forêt, à côté d'un chêne d'une élévation prodigieuse, des sapins de la même hauteur; mais ne jugez jamais les hommes sur leur réputation contemporaine, même à l'étranger; n'oubliez pas que le Dominicain eut de son temps bien moins de réputation que le Guide, et que notre Pujet fut réputé inférieur aux Coustou; n'oubliez pas non plus qu'un ministre des arts, comme on en a vu beaucoup en France, qui n'estimait que le mérite étranger, fit venir à grands frais le Bernini, pour faire à Versailles une mauvaise statue équestre de Louis XIV, qu'on a été obligé de reléguer à l'extrémité de la pièce d'eau des Suisses, sous le nom romain de Curtius.

Dix heures venaient de sonner, nous allâmes au Louvre, et la première figure qui attira notre attention fut l'*Ajax* de M. Dupaty.

— Il est aisé de voir, lui dis-je, qu'en taillant son marbre l'auteur avait son Homère sous les yeux.

— On a dit de même que Phidias et Euphranor apprirent du chantre d'Achille à représenter le maître des dieux, et l'un n'est pas plus vrai que l'autre; mais cela frappe l'imagination de ceux qui ne sont pas initiés à la pratique des arts, bien plus que si l'on disait que M. Dupaty, en étudiant son modèle, avait présent à sa pensée quelques uns des chefs-d'œuvre de l'art grec.

— Mais où les Grecs ont-ils pris leurs modèles de beauté? — Dans la nature: envoyez nos artistes dans l'Orient, dans les lieux où l'espèce humaine n'a pas dégénéré par des croisements de race continuels, ils y trouveront encore les types du *Jupiter*, de l'*Apollon* et de la *Vénus.*

— Vous pourriez bien avoir raison; j'ai vu de ces figures-là sur les bords de l'Indus et du Gange. Quoi qu'il en soit, cette statue est pleine de chaleur et de mouvement; tout y respire l'inspiration poétique : qu'un amateur italien en fasse l'acquisition, qu'il la transporte à Naples, et que dans deux ou trois mille ans on la trouve sous les ruines de cette ville, j'entends d'ici ce qu'en diront les Visconti de ce temps-là. — Il est plus piquant de se représenter à cette époque un descendant de l'auteur des *Lettres sur l'Italie* voyageant sur cette terre classique, et contemplant cet *Ajax* de famille avec le même enthousiasme que le président *Dupaty* éprouvait en présence de l'*Apollon pythien.* Remarquez, je vous prie, que je ne compare pas les ouvrages, mais les époques. — Oui, sans doute, on calomnie le temps; sa rouille a plus d'éclat que les plus brillants rayons de la gloire contemporaine. — Cette statue est d'un très bel effet; c'est bien là l'idée qu'on se forme de ce terrible *Locrien* qui ne respectait guère plus les dieux que les filles des rois, et que Pallas tua d'un coup de foudre pour venger l'honneur de Cassandre. Le mouvement du héros pour se cramponner au rocher où il se vante *d'échapper au naufrage, malgré les dieux,* est on ne peut plus pittoresque, et l'espèce d'exagération qu'on peut y trouver est justifiée par la nature de la situation, et par le caractère du personnage. Le seul défaut que je trouve à cette figure passe pour une beauté dans notre école moderne; l'étude anatomique s'y fait trop sentir; les côtes et les muscles qui s'y attachent sont trop également prononcés, trop symétriques. Défions-nous de la pédanterie, même dans les arts; elle y est plus que par-tout ailleurs ennemie de la grace et du naturel.

— Dans cette figure de *Narcisse*, M. Beauvallet a mis plus de soin que d'élégance; cette statue est correcte, mais froide; on n'y remarque ni défaut capital ni beauté saillante. — Le peu d'effet qu'elle produit tient sur-tout à la pose; une statue assise manque presque toujours de mouvement et de vie; la sculpture a sur la peinture l'avantage du relief des formes; l'artiste s'en prive en partie en ne disposant pas sa figure de manière à l'isoler, autant que possible, du bloc de pierre dont il l'a tirée.

M. Le Gendre-Hérat a traité le même sujet; son *Narcisse* n'est peut-être pas exécuté avec la même finesse que celui de M. Beauvallet, mais la tête est d'une expression pleine de charme et de mélancolie.

— Le domaine de la peinture est bien plus vaste que celui de la sculpture; l'une retrace tout ce qui est visible, l'autre est limitée à ce qui est palpable:

l'une peut mettre en scène une armée entière, l'autre ne peut grouper que deux ou, tout au plus, trois personnages; ce qui réduit beaucoup les sujets historiques, ou même mythologiques, dont l'imitation peut convenir à la sculpture (je ne parle pas des bas-reliefs, qui sont de véritables tableaux en pierre). L'action de l'esclave *Androclès*, reconnu dans le cirque par le lion contre lequel il doit combattre, s'offre d'elle-même au ciseau du sculpteur, et M. Calderary s'en est emparé fort habilement. On distingue sur la figure d'*Androclès* la triple expression du courage, de la terreur et de la surprise — Ce morceau est bien composé; l'ensemble en est imposant, mais plusieurs détails donnent prise à la critique. Est-ce à la main d'un athlète ou d'une femme qu'appartiennent ces doigts effilés et relevés par le bout? Les doigts des mains sont efféminés, ceux des pieds sont difformes, pliés, pressés les uns contre les autres. On dirait du pied d'un petit-maître du dernier siècle, emprisonné depuis vingt ans dans un soulier pointu: Ce n'est point la nature, ce sont les cordonniers qui font ces pieds-là, et il ne faut ni les sculpter ni les peindre.

— La jolie chose que cet *Amour* de Chaudet! quelle composition gracieuse! quelle exécution légère! Cette jolie statue est l'ouvrage du seul rival de Canova pour le charme et la grace, et de son maître pour la pureté du dessin ; M. Cartelier s'est montré digne d'associer son ciseau à celui du célèbre sculpteur dont les arts, après plusieurs années, déplorent encore la perte : cet *Amour* a été terminé sous sa direction.

— Dans un assez grand nombre de portraits exposés par M. Desenne, je n'ai distingué que le buste du célèbre *Lagrange*, où l'on trouve, avec la ressemblance, quelque idée du caractère du modèle. — Dans la statue du général *Colbert*, le même artiste a lutté sans le moindre succès contre le désavantage du costume moderne. Celui du siècle de Louis XIV, un peu plus pittoresque que le nôtre, est encore moins favorable à la sculpture, qui n'a décidément que le choix entre le nu et les draperies à l'antique.

En tenant compte à M. Duparquier de cet obstacle du costume, auquel il a cru devoir s'asservir, on sera satisfait de sa statue de *Duguay-Trouin;* la tête a de l'expression, et la pose, sans recherche et sans affectation, a tout le mouvement nécessaire.

Je n'en dirai pas autant du *Sully* de M. E…; sa poitrine gonflée le fait ressembler au Therme égyptien, encore que l'agencement du manteau soit large et pittoresque; cette attitude d'un héros appuyé sur son épée n'est pas celle qui convenait le mieux au sage ministre ami d'Henri IV ; je l'aurais mieux aimé *nettoyant le tapis*[1], ou déchirant la promesse de mariage que son maître avait faite à la marquise de Verneuil.

— Que dites-vous de cette *Hébé?* — Que s'il suffisait pour animer cette statue d'en être idolâtre, nous aurions vu se renouveler le miracle de Pygmalion. Sans partager le délire de quelques amis de l'auteur, on convient assez généralement que cette figure d'*Hébé* est agréable, que les contours en sont purs et gracieux, et *pétris* d'une main délicate; mais pour qui l'examine dans son ensemble, il devient évident que la partie supérieure de cette statue appartient à un corps, et le bas à un autre; la tête et le buste sont, à l'égard du reste, d'une petitesse démesurée. Le buste de Talma, que l'on doit au ciseau du même artiste, est peut-être le meilleur portrait qui ait été fait de ce grand tragédien.

De toutes les statues destinées à la décoration du pont Louis XVI, la plus belle à mon avis est celle du *bailli de Suffren :* on n'imagine pas un plus beau caractère de tête, et une expression plus vraie.—Il est fâcheux qu'on ne voie que cela du corps; tout le reste est enseveli sous les vêtements; cependant on doit savoir gré à M. Le Sueur de l'art avec lequel il a modifié, dans cette statue, le costume ingrat

---

[1] Expression dont Sully se servait, en parlant du travail par lequel il commençait la journée à quatre heures du matin.

qu'il avait à rendre : le manteau est jeté fort habilement ; j'aurais seulement voulu que les plis en fussent plus larges et moins uniformes.

Puisque M. Malle nous avertit que son bas-relief représentant *la Peinture* doit être exécuté en marbre pour la fontaine de la place de la Bastille, où je ne vois pas trop ce que *la Peinture* peut avoir à faire, je l'engagerai à donner plus de relief à ses figures, à condition qu'il me promettra de mettre plus de correction dans son dessin.

La reine Marie-Antoinette à genoux devant un prie-Dieu est un morceau distingué par le choix du sujet, et même, en quelques parties, par une exécution précieuse ; entre autres défauts, la tête me semble tournée d'une manière peu naturelle.

SALON DE 1819.

PREMIÈRE VISITE.

C'est une belle chose que les descentes de croix, que les ascensions, que les saintes femmes au Calvaire, que les martyres de toute espèce; mais enfin cela a été fait cent fois par les grands maîtres de l'art: les Michel-Ange, les Raphaël, les Titien, les Guide, les Carrache, les Rubens, les Poussin, ont épuisé ces adorables sujets; ceux de leurs successeurs qui ont essayé et qui essaient encore de les traiter après eux ne me semblent ni moins présomptueux ni moins ridicules, si j'ose le dire, que le seraient des poètes dramatiques qui s'aviseraient de refaire *Athalie*, *Polyeucte*, *Mahomet* ou le *Tartufe*.

Est-il nécessaire de multiplier ces sublimes images pour en orner nos temples? Que nos jeunes peintres n'aient pas honte de suivre l'exemple des Vandick, des Tintoret, en commençant par copier les chefs-d'œuvre des maîtres, et qu'ils songent qu'une bonne copie de la *Transfiguration*, du *Saint-Jérôme*, fera plus pour leur réputation que vingt pastiches, prétendus originaux, où l'on ne remarque le plus souvent que les risibles efforts d'un talent novice, semblable à la *chétive pécore* du grand fabuliste, qui s'enfle si bien qu'elle finit par crever.

M. Giroux me semble, à cet égard, avoir eu la seule idée raisonnable ; il a établi, dans la rue du Coq, une manufacture de tableaux d'église ; je la recommande à tous les marguilliers du royaume, avec d'autant plus de confiance, que, sans avoir l'honneur d'être marguillier moi-même, j'ai cependant eu l'occasion d'en apprécier les avantages.

Depuis dix ans, j'allais passer la belle saison dans un village de la Basse-Normandie, et tous les dimanches, après la messe (où j'assistais aussi régulièrement que les coryphées du *Conservateur*), le curé du lieu me faisait remarquer, avec des regrets toujours nouveaux, la nudité de son maître-autel que l'on avait dépouillé, pendant la révolution, de l'image de Saint-Michel qui le décorait.

J'ai toujours eu beaucoup de vénération pour cet archange guerroyant, et j'étais sur-tout très sensible à la plainte de ce bon curé qui ne prêchait que les jours de pluie : sans lui rien dire de la surprise que je lui ménageais pour l'année suivante, je fis prendre bien exactement la mesure du cadre où figurait jadis le vainqueur de Satan ; et, de retour à Paris, je commandai chez M. Giroux un grand Saint-Michel qui me fut délivré deux mois après. Pour la modique somme de cinquante écus je me trouvais ainsi possesseur de la copie d'un chef-d'œuvre de Raphaël, laquelle passe encore pour un original dans toute la Basse-Normandie. Le saint fut inauguré dans sa chapelle à la grande satisfaction des habitants et du curé, qui poussa la reconnaissance jusqu'à me recommander au prône, avantage que n'ont peut-être jamais eu les pères de *la Quotidienne,* qui se croient meilleurs catholiques que moi, mais qui ne sont certainement pas aussi bons chrétiens. Ce court avant-propos ne paraîtra déplacé qu'à ceux qui n'ont pas vu, ou qui n'ont pas encore entendu parler de l'exposition dont je me suis chargé de leur rendre compte.

Je suis du nombre de ceux qui n'aiment point les tableaux de plafond, où les objets renversés ne se présentent jamais qu'en raccourci, et où toute illusion est détruite par le seul fait de l'attitude qu'il faut prendre pour les examiner; aussi n'ai-je fait, en passant, qu'une seule observation sur les deux nouveaux plafonds du grand escalier, l'un peint par M. Abel Pujol, et l'autre par M. Meynier.

Dans le premier, dont le sujet est *la Renaissance des arts,* j'avais cru remarquer que la figure allégorique représentant la Gravure tenait à la main une planche du *Serment des Horaces;* et je savais gré à M. Abel Pujol de cet hommage publiquement rendu, dans un tableau de commande, au premier des peintres français, dont la patrie de Rubens a si honorablement accueilli l'exil. Je blâmais toutefois M. Pujol de n'avoir pas poussé le courage jusqu'à faire mention de ce détail important dans le livret où chaque artiste est admis à donner une explication sommaire des morceaux qu'il expose; quelqu'un à qui je communiquais cette réflexion me fit lire, à la fin du livret, au seul *erratum* qui s'y trouve, les mots suivants en caractères imperceptibles : « Page 5, à la suite du second alinéa du sujet « des plafonds, AJOUTEZ: on remarque sous le bras « de cette dernière (la Gravure) une planche repré« sentant LE TABLEAU DES HORACES, premier chef« d'œuvre qui ait ramené l'école française à la pureté « du goût antique. » J'ai conclu de là que le peintre avait fait son devoir en trouvant le moyen de rappeler le chef de l'école française, et que le courtisan avait fait son métier en évitant avec beaucoup d'adresse de nommer un illustre proscrit.

Je suis entré au Salon à dix heures, avec la foule; je me laisse un moment entraîner par elle de salle en salle, et je me livre aux réflexions vagues que font naître dans mon esprit la variété des objets sur lesquels se promènent mes yeux, sans s'arrêter précisément sur aucun.

Si quelqu'un prétendait, comme autrefois, fixer l'époque où nous vivons, à la seule inspection des tableaux de cette exposition, tous les siècles, excepté le nôtre, se présenteraient successivement à sa pensée; après avoir fait le signe de croix, comme on l'a dit, à la vue de tant de crucifix, de tant de madones, il ne tiendrait qu'à lui de se croire au saint temps des martyrs, des couvents et des capucins. En parcourant la galerie, où tant d'uniformes qu'aucun gouvernement n'a jamais reconnus, où tant de sabres teints du sang français viendraient frapper ses regards, il se croirait nécessairement transporté aux jours déplorables de la ligue; puis, en changeant de côté, et ne voyant plus que des preux armés de toutes pièces, que des troubadours aux genoux de leurs dames, que des donjons et des tourelles, il réaliserait dans sa pensée le rêve gothique de M. de Montlosier, et jurerait ses grands dieux que nous sommes revenus au siècle d'or de la chevalerie.

Les saints, les moines, la puissance, la richesse, tous ont trouvé des peintres, à cette exposition, excepté la patrie. C'est en vain qu'on y chercherait un grand monument élevé à la gloire nationale. Pour la première fois, depuis vingt-cinq ans, elle a trouvé nos artistes sans pinceaux et sans souvenirs.

A l'exception de trois tableaux, toutes les grandes compositions ne présentent que des sujets religieux, destinés à des églises, et commandés, dit-on, par M. le ministre de l'intérieur; en faisant cette œuvre méritoire, son excellence n'a pas réfléchi que nos églises gothiques, privées de lumière, et par conséquent très favorables au recueillement, ne le sont point du tout à la peinture. Les vives clartés du soleil d'Italie pénètrent jusque sous les voûtes des temples; et, dans ce pays des beaux-arts, les maisons de Dieu même sont construites pour recevoir les humaines merveilles. Toute église est une galerie; mais sous notre ciel plus nébuleux, les temples sont de vrais souterrains où la piété ignorante peut seule vouloir enterrer des chefs-d'œuvre: peut-être me dira-t-on qu'il n'est pas question de chefs-d'œuvre; alors je demanderai dans quelle chapelle éclairée de l'ancienne abbaye élevée par Childebert[1] doit être placé le *Saint-Germain* de Stuenben, d'un coloris si remarquable, *la jeune Femme aveugle*, *la Vierge au tombeau*, et deux ou trois autres morceaux qui se distinguent dans la foule des tableaux déplorables du même genre dont les murs du Salon sont tapissés?

Un seul des quatre grands peintres, chefs d'école en l'absence de David, a cru devoir enrichir ce concours d'un morceau d'apparat; quelque empressement que j'eusse de m'arrêter dans le salon, où le grand tableau de M. Horace Vernet avait fixé mes premiers regards, le souvenir des *Pestiférés de Jaffa*, de *la Bataille d'Aboukir*, m'entraîna dans la galerie, sur les traces de M. Gros; c'est là que se trouve ex-

---

[1] Saint-Germain-l'Auxerrois.

posé son tableau représentant *madame la duchesse d'Angoulême au moment de s'embarquer à Pouillac le 1ᵉʳ avril 1815.*

Je reconnais l'émule de Rubens dans plusieurs parties de cette composition; peut-être l'un et l'autre n'ont-ils rien de plus beau que ce matelot que l'on croit voir s'agiter dans la chaloupe : on retrouve encore le grand peintre, et même le grand coloriste, dans le groupe de femmes, et sur-tout dans la composition de la figure principale; que son attitude est noble, que son geste est éloquent! On l'entend sortir de sa bouche, ce beau vers de Virgile, que le peintre a mis en action :

Littora quum patriæ lacrymans portusque relinquo.

Mais c'est là que s'arrête l'éloge : à qui ressemblent ces deux officiers généraux, le corps courbé, le bras en avant, comme s'ils demandaient l'aumône? est-ce un de ces vilains guérillas si bien peints par le général Le Jeune, que je vois en guêtres et en veste rouge, se prosternant aux pieds de la duchesse? N'aperçois-je pas aussi quelques Anglaises au fond de la barque? Tout cela n'est pas aussi bien imaginé que le reste, et pourrait être mieux peint. Il y a, dans ce tableau, un luxe de guerre, des têtes de chevaux, des bouts de lance, des sabres, des baïonnettes, qui ne me semblent pas à leur place.

La gloire du nom de Vernet est un patrimoine que son petit-fils Horace a recueilli tout entier, et qu'il doit enrichir encore; c'est à lui, je le crois du moins, que l'opinion publique réserve, cette année, la palme du talent, à moins qu'elle ne la partage entre le *Massacre des mamelucks* et le *Saint-Germain* de M. Stuenben.

Rien n'égale la féconde variété du talent de M. Horace Vernet; tableaux d'histoire, de genre, d'intérieur, paysage, marine, portraits : ce jeune peintre a fait d'heureuses excursions dans toutes les parties de l'art, et s'est montré supérieur dans les plus importantes.

Je ne parlerai, cette fois, que du *Massacre des mamelucks dans le château du Caire;* j'avais vu ce tableau dans l'atelier; et, ce qui me semble un premier éloge, il ne perd rien de son effet au milieu du fracas des couleurs environnantes dont l'œil du spectateur est tourmenté.

Le moment d'action choisi par le peintre est celui où Mohamed Aly, pacha d'Égypte, assis et fumant son houka sur une terrasse de son palais, préside à l'horrible exécution de l'ordre qu'il a donné : les mamelucks, entrés dans les cours du château dont les portes se referment sur eux, sont impitoyablement massacrés par des Albanais en embuscade derrière les créneaux.

Le grand mérite de ce tableau me paraît être

dans la pensée de la figure principale ; c'est bien là l'impassible cruauté d'un principal agent du despotisme oriental : on s'explique l'inquiétude sourde qu'on lit dans ses regards ; le barbare craint que quelques victimes ne lui échappent.

Les trois personnages debout derrière le pacha méritent le même éloge. La pensée de chacun est peinte dans l'expression de sa physionomie : « Le « coup est bien monté, » semble dire le plus vieux, à qui des scènes pareilles sont familières ; l'espèce de terreur que témoigne le second n'est qu'un retour sur lui-même : que n'a-t-il pas à craindre d'un pareil maître ! Le troisième s'indigne de n'être que spectateur du carnage, et de ne pouvoir du moins tremper ses mains dans le sang qu'il voit couler. Rien n'est exagéré, tout est vrai, jusqu'à l'indifférence stupide de l'esclave à genoux qui prépare le houka.

La couleur de ce tableau est plus harmonieuse que brillante, et l'on voit que l'artiste n'en a point cherché l'effet dans les contrastes.

La sévérité du costume ne saurait être poussée plus loin ; j'en excepte pourtant la place qu'occupent les trois personnages dont je viens de parler : dans l'Orient, les grands, les favoris et les esclaves (ce qui se ressemble beaucoup en tout pays) se tiennent toujours vis-à-vis, et non derrière le prince, afin de lui éviter la fatigue de tourner la tête, et la honte de leur adresser la parole, quand il a quelque ordre à leur donner.

Je hasarderai, sur cette belle composition, une critique plus importante. Les lois de la perspective aérienne et linéaire y sont-elles fidèlement observées? Les figures qui s'agitent sur le second plan ne me semblent dans aucune proportion avec le groupe principal, et l'on serait d'autant moins admis à donner la distance où elles se trouvent, pour raison de leur exiguité, que les édifices qui les entourent sont tracés sur une échelle infiniment plus grande. La peinture a ses licences comme tous les autres arts; mais celle-ci ne passe-t-elle pas les bornes qu'on y met?

On assure qu'Aly pacha a promis d'acheter ce tableau, à condition que l'auteur lui ferait, pour pendant, le massacre des mamelucks à Marseille.

Vis-à-vis le tableau de M. Horace Vernet se trouve placé, dans le même salon, celui de M. Géricault, dont le livret ne donne qu'une timide indication, sous le nom de *Scène de naufrage:* c'est le fatal *radeau de la Méduse* que l'auteur a voulu peindre, et c'est dans cette intention qu'il faut le juger.

Si M. Géricault s'était proposé de retracer un naufrage ordinaire, il mériterait en grande partie les reproches qu'on lui adresse: « Vous aviez le choix des épisodes et des accessoires, pourrait-on lui dire; alors, pourquoi ces malheureux entassés sur un si petit espace? pourquoi ajouter au spectacle affreux, mais naturel, de leur situation, les traces sanglantes du carnage? Ne pouviez-vous, au milieu de cet amas d'horreurs, reposer le cœur et les yeux sur quelque objet d'un intérêt plus tendre?» Mais le peintre ne pourrait-il pas répondre à ces hypercritiques: «J'avais à peindre une action connue, récente, un malheur sans modèle, dont le seul récit, après quatre ans, vous fait encore frémir, et dont quelques victimes ne semblent avoir été épargnées que pour rendre vraisemblable ce qui, sans elles, n'eût été que vrai. Dans l'image horrible que j'avais à présenter, de la douleur frénétique, à la vue des crimes de la nuit, de la terreur du jour et de la destruction inévitable du lendemain, je n'avais à peindre que le désespoir, et vous ne devez me demander compte que du succès de mes efforts pour en varier l'expression?»

Considéré sous ce point de vue, ce tableau doit ajouter beaucoup à la réputation de son jeune auteur. On y admire quelque chose de cette fougue d'imagination, de ce beau désordre de l'art, de cette hardiesse de pinceau dont M. Gros a fourni d'admirables modèles: mais en louant M. Géricault de s'être approché d'un grand maître dans quelques parties de la composition, on doit regretter qu'il en soit resté, comme coloriste, à une si prodigieuse distance.

A force de chercher à varier les traits hideux de la mort, le peintre lui en prête qu'elle ne peut avoir en pareille circonstance. Cette teinte verte et livide que je remarque sur ces deux corps, à l'une des extrémités du radeau, annonce qu'ils ont cessé de vivre depuis plusieurs jours; comment donc leurs compagnons d'infortunes, entassés sur un si petit espace, ont-ils attendu si long-temps pour les précipiter dans le vaste tombeau qui s'ouvre autour d'eux?

Quatre heures sonnent, je n'ai que le temps de jeter un coup d'œil sur *la Peste de Milan*, par M. Granger.

L'action principale, dont saint Charles-Borromée est le héros, est simple et touchante; il emporte dans ses bras un pauvre enfant dont le père et la mère viennent d'expirer; la piété, la charité, brillent dans tous les traits du saint homme : mais quelle teinte bleuâtre! quelles faibles ébauches dans le reste du tableau!

> Ne forçons pas notre talent,
> Nous ne ferions rien avec grace.

L'idylle héroïque est le genre qui convient au pinceau gracieux de M. Granger, et il en a donné de meilleures preuves que son *Homère* et *Glaucus*.

SECONDE VISITE.

L'Aurore annonce le jour, l'Amour sort du lit de Psyché; d'une main, il soulève un rideau de pourpre, il étend l'autre pour saisir ses armes, et jetant un dernier regard sur sa douce compagne, qui rêve encore le bonheur qui lui échappe, il va prendre son essor, et attendre impatiemment loin d'elle l'heure nocturne qui doit la lui rendre. Un mot suffit à l'éloge de ce délicieux tableau : on y retrouve tout le charme du sujet, tout l'idéal de la volupté. Jamais l'Amour n'a pris une forme plus séduisante que celle dont l'a revêtu M. Picot dans cette composition, à laquelle, je le dirai franchement, je ne connais rien de supérieur dans le même genre : quelle divine adolescence brille dans les traits de cette figure! que de grace et de légèreté dans son mouvement! rien de convenu, rien d'académique dans la manière dont elle est posée : c'est mieux que la nature, mais c'est elle!

Psyché dort; mais son sommeil animé trahit le mystère de l'existence nouvelle qu'elle a reçue : c'est la beauté, la jeunesse en sa fleur : son attitude pleine de mollesse et d'abandon annonce, jusque dans cette contraction d'épaule, où de grands connoisseurs ont cru voir un défaut, que l'auteur en peignant ses personnages n'a point oublié son sujet. Psyché n'était pas seule sur ce lit où l'Amour pose encore un pied furtif; un moment auparavant il reposait près d'elle; je vois encore la place qu'il occupait, et ce bras dont on blâme le contour est celui dont elle serrait son amant contre son sein : libre de son doux fardeau, il en a conservé l'empreinte.

S'il fallait absolument trouver matière à la critique dans un tableau qui assigne à son auteur un rang si distingué, je blâmerais l'éclat trop vif de la lumière; si l'Amour doit s'enfuir au point du jour pour n'être pas reconnu de Psyché, il est heureux cette fois qu'elle ait dormi si tard, car il y a certainement deux ou trois heures que le jour est levé : en voyant Psyché, on excuse l'Amour; pourquoi serait-on moins indulgent envers le peintre? tous deux peuvent dire : Elle est si belle !

Si les tendres erreurs de Psyché sont une des plus riantes inventions de la mythologie, il faut avouer que la *mort de Saphira* est une des plus tristes vérités de notre histoire religieuse (je dis vérité parceque je crois sans examen tout ce que disent les saintes Écritures). J'aurais cependant bien voulu pouvoir douter que saint Pierre ait tué d'un coup d'œil le charitable Ananie et sa femme Saphira, qui n'eurent d'autre tort que de garder pour eux une partie de la somme provenant des biens qu'ils avaient vendus pour en distribuer le prix aux pauvres; je sais qu'il ne faut pas tenter l'esprit du Seigneur, mais je sais aussi qu'humainement parlant l'exemple d'Ananie et de Saphira est fait pour dégoûter de faire l'aumône.

Quoi qu'il en soit, M. Picot s'est emparé de ce passage du chapitre v des *Actes des apôtres*, pour en faire un tableau où son talent a lutté sans beaucoup de succès contre un sujet ingrat et repoussant.

Les traits du saint homme sont empreints de je ne sais quelle colère brutale qui n'est pas d'un bon apôtre; son regard a quelque chose de faux qui rappelle le moment où le coq chanta et où le disciple trahit son maître. Le corps de Saphira étendu sans mouvement et sans vie aux pieds du saint m'a paru savamment dessiné, mais je n'ai pu m'expliquer l'indifférence de tous les témoins de ce cruel miracle. J'ai cru pourtant remarquer un mouvement de pitié sur la figure de cette jolie fille qui se détourne probablement pour cacher ses larmes : qui me dira si cet apôtre à longue barbe, qui lève les yeux au ciel, prie pour les victimes ou pour le meurtrier? Quant à cette vieille femme qui tâte le pouls à Saphira, je juge à son air calme qu'elle n'est là que pour s'assurer que l'épouse d'Ananie est bien morte, et pour en donner la nouvelle satisfaisante à l'auteur de sa mort :

Les dieux sont bons, les prêtres sont cruels.

J'ai relu, à propos *du bon Samaritain* de M. Frosté, la touchante parabole de l'Évangile où l'Homme-Dieu donne aux docteurs de son temps une leçon qu'il est bon de rappeler à ceux du nôtre.

« Il est écrit dans la loi, leur dit-il, Tu aimeras
« le Seigneur de toute ton ame, de toutes tes forces,
« et *ton prochain comme toi-même.* » — Quel est mon prochain ? lui demande un docteur; Jésus répondit : « Un homme descendait de Jérusalem vers
« Jéricho, et tomba entre les mains des brigands;
« ils le dépouillèrent, et après l'avoir maltraité, s'en
« allèrent, le laissant à demi mort. or il advint
« qu'un *prêtre,* passant par le même chemin, le vit
« et passa outre; semblablement un *lévite,* arrivé au
« même endroit, le vit et continua sa route; un *Sa-*
« *maritain* qui survint fut ému de compassion; il
« versa de l'huile et du vin sur les plaies du blessé,
« les banda, le mit sur son cheval, le transporta
« dans une hôtellerie, donna deux deniers à l'hôte
« pour qu'il en prît soin, et lui dit : Tout ce que tu
« dépenseras pour cet homme jusqu'à sa guérison,
« je te le rembourserai à mon retour. Quel est le

« prochain de l'homme tombé entre les mains des
« brigands? est-ce le prêtre, le lévite, ou le Samari-
« tain? — C'est, répond le docteur, celui qui a usé
« de miséricorde envers le malheureux. »

Ce sujet, heureusement choisi, m'a paru bien composé: le blessé et le charitable Samaritain ne font pas moins d'honneur au talent du peintre qu'à sa sensibilité; ces deux figures sont remarquables par l'expression : la perspective et la couleur laissent malheureusement beaucoup à desirer, et les deux chevaux ne sont pas de l'école de Vernet; mais pour moi, qui suis de l'avis de Hogarth, et qui crois que la peinture n'est pas faite pour parler seulement aux yeux, j'avoue que je suis moins frappé de quelques défauts de l'art, que l'on peut reprendre dans ce tableau, que d'un trait ingénieux qui prouve que l'auteur n'est pas une machine à peindre: le prêtre qui a passé outre, lisait les Tables de la loi; nos prêtres aussi disent leur bréviaire, et nous connaissons leur charité!

Voici enfin un sujet national; il est vrai qu'il appartient à une époque déja bien reculée; mais ce héros est français, et le peintre est frère d'un jeune écrivain qu'un arrêt, au moins bien sévère, tient éloigné de sa patrie : ces deux circonstances doivent ajouter à l'intérêt qu'inspire le *Dévouement des bourgeois de Calais*, par M. Scheffer. Je dois néanmoins convenir que je ne verrai jamais sans quelque répugnance six Français, en chemise et la corde au cou, marchant au supplice par ordre d'un roi d'Angleterre.

Quoi qu'il en soit, Eustache de Saint-Pierre et son héroïque famille sont déja hors des portes de Calais; les soldats du féroce et poltron Édouard [1] les ont séparés de leurs femmes et de leurs enfants. Eustache a sauvé ses concitoyens, il marche à la mort d'un pas ferme, mais il y entraîne son propre fils, et cette pensée répand sur ses traits un voile de deuil que tout son courage ne peut écarter. Son fils, dans l'âge de l'enthousiasme, ne voit que la gloire et l'immortalité qui l'attendent; les femmes et les sœurs de ces héros s'abandonnent au sentiment de leur douleur; l'épouse d'Eustache succombe à la sienne et s'évanouit. Ce tableau, ou respire l'amour de la patrie, est également bien de pensée, d'expression et de dessin; mais il est fâcheux qu'il laisse tant à desirer sous le rapport du coloris.

Les habitants de Metz ont voulu *un Christ au tombeau*, M. Lair leur en a fait un qui n'en sortira pas: ce peintre paraît avoir un goût très prononcé pour les Madelènes; au lieu d'une, il en a

---

[1] Il s'était tenu caché pendant la bataille de Crécy, qu'il avait gagnée par la trahison de quelques seigneurs français, et par l'effet du canon dont on fit usage pour la première fois dans cette fatale journée.

mis deux dans son tableau : la grace n'a point encore fait son effet ; ces deux pécheresses sont aussi blanches, aussi grasses, aussi fraîches, qu'avant leur conversion.

Dans une exposition consacrée en grande partie à toutes les espéces de martyres, celui d'*Eudore et de Cymodocée* devait trouver sa place. La prose pittoresque de M. de Châteaubriand a conservé sa couleur chatoyante sur la palette de M.... La tête de Cymodocée est belle et bien sentie ; elle exprime une ferme résignation : son abandon est trop naturel ; on voit la femme, rien n'annonce la sainte. Quant au tigre, c'est pour la couleur, la vigueur, je dirais presque, pour l'expression, le héros du tableau ; on croit entendre le lion de Voltaire, disant au Marseillais :

> De mes quarante dents vois la file effroyable,
> Ces ongles dont un seul pourrait te déchirer,
> Ce gosier écumant, prêt à te dévorer,
> Cette gueule, ces yeux, dont jaillissent des flammes :
> .... Te manger est ma loi.

Quand messieurs les romanciers et messieurs les peintres cesseront-ils d'ensanglanter le papier et la toile, au nom de ce qu'il y a de plus sacré et de plus doux au cœur de l'homme, la religion et l'amour ? Le supplice de l'innocence révolte la pensée, et cette image sans cesse offerte aux yeux tend à enhardir le crime et à décourager la vertu. Votre imagination, comme celle de Pascal, ne vous montre-t-elle que des abymes de douleur et de souffrances, plongez-vous dans les enfers, et montrez-nous de grands criminels punis de leurs forfaits.

Je frémis à l'aspect du groupe des *Danaïdes*, de M. Mauzaisse; mais du moins la vue de leurs tourments me rappelle le crime affreux qu'elles expient.

On n'a point épargné à l'auteur de ce tableau les critiques les plus amères; elles n'influent point sur mon jugement; étranger à la pratique et même aux profondes théories de l'art, je rends compte de l'impression que j'éprouve, et je ne crains pas de louer, d'admirer même ce que des hommes plus instruits réprouvent d'après des règles qui ne sont quelquefois que des préjugés d'école; c'est ainsi que je m'obstine à voir, dans la figure principale de ce groupe des Danaïdes, un chef-d'œuvre d'expression, d'autant plus admirable que l'imagination seule du peintre a pu s'en créer le modèle. Quelle douleur que celle de cette femme! Quand ses maux finiront-ils? Jamais. La résignation du désespoir est dans ses yeux; point de passé pour elle, tout est présent, tout est avenir, et cet avenir est une éternité de souffrance! L'auteur s'est servi d'un moyen ingénieux pour peindre cette idée abstraite: le supplice de cette femme parricide a commencé depuis longtemps; chacun de ses traits porte l'empreinte de sa durée, et cependant son corps a conservé les formes de la jeunesse: celles que le temps et la douleur altèrent si vite chez les femmes n'ont rien perdu de leur beauté. Les deux autres figures dont ce groupe se compose ne sont là que pour justifier en partie la critique un peu brutale qu'on en a faite, en les comparant à des blanchisseuses fatiguées par un travail long et pénible.

De l'enfer des Grecs, je passe dans les limbes des chrétiens, pour assister à *la descente de Jésus-Christ*, que nous a présentée M. Delorme.

Je ne suis pas théologien, et j'avouerai conséquemment que la punition du péché originel est une des vérités de notre religion à laquelle ma raison a le plus de peine à se soumettre: si la foi pure et simple ne venait à mon secours, je serais fort embarrassé de concilier les châtiments infligés aux fils innocents, en réparation de la faute de leur premier père, avec l'idée d'un Dieu souverainement juste et souverainement bon; mais Pascal a fort bien dit qu'il n'y avait pas de risque à croire, et qu'il y en avait beaucoup à douter. Je m'en tiens donc au parti le plus sûr.

Je remarque d'abord la singulière disposition du tableau de M. Delorme. Le paradis est en haut du tableau, et quelques jeunes filles qui le découvrent font éclater une joie de pensionnaires, qui ne ressemble pas à l'idée que je me fais de la joie des élus.

Les limbes sont au milieu, et l'enfer est au fond. Le peintre a placé, dans ce lieu de désolation, un pauvre ermite que Grisbourdon ne serait pas moins étonné de trouver là qu'il ne le fut d'y rencontrer saint Dominique. Je ne sais quel est cet autre personnage, renversé, bizarrement raccourci, faisant d'effroyables grimaces, et dont la teinte, les cheveux, et les draperies rappellent trop bien le diable vert de l'Opéra. Il y a dans la partie supérieure de ce tableau une femme qui ne ressemble pas mal à l'épouse de Ménélas.

> On ne s'attendait guère
> A voir Hélène en cette affaire.

Le Christ est une assez bonne copie du Christ de la *Transfiguration*, aussi a-t-il l'air de monter au lieu de descendre; c'est d'ailleurs la seule ressemblance qu'il y ait entre l'œuvre de M. Delorme et celui de Raphael.

C'était un philosophe que saint Fiacre, fils d'Eugène IV, roi d'Écosse : n'étant encore qu'héritier présomptif du trône, il se sauve en France et se fait ermite. A la mort du roi son père, les grands de son petit royaume viennent lui présenter l'épée, le sceptre, et la couronne; tout cela paraît bien lourd au monarque anachorète; il aime mieux cultiver des fleurs que de gouverner des hommes; il congédie les envoyés d'Écosse, et retourne travailler à son jardin : on ne peut qu'applaudir à sa résolution. Je serais tenté de croire que deux circonstances, auxquelles on ne fait peut-être pas assez d'attention, l'ont déterminé au parti qu'il prend : d'abord, s'il faut en juger par les seigneurs de sa cour, ses sujets sont bien les plus vilaines gens du monde, et il n'y a vraiment pas de plaisir à régner sur un peuple si laid. En second lieu, je vois sur la porte un autre ermite en observation, qui a peut-être parié avec son royal confrère que sa philosophie ne résisterait pas à cette épreuve, et saint Fiacre n'ose pas reculer devant un pareil témoin.

On en vaut mieux quand on est regardé.

Au demeurant, ce tableau de M. de Juinne, destiné à l'église de Saint-Sulpice, ne manque ni de simplicité dans la composition, ni d'une sorte de grandeur dans le style; mais il est froid et sage comme l'action qu'il représente.

M. Dubufe a indiqué son tableau *de Jésus-Christ apaisant une tempête*, par cette question en forme d'épigraphe : « Quel est celui à qui les vents et la mer « obéissent? » Ce à quoi l'on peut répondre : Ce n'est pas à vous, monsieur Dubufe ; car vos eaux sont trop lourdes, trop vertes, trop uniformes, et votre ciel manque d'air ; ce qui n'empêche pas que l'on ne remarque dans votre tableau deux groupes bien entendus ; l'un dans la demi-teinte, l'autre éclairé par un jour qui a de l'éclat et de la vérité : votre figure du Christ est évidemment imitée du Guide : mais, malgré cette imitation, ou plutôt à cause de cette imitation, elle est fort belle et fort bien ajustée. Ce tableau reproduit un contre-sens matériel que j'ai déja remarqué dans d'autres ouvrages, et dont on trouve deux ou trois fois par semaine l'exemple à l'Opéra : la barque se dirige sur un point directement opposé à celui vers lequel le vent doit la pousser : j'ajouterai que si le mât n'a pas son point d'appui hors du bateau, il a dû traverser le corps des hommes qui sont auprès.

Il y a trop de monde dans ce tableau de forme ogive, où M. Guillemot nous montre *Jésus ressuscitant le fils de la veuve de Naïm*. Les spectateurs sont trop serrés dans le cadre, tout vaste qu'il est. C'est un moyen pour le peintre de s'épargner beaucoup de jambes et beaucoup de bras qui se perdent dans la foule ; mais cette confusion ne déplaît pas moins aux yeux qu'à l'esprit : il faut pouvoir se promener dans un tableau ; on étouffe dans celui-là. L'école moderne est d'une grande sévérité de costume, et je ne serai pas le seul à remarquer que la couverture à bordure rouge, dont le fils de la veuve est enveloppé, paraît avoir été prise à l'exposition des produits de notre industrie nationale : c'est un défaut aujourd'hui ; on n'y aurait pas fait attention à l'époque où Renolds, dans sa *Sainte-Famille*, coiffait son petit Jésus avec un béguin de point d'Alençon. Le plus amusant des anachronismes de ce genre est celui d'un tableau de *Résurrection* que tous les amateurs connaissent, et dans lequel Jésus-Christ, sortant du tombeau en habit français, monte au ciel l'épée au côté.

Le Christ sur les genoux de la Vierge, par M. Paulin-Guérin. Le peintre s'est efforcé de ramener dans ce tableau les effets de lumière que l'on avait admirés dans son *Caïn;* mais ici le ciel n'est pas en feu, et ce n'est pas seulement du reflet des éclairs que cette scène de deuil est éclairée. Le visage de la Vierge n'est pas seulement pâle et flétri; la teinte en est cadavéreuse. Le saint Jean-Baptiste a beau se tenir en arrière, il montre sa tête, et je le reconnais; je l'ai vu quelque part, et ce n'était pas dans un tableau de M. Paulin-Guérin.

Les Vierges sont à la mode dans cette exposition. J'en ai compté quinze, et je ne les ai pas vues toutes. La *Vierge au tombeau* de M. Pujol m'a paru la plus belle : sa tête est d'un beau caractère; il y a de la souplesse, de la grace même dans ce corps inanimé. La douleur de cette sainte femme qui le contemple est à-la-fois touchante et résignée; ce sont de pieuses larmes qui coulent de ses yeux. Quant à l'homme qui soutient les jambes de la Vierge, je suis sûr que c'est un apôtre, car je l'ai vu dans le tableau de la *Transfiguration* de Raphaël.

La manière de M. Abel Pujol est large, son pinceau facile, et son dessin correct; mais s'il veut laisser quelque chose à la postérité, qu'il ne refasse pas les tableaux des grands maîtres : le meilleur centon, en peinture comme en poésie, ne fera jamais la réputation d'un auteur.

Il y a plus d'originalité dans l'*Assomption* de M. Blondel; le groupe des hommes, dans la partie inférieure du tableau, est remarquable par la variété des poses et la beauté de quelques têtes ; mais bien que ressuscitée, sa Vierge est encore morte, et les anges qu'elle va rejoindre au ciel ne sont guère plus animés ; je sais bien que la vie céleste doit avoir quelque chose de plus pur, de moins agité que celle dont nous jouissons ici-bas, mais encore faut-il qu'un peu de mouvement y atteste l'existence.

S'il est vrai que le *saint Ambroise* de M. Vafflard soit un ouvrage de commande, comme presque tous les tableaux d'église de cette exposition, le peintre a le mérite d'avoir choisi très heureusement le trait de la vie du saint archevêque de Milan qu'il avait à représenter. Il ne tenait qu'à lui de nous le montrer persécutant les hérétiques pour lesquels sa haine allait jusqu'au fanatisme; M. Vafflard a mieux aimé peindre le saint prélat au moment où *il arrête la fureur du peuple qui voulait massacrer un jeune prêtre arien sur les marches de l'autel :* il ne faut pas perdre l'occasion si rare de prouver que l'humanité n'est pas incompatible avec l'exagération du zéle religieux. Il y a de belles parties dans ce tableau, dont la couleur est en général harmonieuse et brillante. La figure du jeune prêtre blessé m'a paru remarquable par la vérité de l'attitude et la correction du dessin; l'expression de la tête est encore plus heureuse.

Grace au ciel j'en ai fini des grands tableaux de dévotion; malheureusement parmi les autres, qui sont d'ailleurs en très petit nombre, bien peu sont dignes d'une attention particulière: je me reprocherais cependant d'oublier *OEdipe rencontrant Laïus dans le sentier funeste.* L'auteur, M. Lagrénée, est entré dans la carrière avec un nom connu dans la peinture, et qu'il soutient honorablement: distingué jusqu'ici par ses miniatures, ses aquarelles, et surtout par ses camées (genre où il ne connaît point de rivaux), il a fait preuve dans son OEdipe d'un talent d'un ordre plus élevé. Cette composition, où on reconnaît un élève de la grande école de David, a de la noblesse et de ce grandiose que le sujet commande.

OEdipe engagé dans un sentier étroit dispute à Laïus les *vains honneurs du pas,*

Et sa main furieuse
Arrête des coursiers la fougue impétueuse.

Le monarque descendu de son char veut punir

l'audacieux, et provoque le bras parricide déjà levé sur lui. Chacune de ces deux figures a bien le caractère du héros qu'elle représente ; OEdipe, *jeune et superbe*, a tout l'emportement de son âge ; Laïus, avec un dédain non moins orgueilleux, semble plus maître de son courage. Je n'aime ni l'attitude, ni la colère grimaçante de l'esclave monté sur le char, et l'on ne conçoit pas comment OEdipe échappera au coup qu'il s'apprête à lui porter par-derrière. Les chevaux ne sont pas ramassés comme ils devraient l'être par la violence du double mouvement qui arrête leur *fougue impétueuse*. Peut-être en général ce tableau manque-t-il de chaleur et de force, mais la couleur m'en paraît belle, le dessin pur, et la composition soigneusement étudiée ; ces qualités peu communes rachètent bien des défauts.

TROISIÈME VISITE.

TABLEAUX DE GENRE.

La vie du plus grand prince qui ait régné sur les Suédois, de ce Gustave Vasa surnommé le *Libérateur*, a fourni à cette exposition le sujet de deux tableaux.

Dans l'un, M. Dufau représente Gustave haranguant, non la noblesse qui l'avait trahi, et ne demandait pas mieux que de le livrer au féroce Christiern, mais des ouvriers mineurs dont il avait partagé les travaux, de pauvres paysans Dalécarliens; en un mot, cette foule d'hommes sur lesquels se fondent la puissance des états et la sûreté des trônes. A son attitude ferme, à l'expression de ses traits, j'ai reconnu le grand Gustave sous les habits grossiers qui le couvrent. Il parle à ses compagnons et aux paysans de Mora, qu'il a rassemblés dans un cimetière; sa harangue est courte; il la termine en tirant l'épée; on court aux armes, et ce moment a donné le signal à la victoire : elle n'abandonnera plus le héros suédois. Tel est le sujet de ce tableau; il est bien pensé, bien conçu; mais l'exécution m'en a paru bien faible. Pourquoi ces hommes presque nus sous un ciel si rigoureux? Pour que l'on reconnût la rudesse native, et le caractère demi-sauvage des paysans de cette contrée, était-il indispensable de leur donner des traits difformes? L'histoire dit-elle que Gustave Vasa fut aussi trapu, aussi ramassé? Dans ce cas, il ne fallait pas la croire : les héros, et sur-tout les libérateurs, sont toujours beaux; c'est dans le caractère du modèle que le peintre doit étudier un portrait historique.

Telle a été la pensée de M. Hersent dans un autre tableau de *Gustave Vasa*, sur lequel se réunissent tous les suffrages. Le monarque, bien qu'affaibli par l'âge et les infirmités, conserve une taille majestueuse et des traits vénérables. Que ces yeux, prêts à se fermer, expriment de nobles et de touchantes pensées! j'y lis toute l'histoire de ce long et mémorable règne; les souvenirs de la victoire qui a tout fondé, de la justice qui a tout maintenu, des vertus royales auxquelles répondent tous les sentiments civiques.

Le roi semble descendre du trône vers le tombeau; il s'appuie sur son successeur, dont le recueillement et la pieuse tendresse annoncent un fils digne d'un tel père : la reconnoissance la plus vive, les regrets les plus touchants, se peignent sur toutes les figures. Au premier coup d'œil j'aurais cru pouvoir faire un sujet de reproche à l'auteur, de l'âge avancé de tous les personnages dont il a composé l'assemblée des états; mais un moment de réflexion m'a réconcilié avec l'intention du peintre; tous les assistants sont d'âge à avoir joui de la gloire et des bienfaits de ce règne de trente-sept ans, dont ils voyaient avec douleur s'éteindre les derniers jours; plusieurs espéraient n'en pas voir le terme, et se plaignent de la nature qui trahit leurs vœux en prolongeant leur vie.

Je n'ai jamais vu de tableau aussi vaste dans un cadre aussi étroit; et cependant nulle part le défaut d'espace ne se fait moins sentir; la multiplicité des personnages n'introduit aucune confusion dans les groupes, et l'uniformité d'un même sentiment, dont les cœurs sont remplis, produit une variété d'expressions et d'attitudes qui prouve un talent d'une admirable fécondité. La lumière tombe à flots sur le trône et sur le monarque, sans que son éclat nuise en rien à l'harmonie du tableau, dont la couleur est à-la-fois douce et brillante. Cet ouvrage ajoute beaucoup à la réputation déjà faite de M. Hersent, et lui fait prendre rang parmi les maîtres de notre école. Je n'insisterai pas sur quelques critiques de détail, et c'est sans attacher trop d'importance à cette remarque, que je ferai observer à M. Hersent qu'un roi comme Gustave Vasa ne doit pas bénir son peuple à-peu-près du même geste dont un curé bénit ses paroissiens. S'il était vrai, comme plusieurs personnes me l'ont assuré, que ce tableau, commandé à l'auteur, ne lui ait été payé que quatre mille francs, il faudrait en conclure que le peintre, assez riche pour se contenter du prix honorifique que le public met à ses ouvrages, travaille dans l'intérêt de ceux à qui il les vend.

Le général Le Jeune jouit du privilége, non seulement d'attirer, mais de fixer la foule autour de ses tableaux; depuis que le Salon est ouvert, il m'a été impossible, à quelque jour et à quelque heure que je me sois présenté, d'approcher de l'*Attaque d'un grand convoi près Salinas*; et je serais réduit, pour rendre compte à son rang de cette composition (l'un des principaux ornements de l'exposition actuelle), d'en parler d'après l'examen que j'en ai fait dans l'atelier, si je ne réfléchissais qu'elle doit être classée parmi les paysages, et que j'aurai conséquemment le temps d'y revenir.

C'est sur-tout en Italie que les beaux-arts sont frères, qu'ils s'appuient l'un sur l'autre, et se prêtent de mutuels secours; j'ai déja dit qu'en élevant des temples à Dieu, les architectes italiens songent aux ouvrages des hommes : telle fut sans doute la pensée d'Antoine Casoni, quand il construisit à Rome, sur la place Barberini, l'église des capucins dont M. Grasset nous a représenté une *vue intérieure:* ce chœur, qui ne reçoit le jour que par une fenêtre placée au fond, est éclairé de manière à ce que le rayon lumineux, après avoir frappé sur le pupitre, se divise à gauche, et glisse à-la-fois des deux côtés sur les stalles et sur ceux qui les occupent. Je suis persuadé qu'en perçant ainsi cette fenêtre, l'architecte avait en vue l'effet que le peintre a saisi avec un art admirable, et je dirais même avec un bonheur d'imitation que j'ai entendu qualifier, assez gaiement, d'affront à la nature. La touche de ce peintre est large et ferme, sans rien perdre de cette légèreté, de cette finesse d'exécution qu'exige le genre minutieux où il excelle. Tous les habits sont d'un brun opaque, leur forme est la même ; toutes ces têtes sont rasées, presque toutes ces barbes sont grises; cependant quelle étonnante variété dans les draperies, dans les nuances, dans les reflets ! Que d'attitudes différentes dans ces hommes debout et rangés à la file ! mais sur-tout quelles diversités dans toutes ces figures qui sont là pour prier, et qui accomplissent ce devoir comme des soldats font l'exercice sans songer au but, sans s'inquiéter du résultat ! Ce capucin assis dit son chapelet, et je vois qu'il se dépêche pour ne pas rester le dernier au chœur. Cet autre, prosterné, prie avec une ferveur de novice; mais je remarque deux de ses confrères qui se retournent et le regardent avec une espèce d'étonnement; si leur visage était plus éclairé, j'apercevrais même un sourire ironique que l'ombre ne me dérobe pas tout-à-fait. A quoi pense ce grand capucin dont le front est sillonné des passions du monde ? Je parierais qu'il médite sur les moyens de devenir général de son ordre, confesseur d'un roi, ou, qui sait, grand inquisiteur, peut-être...? Pourquoi pas ? Ses traits annoncent une sécheresse de cœur, une dureté d'ame, une cruauté froide, qui conviennent merveilleusement à la place qu'il ambitionne : je le recommande à messieurs de Carlsbad, pour la sainte Hermandad politique qu'ils organisent.

Il n'y a, dans ce tableau, que quatre personnages occupés; deux jeunes enfants de chœur, le thuriféraire, et le prêtre à chasuble; ce sont les acteurs: les autres assistent à un spectacle où ils n'ont pas l'air de s'amuser du tout.

Un de nos princes a, dit-on, acheté ce tableau 14,000 francs, et c'est pour la douzième fois que M. Grasset le refait et le revend; c'est une bonne fortune de peintre que ces capucins-là !

Quelque genre de peinture que l'on examine à cette exposition, le nom de Vernet est toujours là pour disputer la première palme; parmi les vingt-deux tableaux de chevalet que M. Horace Vernet a exposés, et qui se distinguent presque tous par l'élégance et la facilité du pinceau, par une composition ingénieuse ou spirituelle, mais sur-tout par un sentiment patriotique qui a fait surnommer ce jeune maître LE PEINTRE NATIONAL; parmi ces tableaux, dis-je, *la Revue du deuxième régiment des grenadiers à cheval de la garde* fixe plus long-temps les regards des connaisseurs; tous les genres de mérite se trouvent réunis dans cette charmante composition : du mouvement sans confusion, de la correction sans sécheresse; une distribution de lumière qui met tous les objets à leur distance; dans l'ensemble, une hardiesse de pinceau que l'on reconnaît jusque dans le fini des détails; il n'y a pas jusqu'à l'air un peu gourmé du colonel qui n'ajoute à la vérité de ce tableau.

Les hommes ont tellement pris l'habitude de la domination dans les arts, que rarement on y accorde aux femmes le rang qu'elles méritent, et qu'on est à-peu-près sûr de blesser tous les amours-propres masculins en le réclamant pour elles : le peuple artiste n'est pas plus galant que le peuple auteur; l'un et l'autre ont exclu les femmes de leurs académies; il me semble pourtant que madame de Staël avait autant de droit à un des quarante fauteuils qu'aucun de ceux qui les occupent, et que, si l'on mettait au concours trois places vacantes à l'académie de peinture, mademoiselle Lescot, madame Servières et mademoiselle Godefroy, parmi leurs concurrents, ne trouveraient qu'un bien petit nombre de rivaux.

Personne ne compose avec plus de facilité, de goût et d'esprit, que mademoiselle Lescot; sa palette est brillante, trop brillante peut-être. Ses groupes de personnages sont des espèces de bouquets où le rose et le bleu dominent trop souvent. Cette année, son tableau capital est celui où elle représente *François I*ᵉʳ *accordant à Diane de Poitiers la grace de M. de Saint-Vallier, son père, condamné à mort.*

La situation est indiquée avec grace, mais peut-être n'est-elle pas sentie avec assez de force : on ne sait ce qui se passe dans l'ame de Diane, et je serais tenté de croire qu'elle est en ce moment plus occupée de l'impression qu'elle produit sur le cœur du monarque, que du sort de son père : ses traits n'expriment ni crainte ni inquiétude; le roi la relève; la grace est donc accordée : mais il n'a pas encore lu le papier qu'on lui présente, et je ne trouve dans les yeux de la belle pétitionnaire ni joie ni reconnaissance; le prince n'a donc pas prononcé. Qu'importe? l'un est galant, l'autre est jolie; l'affaire de M. de Saint-Vallier s'arrangera aux dépens de l'honneur de sa fille, c'est tout ce que j'y vois : les dames qui accompagnent le prince paraissent être de mon avis : aucune d'elles ne porte à la suppliante ni intérêt ni pitié : celle du milieu, par un pressentiment jaloux, jette sur elle un regard de rivale, et la reine de Navarre semble aussi prévoir que le roi sera bientôt aux genoux de celle qui est en ce moment aux siens.

J'ai cru remarquer que, dans cet ouvrage, la

touche de mademoiselle Lescot n'avait pas toute la pureté, toute la franchise qui la distingue; en fondant, je dirais presque en *beurrant* ses couleurs, son pinceau s'est amolli. Le rayon de lumière qui traverse l'appartement a je ne sais quelle densité qui lui donne le corps et la forme d'une de ces aigrettes qu'on appelle *esprit;* et, pour achever de faire la part de la critique, il y a dans la pose, dans le clignotement de François 1er, une sorte d'affectation de galanterie qui rappelle un peu le prince mirliflore. Comme ce n'est pas un portrait de François 1er que mademoiselle Lescot a voulu faire, si ce grand roi avait de pareilles jambes, il fallait lui en faire d'autres. Je n'oserais pas assurer que dans ce tableau ni même dans celui du *Meunier, son Fils, et l'Ane,* mademoiselle Lescot se fût surpassée elle-même; mais du moins a-t-elle conservé parmi nos peintres de genre, la place honorable que ses premiers ouvrages lui ont assignée.

— « Sophie, disait à mademoiselle Arnould le comte de Lauragais, depuis duc de Brancas, vous souvient-il de notre petite maison de l'allée des Veuves?... Oh! oui, répondit-elle, c'était le bon temps; j'étais si malheureuse! » La nation française n'en pourrait-elle pas dire autant à tous ceux qui lui rappellent avec tant de complaisance les douceurs ineffables du bon vieux temps? Madame Servières nous en montre un échantillon dans son ta-

bleau de *Blanche de Castille, mère de saint Louis.*
Les charitables prêtres du chapitre de Chastenay
avaient fait jeter dans les cachots une foule de *vilains* qui, faute de récolte, n'avaient pu leur payer
le droit de champart; privés d'air et d'aliments, les
malheureux allaient périr, sans doute, en bénissant
le régime féodal, lorsque la mère de Louis IX, ré-
gente du royaume, au risque de l'excommunica-
tion, prit sur elle de faire ouvrir la prison ecclé-
siastique. « On vit alors, dit la notice, une multitude
d'hommes, de femmes, d'enfants, avec des visages
mourants, pâles, défigurés. » Je n'ai pas vu ces visa-
ges-là : l'enfant qu'une femme élève vers la reine
Blanche, a toute la fraîcheur de la santé, et la mère
n'est pas plus pâle, n'a pas moins d'embonpoint
qu'il ne convient à une bonne nourrice. Le visage
du vieillard qui montre ses fers, exprime noblement une indignation légitime; mais il n'annonce
ni besoins ni privations: les traits de la reine ne
sont pas suffisamment émus par la pitié, et le calme
qu'ils respirent ne me semble pas compatible avec
l'action qu'elle vient de faire et le sentiment qui l'y
a déterminée; mais si ce tableau de madame Servières laisse quelque chose à desirer sous le rapport
de l'expression, les autres parties ont droit à de
justes éloges; la composition est sage, le dessin correct, la douleur vraie, les caractères de tête d'un
choix très heureux, et l'effet général on ne saurait

plus satisfaisant. Il est aisé de reconnaître, dans ce tableau, et dans le suivant, la fille de M. Le Thiers, et l'émule de mademoiselle Lescot.

Marguerite d'Écosse et Alain Chartier, est une composition simple, heureuse, où l'on retrouve le coloris, la grace et la *sagesse* qui se font sentir dans le tableau de *Blanche de Castille*. Alain Chartier, poëte célèbre du quatorzième siècle, était (disent l'histoire et la notice) un des hommes les plus laids de son temps : il s'est embelli sous le pinceau de madame Servières, il n'y a pas de mal à cela ; mais Marguerite est sans témoin dans le tableau, et pour peu qu'on fût disposé à mal penser des princesses, on pourrait trouver le baiser dont la dauphine effleure le front du poète, moins innocent que le baiser sur la bouche qu'elle lui donna, dit l'histoire, en présence des dames de sa cour : on se demande pourquoi l'aimable auteur a changé cette circonstance. Je ne sais qu'une excuse à ses scrupules ; c'est le choix qu'elle a fait du modèle de Marguerite : comment supposer que le sommeil du poëte eût résisté au baiser *historique* d'une si jolie bouche ?

Composer à la manière des grands maîtres, ce n'est point copier ; imiter, ce n'est point calquer ; M. Bouillon le prouve dans sa *Résurrection du fils de la veuve de Naïm :* au premier coup-d'œil j'ai cru voir un tableau de Nicolas Poussin ; même type dans les caractères de têtes ; même sagesse à-la-fois, et même poésie dans l'exécution: des mouvements vifs et pourtant mesurés; de la chaleur sans désordre, de l'énergie sans convulsion. Le jeune homme ressuscité soulève son linceul; il regarde le Sauveur, il ne le voit pas encore; tout est vague dans son existence incertaine, entre la vie et la mort. Quelle correction dans le dessin! Quel charme dans la couleur, toute voilée qu'elle est par une vapeur verdâtre, qu'on retrouve aussi dans les ouvrages du Poussin! Si le fond de ce tableau était plus clair, si les draperies de la femme à genoux étaient mieux jetées, et la coiffure moins épaisse, je ne vois pas ce que cette belle composition laisserait à desirer.

M. Revoil, *votre Jeanne, mère de Henri IV*, ne me paraît pas assez jeune pour être enceinte, ni assez jolie pour avoir été *la mignonne* des rois. Je lui pardonne de faire la dédaigneuse à l'aspect du chapelet que le roi lui présente; le bijou n'est pas merveilleux; mais je ne vous pardonne pas d'avoir choisi de si pauvres modèles pour représenter le père et la mère du *Diable-à-Quatre*.

Est-ce parcequ'il y a si loin de ce tableau à celui de *Jeanne d'Arc prisonnière à Rouen*, du même auteur, que l'un est relégué au bout de la grande galerie, et l'autre auprès du *Massacre des mamelucks?* Sans doute le hasard seul est l'auteur de cette espiéglerie.

Blessée au siége de Compiègne, la Pucelle (pourquoi cette pruderie moderne qui craint de conserver à Jeanne d'Arc ce glorieux surnom?), la Pucelle, dis-je, tomba au pouvoir du duc de Bourgogne, qui la vendit aux Anglais avides de repaître leurs yeux du supplice de l'héroïne française ; un tribunal de prêtres leur procura cette horrible joie.

M. Revoil nous montre l'illustre guerrière dans la prison, où elle attend son arrêt. Le misérable qui l'a livrée, l'odieux Jean de Luxembourg, est venu avec les comtes de Warwick et Scanffort et d'autres Anglais, pour insulter à leur victime. L'habile peintre a su donner à la figure de l'héroïne l'expression du dédain et de la fierté que lui inspirent son noble courage et la perfidie de ses ennemis. Il paraît avoir fait une étude particulière du caractère de tête et des sentiments nationaux des hommes qu'il représente : le rire de tigre de l'homme au justaucorps rouge, l'action de cet autre, vêtu d'une casaque verte, et qui tire l'épée contre une femme enchaînée, sont d'une vérité frappante. Ce lit misérable, ces geôliers, ces satellites qui environnent celle qui sauva la France, ces nobles qui l'insultent, ces lâches qui l'abandonnent ; tout, dans ce tableau de M. Revoil, rappelle le fanatisme, les mœurs féroces, les crimes et les perfidies de cet horrible *bon vieux temps*. Le cachot de Jeanne est bien éclairé ; mais d'où vient la lumière ? Il me semble que l'air et l'espace manquent dans ce lieu, assez vaste pourtant si j'en juge par le nombre des spectateurs, et la distance où ils sont les uns des autres.

. Dans tous les arts, l'imitation n'est qu'un moyen; l'homme et ses passions, voilà le but : je regarde ces fabriques, ces routes, ces intérieurs, ces rivières, ces batelets; mes yeux sont occupés, mon imagination ne l'est pas; je n'éprouve rien, je ne pense à rien : mais à la vue de ce caveau, de cette *tombe sur laquelle un homme est appuyé,* mon cœur palpite, mes pensées s'éveillent en foule : c'est un fils qui pleure au tombeau de sa mère; cette mère était une reine, son fils un puissant monarque : je vois en présence la vie et la mort, les grandeurs et les misères humaines; l'objet le plus élevé de l'ambition, un sceptre; son terme inévitable, une pierre, un lit dur et glacé, où le roi comme le pâtre dorment en attendant la consommation des siècles : le peintre m'a fortement saisi de son sujet, et je n'ai songé à l'artiste qu'après avoir long-temps éprouvé la puissance de son art. D'autres savent, peut-être aussi bien que M. Bouton, rendre ces clartés vives que produisent les rayons de la lumière pressés dans d'étroits corridors, renvoyés par des parois blanchies, et glissant à travers les ombres; mais j'en connais bien peu qui trouvent, qui choisissent et qui disposent aussi heureusement le lieu de la scène; je n'en connais qu'un (Horace Vernet) qui sache donner à des figures de la plus petite dimension des attitudes, des traits propres à exprimer les plus fortes passions humaines.

Ce grand mérite de sentiment se trouve au plus haut degré dans le tableau du prince *Charles Édouard en Écosse.* Approchez, hommes de 1815, venez contempler les terreurs d'un proscrit; vos nobles regards peuvent descendre jusqu'à lui, c'est le fils d'un roi légitime dont la tête est mise à prix par les fils de l'usurpateur devenus légitimes à leur tour. Le dernier rejeton d'une race superbe fuit au désert, s'abrite sous des ruines, dernier palais des proscrits. L'insecte qui vole, la feuille qui tombe le fait tressaillir : il écoute : n'a-t-il pas entendu les pas du Cimbre? Non, rassure-toi, prince infortuné; ce bruit qui t'effraie est celui d'un pied timide, d'un léger vêtement que le vent agite; c'est une femme, c'est ta libératrice qui s'avance. Ce tableau de M. Bouton est un de ceux où il a déployé avec plus de bonheur tout le secret de son talent; les objets, vus de plus loin que dans le tableau de saint Louis, offrent plus de vague dans les tons, moins de force dans le trait, moins de rectitude dans les lignes, et c'est de cette sorte d'indécision qu'il tire son plus grand charme.

Couronnement du Tasse au moment de sa mort, dans le couvent de Saint-Onuphre, par M. Ducis, morceau sagement composé, exécution un peu froide, couleur brillante. L'auteur y soutient la réputation que lui ont faite ses premiers ouvrages ; mais il l'augmente dans son petit tableau de Vandick. C'est un sujet de peinture bien heureusement choisi que celui du célèbre élève de Rubens, âgé de seize ans, et peignant un tableau de saint Martin à la prière d'une jeune fille qu'il aime et qu'il consulte sur son ébauche. Ce joli ouvrage, remarquable par la grace et la naiveté, mérite d'être cité au nombre de ceux du même genre qui font le plus d'honneur à cette exposition.

J'ai fait comme les autres, j'ai laissé le mérite modeste se morfondre dans la salle d'Apollon ; et si l'on n'avait pas transféré dans la grande galerie *le petit saint Jean* de M. La Croix, il est très probable que je n'aurais pas fait mention d'un ouvrage qui annonce beaucoup de talent : M. La Croix est élève de M. David ; on le reconnaît à la pureté de son dessin, à la grace de son pinceau, peut-être un peu timide, mais où le grand goût et la manière du maître se font pourtant sentir. Une tête de saint Jean-Baptiste du même auteur me semble promettre un peintre d'histoire.

ÉCOLE DE LYON. — Aux beaux jours de la peinture en Italie, cette contrée, divisée en petits états, comptait autant d'écoles que de capitales ; les écoles romaine, florentine, vénitienne, lombarde, celles de Ferrare et de Bologne fleurissaient en même temps : les capitales sont des foyers de chaleur nécessaires pour faire éclore les fleurs et mûrir les fruits des arts : voici cependant une exception, une espèce de phénomène dans un état monarchique; il existe en France une seconde école qui se compose de plusieurs peintres de Nîmes, d'Aix, de Marseille, de Grenoble, de Lyon, et à laquelle on peut déja donner le nom de cette dernière ville, en l'honneur de M. Richard qui tient le premier rang parmi ses fondateurs.

L'ermitage de Vaucouleurs est fait pour soutenir la réputation de ce peintre, que doit accroître son tableau de *Tanneguy du Châtel*. Cette composition, plus vaste qu'aucune autre du même auteur, lui a donné l'occasion de déployer un talent d'un ordre plus élevé; son beau coloris n'y a rien perdu de cet éclat, de cette vivacité qui fixèrent l'attention sur ses premiers ouvrages : dans l'exécution de ce tableau je ne trouve à blâmer que ce drap qui forme, contre toute vraisemblance, une espèce d'auréole autour de la tête du jeune prince: un chien, emblême de la fidélité est auprès de Tanneguy; mais ce chien est un lévrier : le peintre a-t-il voulu faire une épigramme sur la fidélité des courtisans?

Les jeunes mères paient un doux tribut d'attendrissement au talent de M. Génod, de Lyon, devant son tableau du *Petit malade;* mais celui de la *Bonne mère* (intérieur de cuisine) lui donne encore plus de droit de prendre rang, ainsi que M. Bonnefond, parmi les fondateurs de l'école lyonnaise, qui d'ailleurs se rapproche beaucoup de l'école flamande.

— La manière de M. Boilly lui appartient; c'est peut-être un mérite; il prend ses modèles dans une nature un peu bourgeoise; mais, du reste, il y a de la naïveté, de la vérité dans ses compositions; et l'on peut en juger par son *Entrée du théâtre de l'Ambigu-Comique, un jour de représentation gratis;* ces gens-là se pressent, se poussent, s'écrasent et on les laisse faire. M. Boilly n'a omis aucune des circonstances qui ajoutent à ces plaisirs populaires tout le piquant du danger. Un gendarme dont le cheval étouffe une pauvre femme; un autre gendarme à pied, prêt à frapper un citoyen de la baïonnette; des curieux qui regardent froidement cette mêlée; ils sont venus là pour entendre les cris des enfants et des femmes, les juremens des hommes, pour compter les blessés et les étouffés, s'il y en a; ils pourront dire: « J'y étais, je l'ai vu » : espèce de triomphe dont les Parisiens ne jouissent pas toujours avec assez de modestie.

QUATRIÈME VISITE.

Pour suivre la vieille et juste comparaison qu'Horace établit entre la peinture et la poésie, je dirai que le paysage (à prendre ce mot dans son acception vulgaire) est à l'un de ces arts ce que le poème descriptif est à l'autre. Tous deux ont pour objet principal et trop souvent unique, l'imitation de la nature inanimée; aussi tel peintre ou tel poëte pense-t-il avoir atteint la perfection, quand on a dit de son ouvrage: « cela ressemble beaucoup à des arbres, à des eaux, à des rochers. » Si l'on admet que cette partie de l'art, comme ils l'entendent, constitue un véritable genre, il faudra convenir que

Tous les genres sont bons, *excepté celui-là*.

Mais on n'en sera pas réduit à cet aveu, du moins pour le paysage, si l'on renferme dans ses limites toute l'étendue de son domaine.

Ce bocage est délicieux; un ruisseau limpide y serpente à travers les fleurs; la lumière et le zéphyr semblent se jouer dans le feuillage; j'applaudis un moment à cette muette imitation dont mes yeux vont se détourner, lorsque j'aperçois, à l'ombre de ces bois, un groupe de villageois dansant au son du chalumeau ; leur joie à laquelle je m'associe, s'augmente de l'aspect charmant des lieux où elle éclate ; mais, si le peintre déployant toutes les ressources de son génie, me montre, dans un coin de son tableau, une jeune bergère et son amant, séparés de la foule, et découvrant la pierre d'un tombeau où je lis ces mots : *Et moi aussi, je fus pasteur en Arcadie;* cette belle composition s'empare à-la-fois de toutes mes facultés : l'esprit et le cœur émus de ce contraste mélancolique de l'amour et de la destruction, des vains éclats de la joie et du silence éloquent de la tombe, je m'abandonne à la douce rêverie qui s'est emparée des deux jeunes amants.

Cet artiste, me dites-vous, est habile à saisir et à fixer sur la toile les phénomènes de la nature ; il a su peindre, sous un ciel chargé des plus épaisses vapeurs, le débordement des eaux, près de submerger la cime la plus élevée des montagnes : je regarde de loin ; quelle monotonie de couleurs, quelle absence d'effet et de lumière ! nulle opposition ; tous les objets se perdent, se confondent dans le brouillard humide dont ce tableau semble couvert ; je m'approche avec indifférence ; je regarde et je crois entendre les gémissements de quelques malheureux qui se débattent sur l'abîme prêt à les engloutir : quelle est cette femme échevelée sur la pointe d'un roc que les eaux n'atteignent pas encore ? c'est une mère, elle s'efforce de saisir son enfant que son époux dispute à la rage des flots; je m'arrête, je n'ai plus assez de temps, assez d'yeux, assez d'admiration. C'est le DÉLUGE DU POUSSIN !

J'ai exprimé toute ma pensée; pour s'élever à la dignité d'un genre, le *paysage* doit être *historique;* les personnages peuvent n'y être qu'accessoires; mais cet accessoire est indispensable; sans cela point d'action, point d'intérêt. Considéré sous ce point de vue, le *paysage* se rapproche de ce qu'on appelle le *genre*, et doit prétendre aux mêmes honneurs. Ce n'est pas seulement en partant de l'idée que je me suis faite du véritable paysage, que je place en première ligne le tableau de l'attaque *d'un convoi près Salinas;* ce n'est pas non plus par égard pour l'empressement extraordinaire dont il est l'objet: en fait d'art, la foule ne fait rien à l'affaire; mais, à ne considérer le tableau du général Le Jeune, que comme une simple étude de la nature, je ne vois à cette exposition qu'un très petit nombre d'ouvrages du même genre qui puissent lui être comparés pour la vérité de l'imitation locale, la correction du dessin et l'harmonieuse distribution de la lumière : tout serait dit en fait d'éloge, si l'auteur s'était contenté de peindre un site agreste, où se voient quelques anciens châteaux des Maures, ruinés par le Cid; mais la beauté de la décoration n'est là que ce qu'elle doit être, un moyen d'ajouter à l'intérêt de l'action.

Un convoi sorti de Madrid le 25 mai 1812, ramenait en France des prisonniers anglais, des blessés, des dames espagnoles et françaises, des officiers de différents corps qui avaient l'ordre de rejoindre d'autres armées; quand tout-à-coup, des bandes de guérillas, sous la conduite du général Mina, sortent d'une embuscade et fondent sur le convoi; dans cette épouvantable mêlée, il s'agissait de mettre de l'ordre dans la confusion, de détacher les groupes sans les séparer de l'ensemble, et de faire ressortir du fond du sujet même les scènes héroïques et touchantes dont il se compose : c'est où excelle le talent du général Le Jeune, et le tableau que j'examine est je crois la meilleure preuve qu'il en ait encore donnée.

« Ces soldats blessés s'entr'aidant des membres qui leur restent, et faisant aux femmes un rempart de leurs corps; la marquise de la Manca, présentant sa poitrine aux balles de l'ennemi pour en garantir ses filles, tandis qu'un officier avec une jambe de bois se dévoue pour les sauver; la vivandière Catherine, le sabre au poing, s'élançant sur l'ennemi prêt à frapper son mari hors de combat; le petit tambour Jules servant de guide à son père aveugle et s'emparant de son épée pour le défendre; M. Deslandes, secrétaire du roi, tombant sans vie dans les bras de sa femme; » toutes ces circonstances, liées avec beaucoup d'art, sont développées dans une mesure si juste, qu'aucune ne s'empare exclusivement de l'attention du spectateur. M. le général Le Jeune n'a pas oublié, dans un sujet national, une action qui honore les prisonniers anglais ; les guérillas leur offrent des armes et les invitent à combattre contre nous, les Anglais refusent, et s'armant au contraire des fusils de nos malades, ils s'en servent pour notre défense et rentrent en France avec le convoi : cette action est noble et généreuse ; les Anglais étaient dignes de suivre, dans ce cas, l'exemple que nous leur avons souvent donné, mais peut-être n'appartenait-il qu'à un peintre français de consacrer, dans un monument public, un trait aussi honorable pour le caractère de notre éternel ennemi.

Je ne m'arrête pas à quelques critiques de détail que j'ai entendu faire de ce tableau ; la couleur est peut-être un peu crue, le terrain trop évidemment disposé pour y mettre les groupes à l'effet, les figures trop nombreuses, trop finies pour le point de perspective où elles se trouvent ; peut-être les ombres portées n'y sont-elles pas toujours la conséquence naturelle de la position des objets : ces remarques ont été faites en ma présence, mais je n'en ai pas senti la justesse, et, bon ou mauvais, c'est mon jugement que je donne.

Le *paysage historique* de M. Watelet est inférieur, pour l'exécution, à son *paysage romantique*, exécuté d'après des études faites dans les *Vosges;* c'est le tableau capital de ce peintre, et, seul, il suffirait pour placer son auteur au rang des premiers maîtres des écoles étrangères; mais ce n'est après tout, qu'une belle et vaste solitude, où je cherche en vain quelqu'un à qui parler. Dans l'autre, grace à M. Hyppolite Le Comte, je trouve *Henri IV et le capitaine Michaud.* La figure du roi est pleine de force et d'énergie; ses traits expriment bien ce courage généreux qui savait écarter le péril sans jamais sacrifier à de simples soupçons. Environné d'assassins, les uns formés à l'école des jésuites, les autres instruits à la cour d'Espagne, et même à la sienne, Henri dédaignait les précautions outrageantes et toujours inutiles: il ne souffrit pas qu'on inventât des complots pour le débarrasser de ses ennemis, et il aima mieux ignorer ceux qui se tramaient contre lui, que de risquer de faire périr des innocents; on n'a pas toujours été aussi scrupuleux.

Ce groupe est bien en scène, et les figures sont d'une correction suffisante. Le paysage est digne du pinceau de M. Watelet; on y remarque de beaux effets de lumière et de perspective; mais je n'ai pu m'expliquer comment un ruisseau coulant sur un terrain peu incliné, et sur un fonds bien uni, se trouve couvert de vagues écumantes, lorsque le feuillage n'est pas même agité. Pangloss assure qu'il n'y a pas d'effet sans cause : s'il a raison, M. Watelet a tort.

Me voici transporté dans une autre forêt, sous un ciel orageux qui répand ses ombres dans l'air et sur la terre. Les nuages, les arbres, les rochers, offrent peu de matière à la critique; mais il n'en est pas ainsi de la machine d'opéra sur laquelle Junon arrive pour présider à l'hymen d'*Énée et de Didon*, qui va s'improviser dans la grotte où ils cherchent un refuge. Cette machine, tout informe qu'elle est, n'est cependant pas un hors-d'œuvre; sans elle, comment aurais-je reconnu la belle reine de Carthage, dans cette femme courte, épaisse et camarde, emmaillottée de mousseline; et le fils de Vénus, dans ce gros garçon coiffé d'un bonnet phrygien, et si lourdement embarrassé dans son manteau?

Ce temple est bien celui des Euménides; je le reconnais au bois sacré qui l'entoure, et à la cruauté des prêtres qui l'habitent : ils repoussent un suppliant; c'est Œdipe. La tendre Antigone les invoque en vain; ces ministres de haine et de vengeance sont insensibles à ses larmes. Le temple, d'architecture pesante, le bois de cyprès, le ciel, voilé d'épais nuages, les aspérités du site, tout, dans ce tableau de M. Raymond, est empreint de la couleur antique et sombre du sujet; mais j'ai remarqué, dans le rapport des deux figures principales, un anachronisme que l'usage ne saurait consacrer. OEdipe est trop vieux, ou Antigone est trop jeune. Ce prince était nécessairement dans la fleur de l'âge quand il eut le malheur d'épouser sa mère. Si la fille de Jocaste n'a que quinze ou seize ans, son père ne peut en avoir plus de quarante; dès-lors, ce front ridé, cette barbe et ces cheveux gris dont vous couvrez sa tête, sont un véritable contre-sens.

Ce défaut, de vieillir le personnage principal, est moins excusable encore dans le tableau où l'on nous représente *Henri IV recevant dans son camp, sous Paris, les habitants que la famine a chassés de cette ville.*

A sa barbe grise, à ses traits ridés, à son attitude abandonnée sur son cheval, le Béarnais, dans ce tableau, donne l'idée d'un vieillard septuagénaire. Hélas! il n'a pas vécu si long-temps! L'action se passe en 1590 : Henri était né à la fin de l'année 1553; il n'avait donc que trente-sept ans alors; au reste, c'est là le moindre défaut de cette faible composition, où tout est contre-sens d'un bout à l'autre. Ces armures luisantes, ces justaucorps galonnés, ces harnais éclatants, n'étaient pas ceux des vétérans de l'armée d'Henri IV, et s'ils les avaient eus, ce jour-là, le Béarnais les leur aurait fait quitter, pour ne pas insulter, par un contraste choquant, à la misère de ceux qui venaient lui demander du pain.

C'est un sujet bien choisi que celui de *la mort de Roland*, écrasé, dans la vallée de Roncevaux, sous les débris des montagnes détachées par les Maures. Ce tableau, de M. Michalon, offre de belles masses, et les hardis accidents du terrain, y sont disposés de manière à ajouter à l'effet de l'action terrible qui se passe dans cette gorge étroite, à laquelle le héros a légué son nom.

L'Entrée de Charles VIII dans la ville d'Aquapendente, assigne à M. Chauvin un rang parmi nos meilleurs paysagistes. Que cette route monte et tourne bien! que cette colline coupée en terrasse, ces maisons sans toits, cette verdure un peu cendrée des Apennins, ont un caractère bien vrai, bien local! je le retrouve dans la couleur du ciel, dans les effets de la lumière sur les montagnes lointaines; jusque dans le mouvement des chevaux qui gravissent la colline en piaffant. M. Chauvin est un peintre dont le talent est plus grand que la renommée; j'en connais d'autres, dont la renommée est bien au-dessus du talent: les arts ont aussi leur loterie. M. Chauvin serait plus connu si ses ouvrages n'étaient pas enlevés aussitôt qu'ils sont finis. Je me souviens d'avoir vu un de ses tableaux représentant des capucins travaillant dans leur jardin, auprès d'un cloître éclairé d'une vive lumière. Si mes souvenirs ne me trompent pas, ce tableau ne le cédait en rien, pour l'effet magique, à celui que vient d'exposer M. Granet, et l'emportait peut-être pour la naiveté de la composition.

Par une disposition très sagement conçue, les tableaux commandés par le gouvernement, ont été mis en concurrence les uns à côté des autres, ce qui donne le moyen de s'assurer d'un coup d'œil que la faveur, accordée à certains peintres, n'a pas toujours été mesurée sur leur talent. Cette observation ne regarde assurément pas M. Dunouy, dont les charmants ouvrages peuvent se disputer la palme dans cette lutte des paysagistes. J'ai distingué, plus particulièrement, sa *Vue du port et de la ville de Castellamore*, et celle qu'il a prise de la côte de Pausilippe, d'où l'on aperçoit le golfe de Baja, Pouzzolane, et la montagne de Saint-Nicolas, dans l'île d'Ischia. Les pins en forme de parasol, la verdure aride et brûlée, sur laquelle paraissent plutôt haleter que paître des troupeaux de chèvres; à l'horizon, le Vésuve et les nuages légers qui se composent de la fumée qui s'échappe du volcan; le cap Minerve, Caprée, et les vaisseaux qui sillonnent la mer, tous ces objets sont représentés avec autant de fidélité que de vigueur; on sent que M. Dunouy a vécu sous le beau ciel de Naples, aux bords de ces tranquilles mers que n'a jamais soulevées l'impétueux aquilon.

Ce n'est point sur ces paisibles ondes que se passe l'action si admirablement peinte par M. Horace Vernet, dont le nom revient toujours quand il est question de chefs-d'œuvre. Un de ses tableaux de marine représente un combat entre des forbans algériens, ravisseurs d'une jeune femme, et l'époux et les parents de cette femme. Les feux de l'orage brillent à l'horizon, et reflètent, sur les eaux, une teinte enflammée. Le mouvement des vagues, leur couleur, leur transparence, tout est juste, tout est vrai ; c'est la nature prise sur le fait.

Il n'y a ni moins de vérité, ni moins de talent dans cette autre marine, du même auteur, représentant un naufrage au pied d'un fort. J'ai entendu faire, de ce tableau, une critique qui ne peut manquer de flatter beaucoup M. Horace Vernet: voilà, disait un vieil amateur, une vague que ce M. Horace a volée à son grand-père ; l'amateur avait tort ; on ne vole pas celui dont on hérite.

Un autre successeur du premier Vernet, M. Hue, soutient à ce concours sa vieille et honorable réputation : peut-être n'a-t-il rien fait de plus beau que *la vue du port et de la tour de Terracine,* au moment d'un orage qui se forme, et déja enveloppe de ses sombres vapeurs la ville, les montagnes, et la mer dont les flots commencent à se soulever ; ce jour obscur jette sur les vagues de sinistres reflets. Un navire à la voile glisse sur cette mer inquiète, et se hâte de gagner le port. Il y a, dans cette figure d'un homme à cheval, galopant vers la ville, un mouvement naturel qui appartient à cette manière mobile, si j'ose m'exprimer ainsi, dont le secret est celui du talent original de M. Hue.

Les combats sur mer se ressemblent tous : ce sont toujours des bâtiments au milieu d'un tourbillon de fumée, des voiles en lambeaux, des mâts rompus, un ciel gris et une mer écumante : ce n'est donc pas la faute de M. Crépin si toutes ces circonstances se retrouvent dans son combat de la frégate française *la Poursuivante,* contre le vaisseau anglais *l'Hercule ;* mais j'ai parcouru les mers des Antilles, et je puis assurer M. Crépin, que, dans ces climats, le ciel est plus chaud et la lumière plus vive qu'il ne les a représentés dans son tableau : il a été plus heureux, sous ce rapport, dans son combat de *la Bayonnaise.* Au reste, il y a, dans les ouvrages de ce peintre, quelque chose de plus honorable encore que le grand talent qui le distingue ; c'est le sentiment de la gloire nationale : il est resté citoyen et Français, lorsque tant d'autres ne sont plus que peintres et statuaires ; il n'a point répudié la gloire contemporaine ; ses héros sont ceux de notre âge. Honneur, avant tout, à l'artiste citoyen.

PORTRAITS.

M. Prudhon. — Je n'ai point parlé de son *Assomption de la Vierge;* elle est arrivée un peu tard, et peut-être la critique y trouverait-elle quelque chose à reprendre, ne fût-ce que cette grace mondaine qui n'est pas tout-à-fait celle dont Gabriel fit compliment à la vierge Marie. Quant aux deux portraits exposés par M. Prudhon, sous les numéros 923 et 924, ils offrent, à mon avis, tous les genres de mérite : pureté de dessin, coloris brillant, expression vive ; ce n'est point de la peinture, c'est de la chair, c'est de la vie.

M. Gérard. — Le portrait en pied de madame la duchesse d'Orléans et du jeune duc de Chartres, est une composition savante; à la suavité du pinceau, à l'élégance du style, on ne peut y méconnaître la main d'un grand peintre ; cependant M. Gérard a fait mieux, et le souvenir m'en est resté.

M. Paulin Guérin. — Ce peintre d'histoire a exposé dix-huit portraits ; il est vrai que, pour ne pas trop déroger, il n'a peint que des princes, des ducs, des marquis, des comtes et tout au moins des barons. Il me semble que son pinceau trop ferme, manque parfois de souplesse; que sa couleur assez franche est souvent pâle et blafarde. Ce peintre ne pousserait-il pas trop loin la fidélité de la ressemblance? Si son modéle fait le fier, porte la tête haute et regarde les gens du haut en bas, il nous le montre sur la toile aussi gourmé qu'il l'est dans son salon. Les traits d'un autre portent-ils une expression qui n'est pas celle de la tempérance, M. P. Guérin ne manque pas de mettre le public dans le secret de ses habitudes domestiques; M. Isabey et la jolie marquise de C... n'avaient rien à craindre de sa fidélité scrupuleuse; mais la jeune dame lui reprochera de lui avoir entortillé, et presque lié les bras dans son schall.

Mademoiselle Bouteillier. — Rien de plus agréable, de mieux ajusté que ce portait d'une dame, vêtue d'une robe rose, et appuyée sur un tronc d'arbre : un peu moins d'affectation dans l'attitude, et cette figure serait parfaite.

Madame Cheradame. — Ses deux portraits de généraux sont remarquables par la pose noble et simple, par l'expression calme qui sied si bien à la valeur. Ce sentiment des convenances, que n'ont point oublié les peintres de nos héros français, n'a point guidé le pinceau des peintres chargés de reproduire l'image des guerriers en habit vert. Ceux-ci ont le sabre au poing, la colère dans les yeux, et semblent encore menacer les passants.

M. Robert Lefèvre. — Jamais la palette de ce peintre n'a versé tant de trésors sur la toile! Voyez un peu ce portrait, n° 962. Assise dans un fauteuil doré; les pieds sur un tabouret doré; tenant un livre doré sur tranche et sur reliure; vêtue d'une robe dorée par-devant, dorée sur les manches, dorée en haut, dorée en bas; coiffée d'une toque brodée en or; chargée de rubis, d'émeraudes, de saphirs, de perles, que cette femme est riche!

M. Kinson. — Robe de velours noir bordée d'une simple fourrure, toque noire, avec une seule plume blanche, schall uni jeté négligemment, taille élégante, physionomie douce, spirituelle, expressive, main blanche et pied furtif, attitude naturelle et gracieuse; que cette femme est belle!

M. Berthon. — Il n'est pas plus prudent de fâcher un docteur qu'une belle; j'approche de l'âge où l'on attend plus souvent les visites de l'un que les visites de l'autre; je me bornerai donc à dire que le docteur n° 82, est on ne peut plus ressemblant; qu'il est assis nonchalamment dans un fauteuil doré, qu'il a les plus jolies croix du monde, un cordon noir plus large que celui du père Élysée, des manchettes et un jabot à dentelles superbes; ce qui n'empêche pas que M. A. ne soit un homme spirituel, un convive aimable, et un médecin très habile.

Mademoiselle Mauduit. — Il serait peut-être difficile de dire à cette demoiselle plus de bien qu'elle ne pense de son tableau d'*Henriette de France*: j'espère être plus heureux en lui parlant de son portrait de feue madame de Fumel; la foule ne s'est point arrêtée devant, mais il n'est pas un connaisseur qui n'ait été frappé de cette vérité d'imitation, de cet art de rendre non seulement les traits, mais la physionomie, mais le caractère, mais l'ame de son modèle : ce portrait est un véritable chef-d'œuvre, et serait le premier de l'exposition de 1819, si l'on n'y voyait pas celui de feu M. PAGNEST. — Ici l'imitation disparaît, c'est la nature même : les traits, l'attitude du personnage, sa manière d'être habituelle, ses vêtements, sont des miracles que n'expliquent pas assez la patience du peintre et le temps qu'il a mis à terminer cet inconcevable portrait.

TABLEAUX NOUVEAUX.

MINIATURES, DESSINS.

Si le Salon continue à s'enrichir des tableaux qu'on en retire et de ceux qu'on y apporte, jamais il n'aura été plus beau que le jour de sa clôture : on y vante par-dessus tout deux morceaux qu'on n'y voit pas encore, et qui n'en brillent que davantage; *adeò præfulgebant....;* l'un est encore le secret de l'auteur, l'autre est déja révélé aux amis du peintre, qui, s'il faut les en croire, a renouvelé le miracle de Pygmalion: nous verrons; ne cherchons pas quels motifs ont retardé l'exposition des deux chefs-d'œuvre présumés, de peur de découvrir un petit mystère d'amour-propre qui n'ajouterait rien à la considération que l'on doit à de grands talents. Ce sont les ouvrages qu'il s'agit de juger.

En attendant ceux de MM. Gérard et Girodet, occupons-nous de quelques productions nouvellement exposées.

Encore un Horace Vernet! encore un tableau charmant! rien n'égale l'heureuse fécondité de ce peintre improvisateur: la foule se pressait devant le jeune Trompette, tué sur le champ de bataille, et près duquel s'arrêtent son cheval et son chien, lorsqu'une nouvelle scène militaire du même auteur est venue partager l'admiration. Des voltigeurs français, retranchés derrière un épaulement, sont attaqués dans leur position. Les assaillants sont-ils nombreux? Un serre-file cherche à s'en assurer en regardant par-dessus la tête des voltigeurs au moment où ils font feu. L'attention de l'officier est fortement attirée à la droite du tableau, vers le point où l'ennemi débouche. C'est un prodige de vérité que cette figure qui porte en sautoir une capote roulée; la pose, l'ajustement, l'expression, tout est parfait: il ne faut pas seulement avoir vu des soldats, il faut avoir été soldat soi-même *avant qu'on fît la paix*, pour les peindre avec cette inconcevable fidélité: il y a des choses que le génie ne devine pas.

Une scène naïve, trop naïve peut-être, se passe

sur le premier plan, où deux tambours accroupis pansent le chien barbet du trompette mort, que nous avons vu dans l'autre tableau auquel celui-ci sert de pendant. L'animal est blessé sur le haut de la tête : à la vue de ce groupe, j'ai entendu dire à beaucoup de spectateurs : « Ah! le pauvre chien! » je n'ai entendu dire à personne : « Ah! le pauvre trompette! » La sensibilité a ses secrets, le cœur humain ne gagnerait rien à les découvrir.

La générosité d'Alexandre envers Apelle me paraît plus grande que celle dont il usa envers la femme et la mère de Darius; il est plus aisé de pardonner à la famille d'un prince que l'on a tué et dont on a envahi les états, que de céder une maîtresse charmante au rival qu'elle préfère. M. Langlois, pour ajouter au mérite de l'action royale, a représenté Alexandre dans la première jeunesse, et il a fait Campaspe assez jolie pour qu'on lui tînt compte du sacrifice. La figure d'Apelle est à-peu-près celle que l'imagination prête à un artiste grec; mais Campaspe, mais Alexandre, ne sont-ils pas un peu français? on l'assure, et je n'ai pas le courage d'en faire un reproche au peintre; où trouver ailleurs de meilleurs modèles de grace et d'héroïsme? Le pinceau de M. Langlois est moëlleux et suave, son coloris doux et brillant; cela est bien, mais ce n'est pas mieux; il manque là quelque chose : c'est peut-être l'inspiration.

Plusieurs personnes n'ont vu qu'une figure d'étude dans le *Jérémie* de M. Schnetz, *pleurant sur les ruines de Jérusalem ;* en effet on peut croire que cette pose a été choisie par le peintre pour faire briller ses connaissances anatomiques ; mais cette figure d'étude prend un grand caractère historique quand on l'examine, sous le rapport de l'expression, de la douleur profonde qui anime la tête du lamentable prophète, absorbé dans ses méditations. La couleur de M. Schnetz a de la vigueur, et sa teinte un peu cuivrée annonce un peintre appelé à traiter avec succès les scènes orientales.

La nouvelle de la victoire de Marathon ! c'est déjà se montrer peintre d'histoire que de choisir un pareil sujet.

« La ville d'Athènes, abandonnée à la garde des « vieillards, des femmes, et des enfants, n'attendait « que le fer et la flamme de l'ennemi, lorsqu'un de « ses guerriers arrive haletant des champs de Mara-« thon, annonce la victoire et tombe mort aux « pieds des magistrats. » Voilà ce que M. Couder fait dire à la notice ; maintenant voici ce que dit son tableau.

Un guerrier blessé élève en l'air une palme sanglante, et tombe sur son bouclier, comme un homme atteint d'un trait mortel et que la gloire couronne. Une femme (à Sparte, j'aurais dit son épouse) étend ses bras, non pour recevoir le héros dans sa chute, mais pour remercier le ciel et répondre à ce cri : *Nous sommes vainqueurs;* car en ce moment tous les sentiments sont pour la patrie; le deuil des familles se renfermera dans les foyers domestiques. Des femmes, des enfants accourent; des vieillards, courbés sous le poids des ans, se hâtent avec plus de lenteur : mais j'aperçois parmi ces groupes de jeunes gens déja en état de combattre, des hommes encore dans la force de l'âge; ils ne sont ni magistrats ni prêtres; que font-ils là? Leur place était à Marathon, et je les tiens pour déshonorés aussi long-temps que je ne connaîtrai pas le motif qui les a retenus dans les murs d'Athènes.

Tous les personnages me paraissent bien calmes, bien froids pour une si vive émotion. Jamais sujet plus noble, plus touchant ne s'est offert à l'imagination d'un peintre; M. Couder ne paraît l'avoir bien senti qu'en peignant le guerrier, qui n'a *voulu* mourir qu'après avoir annoncé la victoire.

« Après les rois, disait un de nos collègues dans la dernière livraison de *la Minerve,* ce qu'il y a de plus ingrat, ce sont les peuples. » *L'exil des cendres de Phocion* est un des traits les plus affligeants de cette haine aveugle et féroce à laquelle les hommes les plus vertueux, les plus utiles, n'ont pas toujours échappé, même dans les républiques.

L'action pieuse de cette femme de Mégare qui emporta dans le pan de sa robe les ossements de Phocion, et leur donna la sépulture près de l'autel de ses dieux domestiques, fut célébré par Plutarque et vient d'être représentée par M. Meynier. Les instruments qui ont servi à creuser le dernier asile du grand homme, le rameau de cyprès, l'eau lustrale, sont auprès de la tombe; la famille est en prière; toutes les circonstances expliquent le sujet et concourent à le rendre plus touchant; la figure de la jeune fille à genoux est belle, de cette beauté virginale dont le type ne se trouve guère que dans les statues grecques : il y a de l'indignation dans la douleur de son jeune frère; mais, à ces deux personnages près, tous les membres de cette famille ont des formes colossales, et semblent appartenir à la race des géants. Cette exagération, dont je ne m'explique pas le motif, ne m'empêche pas de reconnaître, dans le tableau de M. Meynier, l'ouvrage d'un de nos plus habiles peintres.

Je ne sais comment, en parlant des *marines*, j'ai pu oublier celles de M. L. Garnerey : il est vrai qu'il est assez difficile de les découvrir derrière la porte de l'antichambre du Salon où on les a cachées.

Il est certain, cependant, qu'un double intérêt s'attache à la personne et au talent de ce peintre, qui n'a eu d'autres maîtres que la nature et le malheur; c'est à bord des vaisseaux où il a servi dès l'âge de treize ans, c'est à bord des pontons anglais où il a été huit ans prisonnier, que M. Louis Garnerey est devenu le peintre de marine, sinon le plus habile sous le rapport de l'art, du moins le plus fidèle et le plus exact que je connaisse.

Il n'appartenait qu'à un marin, et à un marin consommé dans son art, de peindre *un vaisseau qui fait naufrage dans un calme* (circonstance dont la notice ne fait pas mention, et qui donne à ce tableau un intérêt tout particulier); de représenter un grand nombre de navires dans un port, à l'instant où s'exécute le mouvement général que le jusant leur imprime. Je n'ajouterai qu'un mot à l'éloge d'un talent modeste, auquel le gouvernement n'a fait aucune *commande :* M. L. Garnerey est le seul de nos peintres de marine qui nous ait donné des portraits de vaisseaux : il est fâcheux qu'il ne lui ait pas été permis d'exposer plusieurs combats mémorables de la dernière guerre, par la raison qu'ils ont été rendus sous un pavillon dont les couleurs glorieuses étaient alors celles de la France.

Je ne sais pourquoi on a omis, sur le livret, l'indication d'un tableau de *Sabinus,* par M. Giroust; j'ai cru remarquer dans cette composition quelques parties d'un talent distingué; de l'expression dans les figures, de la sagesse dans l'ordonnance, et du charme dans la couleur : d'assez graves incorrections dans le dessin sont rachetées par des beautés d'expression qu'on ne trouve pas toujours dans des ouvrages d'un ordre plus élevé.

M. Duvivier, en prenant son sujet dans le roman des Martyrs, de M. de Châteaubriand, n'a point, à l'exemple de plusieurs de ses confrères, affligé nos yeux du spectacle de ces supplices auxquels un ange préside une palme à la main; il n'y a point de lion, il n'y a point de bourreaux dans cette simple et touchante composition. *Cymodocée* quitte son père endormi pour aller partager le sort de son époux. Tous les sentiments qui agitent en ce moment la tendre compagne d'Eudore, sont exprimés avec une énergie exempte de toute exagération. Peut-être le pinceau de M. Duvivier manque-t-il de souplesse; quelques effets de lumière ne sont pas étudiés sur la nature; mais ce tableau n'en est pas moins l'ouvrage d'un homme de talent qui n'a point encore donné toute la mesure des succès auxquels il peut prétendre.

Je ne sais pas s'il y a un grand mérite d'exécution dans ce petit tableau qui représente *un corbillard* entrant au cimetière du Père-La-Chaise; je ne sais pas si la couleur n'en est pas un peu terne, si le dessin en est bien correct; mais je sais que je ne vais jamais au Salon sans le revoir. C'est qu'il y a une pensée dans ce tableau : cet homme vivait il y a deux jours ; ses parents, ses amis, se pressaient autour de son lit de mort ; un notaire a reçu ses dernières volontés, il a fait le partage du peu de bien qu'il avait ; qu'importe maintenant qu'il respire encore, il a déja cessé de vivre ; une main mercenaire lui ferme enfin les yeux et le dépose sur le char funèbre qui le conduit à son dernier gîte. Quoi ! pas un parent, pas un ami n'accompagne ses restes ! — Pas un homme, dites donc ; mais son ami, le voilà : son chien compose tout le cortége ; regardez ce pauvre barbet, couvert de boue, l'oreille basse ; il suit son bienfaiteur, il ne l'abandonnera pas, et demain vous le trouverez hurlant sur sa tombe, et grattant la terre qui couvrira son cercueil.

Le Salon de 1819 a reçu les ouvrages de cinq cents peintres, parmi lesquels on compte quatre-vingts femmes ; plusieurs ont déja acquis une juste célébrité, et de plus jeunes talents s'élèvent à côté de ceux qui fleurissent. Forcé par le temps et l'espace de ne citer qu'un petit nombre d'ouvrages exécutés par des femmes, je me reprocherais pourtant de garder le silence sur la *Clotilde* de mademoiselle Lafond : la couleur de ce tableau n'est pas vigoureuse, les figures de femmes dont il se compose ne sont pas exemptes de recherche, mais l'expression de Clotilde est touchante ; ses compagnes sont belles; il y a de la variété dans leur pose, de la grace dans leurs attitudes, et je ne sais quelle douleur prophétique dans l'isolement de cette jeune femme aux vêtements bleus, qu'on ne voit que de profil. Si l'on donnait cette année un prix au meilleur tableau de nos peintres féminins, celui de mademoiselle Lafond mériterait de concourir.

Mademoiselle Brucy continue à réaliser les espérances qu'elle a données en 1817; *la petite fille tenant une grappe de raisin,* est très agréablement peinte.

Malgré la timidité bien naturelle de son pinceau, et le choix assez malheureux de ses modèles, mademoiselle Revest me semble mériter plus que des encouragements pour sa *Toilette de Psyché.* On doit attendre beaucoup du talent d'une jeune personne de vingt ans, n'eût-elle peint que la jolie figure de la femme qui verse des parfums sur le feu du trépied.

Les miniatures semblent plus particulièrement du domaine de ces artistes aimables, que la nature n'a point destinés aux grands travaux de la peinture; aussi la concurrence entre les deux sexes est-elle plus grande dans ce genre que dans les autres; et si les maîtres de l'école dont M. Isabey est le chef, si MM. Saint, Augustin, Aubry, Jacques, et quelques autres, y conservent leur supériorité masculine, plusieurs dames soutiennent honorablement la comparaison.

Les portraits sur émail, de madame Jaquotot, doivent ajouter encore à la réputation qu'elle s'est acquise dans un genre au-dessus duquel cette dame s'est élevée dans ses copies des deux tableaux de Raphaël, *la Vierge aux œillets* et *la Vierge au poisson*.

Les miniatures de mademoiselle Inès Esménard sont quelquefois de jolis tableaux; tel est celui de mademoiselle Mars dans le rôle d'Agnès, et celui de mademoiselle Duchesnois dans le rôle d'Électre : cette jeune personne, depuis la dernière exposition, a fait des progrès qui la classent, honorablement parmi les peintres en miniature.

Le portrait en pied de mademoiselle Volnais, celui d'une jeune fille en blanc, ont quelque chose du faire gracieux d'Isabey; il est facile de voir que mademoiselle Varlet est élève de ce peintre célèbre.

On reconnaît également dans quelques jolies miniatures de mademoiselle de La Flotte les leçons de M. Saint

Je serais étonné si le très jeune auteur (M. Passot) du portrait d'une jeune fille couronnée de roses, ne prenait pas rang au prochain Salon parmi nos meilleurs peintres de miniature.

Si des miniatures je passe aux dessins coloriés,

les portraits m'assiégent; je ne parlerai que de ceux de M. Garnerey, parceque sa manière est à lui : il y a quelque chose de vaporeux dans sa touche, quelque chose de singulier dans les habitudes du corps, dans les airs de tête des princesses et des princes allemands, dont il a exposé les portraits ; tout cela m'a paru étrange, ce n'est peut-être qu'étranger.

Le *Saint-Jean-Baptiste prêchant dans le désert*, de M. Auger, est ce que j'ai vu de plus remarquable en dessin, dans cette exposition : à la belle ordonnance de la scène, à la disposition des groupes, à la variété des caractères de tête, à la richesse des détails, on reconnaît un élève distingué de David. Je suis fâché, pour cet artiste, qu'il n'ait point exposé au Salon un très beau portrait de M. Delvincourt; les élèves de l'école de droit eux-mêmes l'auraient admiré.

L'art nouveau de la lithographie fait d'inconcevables progrès; nos plus habiles dessinateurs ne dédaignent pas de prêter leurs crayons aux Engelmann, aux Lasteyrie, aux Jacob; il est peu d'inventions plus propres à répandre le goût des arts, et par cela même plus dignes d'encouragement.

Si le besoin, plus que le goût, est le père de cette foule importune de portraits qui assiégent toutes les salles et mendient tous les regards; si le talent de nos peintres est réduit à spéculer sur les travers du plus risible amour-propre ; à se faire une ressource de tant de femmes laides, vieilles, sèches ou mafflées ; de tant d'hommes gourmés, roides d'orgueil et de broderies, bariolés de cordons ; serait-ce ouvrir un mauvais avis que de conseiller à nos peintres de faire un appel à la reconnaissance nationale et au patriotisme des Français, pour l'exécution d'une galerie de portraits historiques, où leurs pinceaux retraceraient à la postérité l'image de tant d'illustres citoyens dont la sottise et la haine ont répudié la gloire contemporaine? Pourquoi l'une des salles de la Bourse ne serait-elle pas destinée à recevoir les portraits des Mirabeau, des Bailli, des La Fayette, des Desaix, des Montebello, de tous les hommes qui ont contribué par leur génie, par leurs travaux, par leurs services, à fonder parmi nous la liberté publique? Voilà les traits que doivent immortaliser les pinceaux du peintre de Léonidas et de ses illustres élèves : ces portraits-là sont encore de l'histoire.

Tout a été dit sur les tableaux de fleurs et de fruits ; la nature seule peut aller au-delà des Redouté, des Vandael, des Van-Spaendonck, des Van-Os; et madame Decaux, née Milet de Mureau, mérite d'être citée après ces grands modèles. Mademoiselle Riché et madame Deharme ont rivalisé de fraîcheur et de grace dans les jolis tableaux de fleurs qu'elles ont exposés : cette dernière nous apprend qu'elle a voulu exprimer, dans un tableau allégorique, *la reconnaissance du peuple français pour le gouvernement de sa majesté;* je ne vois pas comment on exprime ces choses-là avec des roses, des tulipes, des pivoines, des lys et des tournesols.

Les yeux fatigués de portraits, de fleurs, de paysages, je serais sorti de la galerie d'Apollon sans remarquer deux oiseaux étrangers, perchés dans un coin, si la beauté de leur plumage, la variété de leurs couleurs, n'eussent arrêté mes regards; c'est, je crois, la première fois qu'on a brodé d'après nature; cet heureux essai mérite d'être encouragé, et prouve que mademoiselle de Saint-Ange manie également bien le crayon et l'aiguille : il est doux d'avoir à signaler honorablement, dans les arts, un nom que le traducteur d'Ovide a consacré dans la littérature. Une collection d'oiseaux ainsi brodés serait d'autant plus précieuse, que le mérite de ce travail est de rendre mieux que la peinture le reflet du plumage, et de conserver aux plus brillantes couleurs un éclat que le pinceau imite, mais que le temps finit toujours par altérer.

Il me reste à parler du tableau de M. Girodet dont l'apparition tardive occupe en ce moment tous les yeux et tous les esprits de la capitale. Mais j'éprouve en outre le besoin de le revoir plusieurs fois, et d'oublier, pour en parler sans préventions, les monstrueux éloges dont il a eu le malheur d'être l'objet : ce tableau de *Pygmalion et Galatée* me fournira d'ailleurs une transition toute naturelle à l'examen des morceaux de sculpture par lequel je terminerai cette revue critique de l'exposition de 1819.

CINQUIÈME VISITE.

PYGMALION ET GALATÉE.

Pygmalion, célèbre statuaire de l'île de Chypre, avait formé d'un bloc d'albâtre une femme si belle, du moins à ses yeux, qu'il en devint éperdument épris : ce n'est pas là que commence le prodige ; de tout temps on a vu des artistes amoureux de leur ouvrage. Pygmalion passa de l'excès de la vanité à l'ivresse du plus violent amour ; depuis un an il se consumait près de ce marbre adoré,

.... S'enivrant à longs traits
Du plaisir d'admirer les charmes qu'il a faits [1].

Une nuit qu'il veillait dans le sanctuaire où il avait placé son idole, il invoque Vénus : « L'ordre de la « nature est troublé, s'écrie-t-il ; deux êtres manquent « à la plénitude des choses ! » Il supplie la déesse de leur partager l'ardeur dévorante qui consume l'un sans animer l'autre [2]. Sa prière est entendue :

---

[1] *Métamorph.*, traduction de Saint-Ange.
[2] J.-J. Rousseau, *Pygmalion*, scène lyrique.

le miracle s'opère; le marbre s'assouplit, se colore; Galatée se meut, respire, elle est vivante. Pygmalion la voit et s'arrête immobile; il hésite, il ne jouit qu'en tremblant d'un bonheur qu'il prend encore pour le prestige d'un amour forcené.

C'est ce moment de crainte et d'extase qu'a judicieusement choisi M. Girodet, dans un tableau sur lequel je m'expliquerai avec la même franchise, avec la même impartialité que s'il n'eût point été couronné par les amis et les élèves de l'auteur; que s'il n'eût point été l'objet d'un chœur de louanges, d'un concert d'adulations, dont on pourrait accuser la malveillance, si l'esprit de parti n'en avait donné le signal.

Galatée est belle; ses formes sont élégantes, sveltes, sans être grêles; sa figure est noble, d'un beau caractère. Je ne sais si le sentiment de la pudeur est le premier qu'elle devait exprimer; mais cette pensée rendue avec esprit est encore un heureux artifice, puisqu'elle a permis au peintre d'éluder, sans invraisemblance, la plus grande difficulté de son sujet, l'expression du regard. Comment, en effet, rendre le vague des idées, le conflit des sensations que doit éprouver un être dont les organes reçoivent à-la-fois tout leur développement, et qui naît tout entier à la vie, au sentiment, et à la pensée? Cet obstacle était insurmontable: M. Girodet n'a point cherché à le vaincre; c'est connaître les bornes de l'art, c'est faire preuve de force que de s'arrêter à temps.

Les admirateurs exclusifs se sont récriés outre mesure sur cette animation graduée, sur ce développement de chaleur et de vie, dont on peut suivre les progrès sur le marbre qui palpite : sans doute ce travail atteste un pinceau habile, mais personne mieux que M. Girodet ne peut savoir avec quelle aisance le talent se joue d'une pareille difficulté.

Si je me représente l'effroi, les transports d'admiration, de surprise et de reconnoissance que doit exciter dans l'ame de Pygmalion le prodige qui s'opère à ses yeux, je ne puis être entièrement satisfait de l'expression que le peintre a donnée à cette figure : j'y vois de l'étonnement, mais j'y cherche en vain cette exaltation, ce bouleversement d'idées que la situation commande : Pygmalion approche ; son premier mouvement devait être de reculer. Me dira-t-on que c'est l'instant qui suit que le peintre a voulu saisir, et qu'il a suffisamment indiqué par le geste que fait Pygmalion pour s'assurer de son bonheur ? Le défaut d'enthousiasme est alors plus sensible : Galatée respire, son amant n'en doute plus ; dès-lors ce n'est pas un doigt timide qu'appelle son sein palpitant.

Pygmalion est bien frais, bien rose, bien jeune, pour un artiste déjà célèbre par ses chefs-d'œuvre, pour un amant dévoré d'une passion d'autant plus violente qu'elle est plus insensée. Il en est de l'amour comme de l'envie et de l'ambition, il flétrit les traits, il macère le corps de l'être dont il s'empare; quelque chose de plus sombre, de plus souffrant, de plus mélancolique, donnerait à cette tête le caractère qui lui est propre, et, en y réfléchissant davantage, M. Girodet en eût trouvé le type dans sa féconde imagination.

Je n'aurais voulu que deux figures dans cette composition : ce miracle de l'Amour avait-il besoin de sa présence? Quand un portrait est ressemblant, on n'écrit pas au bas le nom du modèle. Peut-être cette troisième figure était-elle nécessaire à l'agencement du groupe principal; mais, en l'introduisant dans cette composition, pourquoi raccourcir, pourquoi presser entre Pygmalion et Galatée cet Amour privé du jeu de ses ailes, et dont la position manque à-la-fois de grace et de naturel? Rien de plus joli que sa figure; mais la ruse et l'espiéglerie que tous ses traits respirent ne sont pas l'expression juste du sentiment qui devrait l'animer; c'est la joie d'un triomphe et l'orgueil de la puissance que je voudrais y lire.

Le lieu de la scène n'est pas suffisamment indiqué, et je ne devine pas quel motif a pu déterminer M. Girodet à éloigner des yeux du spectateur tout ce qui pouvait lui apprendre que cet amant est un sculpteur, et que la statue qui s'anime est l'ouvrage de ses mains.

La réputation de M. Girodet, comme dessinateur, est si justement acquise, que ce sont des doutes et non des observations critiques que je me permettrai, en considérant sous ce rapport quelques parties de son tableau.

La main gauche de Pygmalion ne paraît-elle pas détachée de son bras, et appartenir par le ton et la distance à un autre personnage? Son bras droit, et le bras gauche de Galatée ne forment-ils pas les mêmes angles, et n'offrent-ils pas une pose absolument semblable? Le sein gauche de Galatée n'est-il pas un peu plus élevé que le sein droit, et les mains, calquées sur celles de la Vénus de Médicis, ne sentent-elles pas un peu l'empâtement du moule? Peut-on s'expliquer naturellement l'attitude de Pygmalion, dont on voit les épaules de face et le visage de profil? Enfin, retrouve-t-on les formes de la figure sous le manteau guindé qui l'enveloppe?

C'est au prestige de la couleur que ce tableau doit l'effet magique qu'il produit, et que l'on admire avant de s'en rendre compte. Ce corps si blanc de Galatée qui se détache merveilleusement sur un fond d'une éclatante blancheur; cette lumière éblouissante et tempérée par la fumée des parfums qui colore les objets dont elle nuance et varie les teintes, sont les résultats des plus heureuses et des plus savantes combinaisons. Je ne trouve à redire dans cette partie que le ton de couleur *faïencée* du Pygmalion : on croirait qu'il est peint sur porcelaine. Quant aux accessoires, aux bas-reliefs figurés sur le piédestal de la statue, tout y respire l'élégance, le goût et les études de l'antique, dont on sait que M. Girodet est plein, et qui distinguent son beau talent parmi les maîtres de notre école qui marchent ses égaux.

Ce tableau, qui renferme des beautés de premier ordre, a cela de particulier, que les défauts mêmes dont il abonde ne peuvent appartenir qu'à un talent supérieur, et qu'ils sont le fruit du calcul et du travail le plus opiniâtre. L'auteur a voulu forcer son génie qui l'appelle à un genre plus sévère, et l'on s'aperçoit trop des efforts qu'il fait pour le vaincre.

SCULPTURE.

La salle d'exposition des morceaux de sculpture est fort riche, du moins par le nombre des ouvrages, lequel s'élève à plus de cent soixante. Il est vrai que dans ce nombre figurent quatre-vingt-dix bustes, y compris une tête de cheval qui n'est ni la moins belle, ni la moins ressemblante.

J'ai été moins content du buste de M. le comte Decazes. Ce front, naturellement modeste et gracieux, est trop profondément empreint de soucis ministériels. On dirait que le ciseau, d'ailleurs très habile, de M. Bosio veut dégoûter les aspirants au ministère : peine et talent perdus ! Les inconvénients du pouvoir ne font peur qu'aux hommes qui seraient dignes d'y arriver.

Je me suis déja récrié contre cette vanité contagieuse qui encombre de portraits les salles d'exposition. Quel plaisir tant d'hommes et de femmes, que je crois d'ailleurs fort estimables, trouvent-ils donc à mettre le public dans la confidence des torts qu'ils ont à reprocher à la nature, et à s'offrir en butte aux épigrammes que la malignité ne leur épargne pas ! Ce n'est certainement pas la faute de mesdames L...., B..., d'A..., si la nature s'est amusée à modeler leurs traits d'une manière si bouffonne ; à amonceler sur la poitrine de celle-ci des appas déplacés ; à encaisser la tête de celle-là entre ses deux épaules, où elle semble attachée par les oreilles : mais ce sont là de petits malheurs domestiques qu'il faut supporter en famille, et sur lesquels il est au moins inutile d'appeler l'attention injurieuse des spectateurs indifférents.

« Ulysse (dit Homère), piqué des railleries d'Eu-
« ryale, saisit un disque *très pesant*, et, sans quitter
« son manteau, le lance d'un bras vigoureux : la
« pierre tombe au loin avec un *bruit grondant et*
« *terrible*. »

M. Petitot, dans la statue *d'Ulysse*, a donné au roi d'Ithaque des formes herculéennes; mais pourquoi n'avoir mis dans sa main qu'un de ces palets plats et légers, que tout habitué des Champs-Élysées ne peut manquer de prendre pour un rouleau du jeu de Siam? Homère dit bien qu'Ulysse ne quitta pas son manteau, mais il ne dit pas qu'il le ramassa sur son épaule gauche, de manière à l'empêcher de *fixer* son but (pour parler le français de la notice).

Le pied gauche de la statue pourrait être mieux attaché à la jambe, laquelle pourrait être dessinée avec plus de soin : je ne connais que Socrate, dans la Grèce, qui eut un nez aussi court que l'Ulysse de M. Petitot : rien de moins héroïque en peinture qu'un nez camard.

M. Descine est un statuaire d'une prodigieuse fécondité; il a fourni une vingtaine de morceaux à cette exposition; il est vrai que la plupart sont des bustes; mais, par une fatalité fâcheuse, il n'y a guère que la figure du *Crime* de vraiment belle dans cette nombreuse collection : quant à *l'Accablement* et à *la Douleur* (autres figures allégoriques destinées au même monument), il est difficile de rien imaginer de plus lourd et de plus commun.

Quelle est cette jolie nymphe prête à se coucher sur la draperie souple et légère qu'elle étend de la main droite? Que ces formes sont délicates! que ces traits sont fins et gracieux! le feu de ses regards est amorti par une douce ivresse; on ne peut s'y méprendre, c'est celle de l'amour; la couronne de pampre dont la tête de la nymphe est ornée ne trompera personne. Cette charmante statue ne porte point de numéro; mais, si j'en juge par l'analogie du ciseau, elle doit être de M. Marin, l'auteur de la statue de *Tourville*.

La pose de cette dernière figure est belle; les pieds sont exécutés avec soin, et les habits aussi bien ajustés que de tels vêtements le permettent à la sculpture; mais la physionomie de ce célèbre amiral manque de cette expression ferme et vigoureuse qui doit animer les traits d'un héros.

Cette délicatesse de traits qui me semble un défaut dans les personnages héroïques, je la retrouve encore dans *l'Épaminondas* de M. Bridan, où j'admire d'ailleurs un style pur, élégant, et une pensée philosophique. Épaminondas, le corps traversé par un javelot, doit éprouver de vives douleurs : la contraction des muscles du front, des jambes, et des cuisses, indique cet état violent; mais, réprimées par la force morale, par la puissance d'une grande ame, les angoisses du corps ne dégénèrent pas en convulsions; on voit que la mort d'Épaminondas est la dernière action d'une vie héroïque.

L'expression de la tête du héros thébain serait parfaite si l'on y voyait quelque chose de la joie que doit lui causer la victoire de Mantinée qu'il vient d'apprendre, puisqu'il va retirer le fer qui arrête seul dans ses veines le sang et la vie.

Me voici en face du modèle en plâtre d'un bas-relief pour la fontaine de la Bastille : *la chirurgie est représentée par le centaure Chiron.* Les centaures n'ont point de prétentions à la beauté, mais chez eux la laideur n'est pas chose obligée, comme chez les satyres; pourquoi donc mademoiselle Julie Carpentier a-t-elle fait le précepteur d'Achille si gros, si court, si laid? Pourquoi a-t-elle chargé ces deux princes malades d'un embonpoint pâteux qui enveloppe les muscles et laisse à peine deviner la place des os? En examinant le jeune homme vu de face et en costume de baigneur,

> Enfant non pas des plus petits,
> Mais garçon de quinze ans, si j'ai bonne mémoire,

on s'aperçoit que la pudeur a guidé le ciseau de mademoiselle Carpentier, et qu'elle a marchandé les proportions.

Les artistes grecs ne composaient leurs groupes que de deux ou tout au plus de trois figures. Le groupe désigné sous le nom de *Taureau Farnèse* est la seule exception que je connaisse. M. Gois, avec plus d'audace ou plus de patience, a exposé le modèle en plâtre d'une Descente de croix composé de six figures. On a dit qu'il fallait se sentir une grande puissance de talent pour concevoir et sur-tout pour exécuter un pareil ouvrage. Je vois bien que le nombre des figures augmente le travail, mais je ne pense pas qu'il ajoute à la difficulté de l'exécution, dans une composition qui n'a d'ailleurs rien d'original. L'expression de la Vierge est juste, mais la figure est lourde, et ce n'est pas sous ces traits que je me représente la mère de douleurs : toutes les têtes m'ont paru d'un caractère commun ; il y a certainement un effort anticipé dans la pose de l'homme qui saisit les jambes du Christ, mais qui ne le porte pas encore. M. Gois a été beaucoup plus heureux dans les draperies, généralement bien jetées, d'un dessin large et de bon style.

La nymphe endormie dans une conque fait, à mon avis, beaucoup plus d'honneur au beau talent du même artiste que sa triste Descente de croix : c'est une idée riante dont l'exécution est infiniment gracieuse.

M. Caldelari a exposé, il y a deux ans, un Androclès qui lui fit beaucoup d'honneur : cette année il a fait..... Son Androclès lui fit beaucoup d'honneur il y a deux ans.

La *Galatée* de M. Lemoine a obtenu d'illustres suffrages : les formes de cette statue sont élégantes, mais la pose en est un peu maniérée.

Il y a bien de l'esprit dans l'air de tête du joli *Faune* de M. Foyatier ; le corps est bien posé, bien dessiné; pourquoi les mains sont-elles moins jeunes que le reste?

Quel odieux personnage que cet Aristodème, meurtrier de sa fille! Monti a fait de cette action atroce, ou plutôt des remords dont elle est suivie, le sujet d'une tragédie célèbre parmi les Italiens, mais dans laquelle le talent de l'auteur n'a pu voiler l'horreur du sujet. M. Bra m'a paru bien plus heureux ; son *Aristodème au tombeau de sa fille* est un admirable début qui promet à la France un grand statuaire.

La *Pandore*, et sur-tout le *Narcisse* de M. Cortot, sont deux ouvrages charmants où l'on trouve unies la grace au bon goût, la pureté du style à l'élégance des formes. Un peu de vague dans la figure de Pandore, dont il serait difficile de deviner la pensée, si elle ne tenait en main la boîte fatale; peut-être un peu de roideur dans la jambe gauche de la même statue, sont des taches qui n'obscurcissent pas les nombreuses beautés de ces deux ouvrages.

Il n'y a ni moins de talent ni moins de grace dans les deux statues exposées par M. Lemire: celle de l'*Innocence*, commandée par M. Decazes, est un modèle de naiveté.

La *Minerve* de M. Cartelier est un ouvrage du style le plus élevé. Elle annonce l'artiste qui médite devant son marbre avant d'y porter le ciseau. Bien pensée, bien posée, bien drapée, cette Minerve suffirait pour placer M. Cartelier au rang de nos premiers sculpteurs, si, par ses ouvrages antérieurs, ce rang ne lui était pas dès long-temps acquis.

C'est dans ce même style, peut-être avec un génie plus fier et d'une main plus ferme, que M. Espercieux a taillé son *Diomède enlevant le palladium*, et son *Philoctète en proie à ses douleurs*. Ce sont bien des héros, et des héros grecs qu'enfante son docte ciseau.

M. Dupaty se montre l'émule de MM. Espercieux et Cartelier. Sa *Vénus se dévoilant à Pâris* est un ouvrage très remarquable sous le rapport de la pureté du dessin; mais je craindrai d'autant moins de dire à ce sujet ma pensée tout entière, que M. Dupaty n'a encore exposé que le modèle en plâtre de cette statue. La Vénus qui se dévoile aux yeux de Pâris n'est pas *la Vénus Genitrix* de Lucrèce, dont M. Dupaty nous a déjà offert un si beau modèle; c'est la Vénus d'Amathonte, la déesse de la volupté que doit nous retracer son ciseau: peut-être alors une beauté moins sévère, des formes plus sveltes, des contours plus moelleux, plus d'abandon dans l'attitude, plus de finesse et de coquetterie dans le regard, conviendraient-ils mieux à la rivale heureuse de Pallas et de Junon: ces deux déesses n'avaient que de la beauté; Vénus avait de la grace et des charmes, Pâris lui donna la pomme.

LES ROSES.

PAR P. J. REDOUTÉ.

>Rose, à la feuille delicate,
>Qui, d'un éclat si lumineux,
>Au milieu d'un trône épineux,
>Étales ta pourpre incarnate ;
>Bien que la fraîcheur de ton teint,
>Par le même astre qui l'a peint,
>En peu d'heures te soit ravie,
>Bénis l'auteur de ton destin,
>Qui fait, à la plus longue vie,
>De la plus belle fleur envier le matin.
>
>   RACAN.

Les poètes ont fondé, dans l'opinion, les seules monarchies héréditaires que le temps ait respectées. Le lion est toujours le roi des animaux ; l'aigle, le monarque des airs, et la rose, la reine des fleurs. Les droits des deux premiers, établis sur la force, et maintenus par elle, avaient en eux-mêmes la raison suffisante de leur durée : la souveraineté de la rose, moins violemment reconnue et plus librement consentie, a quelque chose de plus flatteur pour le trône, et de plus honorable pour ses fondateurs. Sans abuser de ces métaphores, on peut, je crois, en déduire une vérité importante, c'est que les idées de beauté, de grace, de goût sont aussi positives que celles de force et de grandeur, et que les principes et les droits des uns sont aussi prescriptibles que ceux des autres. Dans l'ordre physique, comme dans l'ordre moral, dans la nature, comme dans les arts, il n'y a pas plus de beauté que de force de convention : en tout temps, en tout lieu, on ne dispute sur le *beau* qu'en son absence. Les Caffres, les Hottentots peuvent soutenir qu'un nez épaté, des lèvres épaisses, une peau noire, et des cheveux crépus sont les caractères distinctifs de la beauté dans un climat qui n'en produit pas d'autres ; mais supposez ces mêmes nègres maîtres de choisir entre toutes les femmes de la terre, vous verrez si tous ceux qui sont assez jeunes pour se soustraire à la force de l'habitude et du préjugé ne donneront pas la préférence à la Vénus athénienne sur la Vénus hottentote.

Par-tout où la rose a pu s'acclimater, elle a reçu les mêmes hommages ; par-tout elle est devenue l'emblème de la grace, de la pudeur, et de la volupté ; tel est le charme attaché à cette fleur, que son nom même, dans presque toutes les langues, a quelque chose de flatteur pour l'oreille. C'était peu de la consacrer aux autels des dieux : la riante imagination des Grecs a voulu lui créer une origine céleste. Flore l'avait fait naître blanche pour en parer Vénus au moment où elle sortit des eaux ; mais la déesse s'étant piquée à son épine, une goutte de son sang tomba sur la fleur, et la teignit de cet incarnat divin dont elle brille maintenant à nos yeux. Les Indiens la font éclore d'un sourire de *Dourgha* (déesse de la volupté); les musulmans, moins gracieux dans leurs allégories, de la sueur du saint prophéte.

Les anciens associaient la rose à leurs plaisirs et à leurs douleurs : symbole de la mollesse, dans les festins, ils en couronnaient leur tête ; ils en parfumaient leurs lits et leurs tables : image d'une vie passagère, ils l'effeuillaient sur les tombeaux : ce dernier devoir auquel les parents s'engageaient, en acceptant un héritage, était à-la-fois un hommage pieux qu'on rendait aux morts, et une haute leçon de morale que l'on donnait aux vivants.

Le culte de la rose, plus profane chez les modernes, n'en est pas moins universel, et tous les arts se sont empressés de l'étendre. La culture a profité du don de mutabilité dont cette fleur est douée à un degré prodigieux pour en multiplier les espéces, et pour la produire sous mille formes variées, sous mille couleurs diverses. La rose a eu ses poëtes, ses historiens[1], et depuis long-temps on attendait un ouvrage d'iconographie qui lui fût spécialement consacré. A quel autre convenait-il mieux qu'à M. Redouté, qu'au peintre à qui nous devons l'admirable collection des *liliacées*, d'élever à la rose un monument semblable ?

Je ne répéterai pas ici ce que l'auteur de l'ouvrage que j'annonce a fort clairement exposé dans un avant-propos, écrit avec autant d'élégance que de précision, sur les avantages de l'iconographie appliquée à la botanique en général, et aux roses en particulier ; sur l'imperfection des trois seuls ouvrages iconographiques qui aient eu pour objet spécial de faire connaître le rosier et ses variétés nombreuses ; je n'essaierai pas même de donner une idée du plan que l'auteur a suivi, où l'on trouverait, après tant de succès obtenus et mérités, les preuves surabondantes des soins qu'il a donnés à ce travail, des difficultés qu'il a eues à vaincre, et du talent avec lequel il les a surmontées. Je me bornerai à indiquer, dans ses propres termes, le but qu'il s'est proposé en publiant ses ROSES.

« Offrir au botaniste le moyen d'étudier, après la saison des roses, les espèces et les variétés les plus remarquables de ces fleurs, même les roses étran-

---

[1] *Rhodologie* de Rosemberg ; *Essai sur les Roses* du président d'Orbessan.

gères au climat qu'il habite, et contribuer ainsi peut-être à résoudre le problème de la possibilité d'établir une méthode de classification des nombreux individus de ce genre;

« Donner à l'amateur des moyens de correspondre avec les pépiniéristes et de s'entendre avec eux sur les roses nouvelles, dont il voudra enrichir sa collection;

« Fournir au peintre décorateur et au manufacturier des modèles gracieux soit pour l'embellissement de nos habitations, soit pour l'ornement d'objets d'art de toute nature;

« Enfin présenter aux connaisseurs des tableaux neufs et dignes du sujet : »

Telle est la tâche que M. Redouté s'est prescrite, et qu'il a remplie au-delà même des espérances que son nom a dû faire concevoir, si l'on doit juger de l'ensemble par les deux premières livraisons de son ouvrage, qui viennent d'être publiées. Le peintre y rivalise avec son modèle, de vérité, d'éclat, et d'élégance, et n'abandonne à la nature que les avantages appréciables par d'autres sens que par la vue. Annoncer une *Iconographie des Roses*, par M. Redouté, gravée par les premiers artistes de la capitale, et dont la partie typographique a été confiée aux presses de M. Firmin Didot, c'est donner à une pareille entreprise toutes les garanties du plus brillant succès.

QUELQUES TABLEAUX

DU SALON

D'HORACE VERNET[1].

BATAILLE DE JEMMAPES.

Il est deux heures. Le soleil pâle de novembre se voile sous des nuages pluvieux : de la hauteur où je suis placé, je vois se dérouler devant moi une plaine immense. Ce terrain humide et fertile, ces belles prairies, cette végétation vigoureuse, ce vaste horizon qu'aucun accident ne rétrécit, m'indiquent suffisamment le lieu de la scène ; je suis en Flandre. Je vois au loin des villages et des bourgs, les uns éclairés, les autres dans la demi-teinte. Aussi loin que mes regards peuvent s'étendre, je remarque du mouvement, de la fumée, des troupes, des chevaux ; je suis témoin d'une bataille.

Une nappe de lumière échappée du sein des nuages fixe mon attention sur le premier plan. Les

---

[1] Extrait d'un ouvrage composé en société avec mon honorable ami M. Jay, et publié en 1822 sous le titre d'*Analyse historique et pittoresque des quarante-cinq tableaux d'Horace Vernet exposés chez lui*.

attitudes du commandement, les insignes des hauts grades militaires, la beauté des chevaux, la disposition des personnages, tout m'annonce que là se trouve le chef de l'armée, et que c'est de ce point qu'émanent les ordres, auxquels obéissent ces colonnes que je vois se mouvoir dans le lointain.

Quelle est cette action dont le premier aspect fait battre si vivement mon cœur....? Je le sais maintenant. A son maintien aventureux, à son air d'impatience et de finesse, à son attitude penchée, à je ne sais quel embarras entre les habitudes de la monarchie et l'ambition républicaine, qui le caractérisent, j'ai reconnu le général Dumouriez. C'est lui qui s'avance entouré de son état-major; l'attention des officiers qui le composent semble partagée entre le plaisir de voir une colonne de prisonniers autrichiens, ayant le colonel Reychak à leur tête, que l'on amène au général en chef, et le spectacle douloureux du général Drouet mortellement blessé.

Je les reconnais tous. Voilà le jeune et brillant duc de Montpensier. Ce guerrier, c'est Macdonald qui prélude avec tant d'éclat à la gloire qui doit un jour le conduire au premier grade de l'armée. Cet autre, c'est le jeune Belliard qui depuis accompagna la victoire sur tous les champs de bataille où elle suivit nos drapeaux. Je suis tenté de l'aborder et de lui demander ce qu'il pense du sort de la bataille; je prévois qu'elle renferme les destinées de la patrie. Il s'agit de savoir si les peuples de l'Europe imposeront des lois à la France, ou si elle achèvera la conquête de sa liberté; si elle purgera son territoire des étrangers qui ont osé l'envahir. Le champ de bataille où va se décider cette grande question c'est Jemmapes.

Combien de braves sont déja tombés en sacrifice dans cet holocauste à la patrie! De vieux soldats soutiennent le général Drouet enveloppé dans une couverture de l'ambulance. Leurs figures, sillonnées par les fatigues ou les blessures de la guerre, portent l'empreinte de la pitié: l'émotion a ébranlé ces ames endurcies au péril. Je cherche avec une douloureuse inquiétude la blessure de Drouet, sur son corps à demi découvert; je ne la trouve pas....; mais ses jambes ne se dessinent point sous la draperie ensanglantée, qui retombe perpendiculairement de ses genoux jusqu'à terre. Les deux jambes ont été emportées par un boulet: qu'il doit souffrir! mais que l'expression de sa douleur est noble! quelle exaltation et quelle résignation dans tous ses traits! Il tourne les yeux vers ses compagnons d'armes; et pendant qu'un chirurgien le montre au général en chef, je l'entends qui s'écrie: « Français, qu'importe
« ma vie! on se bat derrière vous; le village de
« Cuesmes va être emporté; je mourrai, je le sens,

« mais j'aurai contribué à la première victoire de la
« république. »

Noble amour de la patrie, quelle sublimité tu
donnes à la bravoure! quelle tendresse héroïque
respire dans les traits de ce guerrier! L'irrésistible
force de son dévouement a dompté la souffrance
physique, et ses yeux, prêts à se fermer, étincellent
encore d'espérance et d'héroïsme.

A quelque distance, un jeune homme à la première fleur de l'âge, monté sur un coursier ardent,
et vêtu avec une élégance recherchée, abaisse sur
le général mourant un regard plein de compassion.
Cette première leçon de dévouement à la patrie mar-
quera sans doute dans une ame si tendre; peut-être
un jour aussi le sang de ce jeune guerrier....... Mais
comment un si aimable enfant se trouve-t-il sur un
champ de bataille! Que sa figure est douce et délicate! que ses yeux sont beaux! qu'il semble peu fait
pour endosser la cuirasse et porter une pesante
épée! Non, ce visage n'est pas celui d'un soldat.
Sous le daim flexible, qui recouvre ses membres,
la gracieuse rondeur de ses formes trahit un sexe
qui n'est point né pour la guerre : c'est une femme,
c'est une jeune fille, c'est cette jeune Fernig, que le
seul amour de la patrie, que la haine d'un ennemi
insolent et agresseur précipita au milieu de l'armée
française; noble amazone, à qui un peuple enthou-

siaste de la beauté et de la valeur n'a encore consacré ni un poème, ni une statue.

Je détache à regret mes regards de ce groupe si intéressant, pour les porter sur l'ensemble du premier plan, et saisir, l'un après l'autre, les détails qui le composent. Voici le père de la jeune Fernig : devant lui, j'aperçois Baptiste, ce domestique de Dumouriez, qui réclame une part dans la gloire de cette journée ; on le verra bientôt, sans ordre, conduit par un instinct de valeur et d'habileté militaire, rallier six bataillons, et charger à leur tête.

Une fosse de charbon embrasé fait jaillir, à droite de tous ces personnages, les flots d'une lumière rougeâtre.

Par quel art mon œil enchanté passe-t-il si doucement d'une nuance à l'autre, et quelle est cette habile combinaison d'effets naturels, qui me conduit, sans disparate, de l'ardente clarté de cette fournaise à la douce lumière du premier plan, à la teinte sombre de l'enfoncement, aux collines bleuâtres de l'horizon et à l'azur d'un ciel obscurci par les nuages ?

Un sentier passe au-dessous de la hauteur, où se trouve l'état-major : un chariot du pays s'y trouve engagé ; il est rempli de nos soldats blessés. La bataille a été meurtrière, et Drouet n'est pas la seule victime de ce jour. Dans le chariot, à côté d'un vieux militaire, je vois couché sur la même paille un jeune volontaire dont la main avait récemment quitté la charrue pour le fusil. Sa tête est pâle et languissamment penchée; hélas! son premier exploit sera-t-il son dernier combat?

Je cherche pourquoi ces chevaux effrayés se cabrent, reculent? Pourquoi l'ouvrier des mines qui les conduit est saisi d'une terreur égale? Un projectile lancé par l'ennemi brûle à quelque distance; l'obus a fait son trou dans le terrain : il va éclater. Autour de là, tout est suspension, inquiétude. Ces prisonniers ennemis, cette résolution froide des chefs, cet effroi physique des chevaux et de leur guide, cet obus qui brûle encore, me donnent une idée plus forte, plus exacte, d'une grande action militaire, que toutes ces petites colonnes en marche de *Vunder-Meulen*, et tous les coups de pistolets, le désordre, et la fumée du *Parrocel*.

Mes regards pénétrent dans la perspective profonde qui recule devant moi. La ville de Mons présente ses clochers et ses toits éclairés. Un peu en avant, je reconnais le village de Cuesmes sur lequel s'appuie l'extrême gauche de l'armée autrichienne. Je parcours des yeux ce vaste espace où s'opèrent de grands mouvements de troupes; j'y vois des nuages de fumée, des charges de cavalerie couduites avec une impétuosité irrésistible, le feu des redoutes et la poussière des chevaux.

De gauche à droite, tout se porte en avant, tout marche, tout se précipite; l'armée française va ressaisir la victoire. Sur le devant, à gauche, je remarque une batterie d'artillerie volante dont notre armée a fait usage pour la première fois au combat de Valmy. En arrière de la réserve du général Harville, une attaque impétueuse chasse devant elle l'ennemi déconcerté; il fuit en désordre; le feu est vif et terrible : la bataille est gagnée.

A peine aperçois-je le cheval blanc du jeune duc de Chartres qui conduit cette charge décisive : il se perd à mes yeux dans l'éloignement; et celui qui contribua si puissamment au gain de cette mémorable journée, semble vouloir échapper aux regards reconnaissants qui le cherchent dans ce tableau.

Le mot nous est échappé; ce grand poëme dont nous aurions voulu reproduire avec des paroles la composition brillante et fidèle, c'est un tableau. L'artiste a réuni sur la même toile tant d'actions, tant de mouvements instantanés, que la plume est réduite à décrire l'un après l'autre. Il a pu dire en même temps les différentes impressions que de si grands événements produisent; il a pu sur le même canevas, et pour ainsi dire du même coup de pinceau, nous montrer l'action et la pensée des batailles, la douleur physique et l'héroïsme qui la surmonte, les plus terribles effets des jeux cruels de la guerre, la magnanime résolution d'une jeune amazone, la résignation des prisonniers de guerre, les honneurs rendus à un brave, enfin toutes les passions que mettent en jeu les succès et les revers dans une de ces journées qui décident du sort des empires.

Si, après m'être livré à ma première impression, j'examine ce tableau avec une attention plus minutieuse, je trouve dans les détails une foule de beautés nouvelles. Quelle vérité dans ce groupe de hussards, auxquels une vivandière donne à boire! Que leurs poses sont naïves et leurs costumes fidèles! Avec quel talent l'artiste a su allier l'agrément du coup-d'œil, cette première condition de la peinture, à la vérité d'imitation et à l'exactitude la plus minutieuse!

Tout-à-fait sur le devant du tableau, à-peu-près sous mes pieds, je trouve de la paille fraîchement étendue; quelques charbons épars m'annoncent un bivouac abandonné; en effet, c'est de là que nos troupes ont, ce matin même, débusqué l'ennemi. J'aperçois les pieds d'un cadavre; un autre corps dépouillé est vu en raccourci sur le second plan; des monceaux de morts m'inspireraient moins d'effroi, que ces heureuses réticences de la peinture.

Ce général, à gauche, qui laisse tomber un regard indifférent sur l'obus prêt d'éclater, c'est l'intrépide Harville. La réserve qu'il conduit s'avance vers le centre; c'est là qu'une colonne de cavalerie va enlever la première redoute.

Dans la demi-teinte de ces plans éloignés, où je découvre le moulin de Jemmapes; à travers la poudre et la flamme, la bataille tout entière se dessine à mes yeux; je suis toutes les colonnes, je les vois se serrer, se développer, et tous ces mouvements sont aussi nets, aussi distincts, que s'ils étaient indiqués sur une carte militaire. Toutes les marches, toute la distribution du combat, la charge à la baïonnette, le choc impétueux de la cavalerie; rien ne m'échappe, et j'ai saisi l'ordre de nos guerres systématiques dans le désordre même de la mêlée.

Que voit-on communément dans la plupart des tableaux de batailles? des hommes qui se tuent, des plumets, des sabres, des épées, des chevaux, des membres épars, des tronçons d'armes. Le peintre est trop heureux, s'il a su vous intéresser à quelques groupes, et si le costume, une circonstance locale, ou des figures traditionnelles, vous mettent sur la voie du sujet qu'il a choisi. La fiction vous *saute à la gorge*, comme disait Montaigne; vous ne trouvez rien d'historique dans ces tableaux d'histoire;

et vous écririez volontiers au-dessous Fontenoy, Hochstet ou Friedland.

Ici tout est positif, tout est local. Le paysage est d'une exactitude rarement observée par les paysagistes eux-mêmes. Les villes, les collines, les hauteurs, les maisons, tout est placé comme dans la nature ; jamais les mêmes mouvements n'ont pu se reproduire dans le même espace. *La Bataille de Marengo*, par Carle Vernet, est peut-être la seule production du même genre dont on puisse faire le même éloge.

Ce beau tableau de la bataille de Jemmapes, où, dans un cadre étroit, l'auteur a resserré une machine si vaste, tant de pensées, d'épisodes et d'intérêt, appartient à S. A. R. le duc d'Orléans. Ce fait explique l'éloignement modeste où le duc de Chartres se trouve comme perdu dans cette composition, et dont, sans ce commentaire, on eût sans doute été tenté de faire un reproche à l'artiste.

DÉFENSE

DE LA BARRIÈRE DE CLICHY.

> Ah ! si la patrie eût pu être sauvée, elle
> l'eût été par ces bras héroïques.
> (Virg., *Énéide*, liv. II.)

Ma pensée franchit en un moment vingt-deux années. Du champ de Jemmapes, je passe au siége de Paris. Vainement un abîme de gloire et de désastres sépare les deux époques; mon esprit les rapproche. Malgré tant de trophées portés au loin par l'aigle française, tant de chants de victoire, tant de cercueils ouverts, tant de plaines immortalisées en Europe, en Asie, en Afrique, en Amérique; tant de trônes abattus ou fondés ; je comble cet espace immense de quelques années devenues des siècles, je me place sous les murs de Paris, je me soumets à la pensée de l'artiste, et je réunis notre dernière palme civique aux premiers rameaux cueillis par la liberté dans les champs de la Flandre.

Mais c'est avec douleur, je l'avoue, que je porte mes regards sur l'ouvrage du peintre ! Voilà Paris. Vingt rois se sont donné rendez-vous sous ses murs!

Ils y sont arrivés ; la fortune et la trahison leur en ont ouvert le chemin.

A ces tristes souvenirs, mon cœur se serre. Je crains que le talent de l'artiste ne parvienne pas à me distraire des pensées affligeantes qui me saisissent.

Aidé de quelques gardes nationaux et de cinq ou six grenadiers de la garde impériale, le brave et spirituel Emmanuel Dupaty, capitaine de chasseurs de la garde nationale, ramène, dans l'intérieur des barrières, une pièce de canon abandonnée. Assez près de lui, plus sur la droite et sur le devant, Charlet, peintre original, qui réunit dans sa manière quelque chose de Téniers et de Sterne, amorce son fusil, et s'entretient avec d'autres gardes nationaux des moyens de défense les plus efficaces. Sur un plan beaucoup plus rapproché du spectateur, et vers le centre du tableau, le maréchal *Moncey*, à cheval, donne des ordres à M. *Odiot*, qui commandait alors la douzième légion. Des gardes nationaux de différents grades sont diversement groupés autour d'eux. Un poélier, nommé *Margariti*, soldat à Jemmapes, et couvert de blessures, est un des personnages qui se trouvent le plus en évidence. On reconnaît M. *Berlin*, ancien militaire; M. *Alex. La Borde;* M. *Castéra*, qui reçut la croix à Austerlitz; et le savant interprète de l'empereur en Égypte, *Amédée Jaubert*, qui depuis a visité les contrées natales du despotisme, et qui a publié des voyages, si intéressants et si précieux pour l'instruction des Persans d'Europe.

Auprès du jeune et intrépide capitaine Amable Girardin, un autre jeune homme pâle se tient à peine sur son cheval. Il chancellerait, il tomberait à terre, s'il ne s'était fait attacher par de forts liens sur la selle qui le porte. C'est le colonel Moncey, fils du maréchal.

Voilà toute la scène. Au-delà des barrières, on aperçoit, au milieu de la fumée et de la poudre, le cabaret du père Lathuille, de cet aubergiste, fameux parmi nos soldats, qui leur ouvrit ses caves, avant l'entrée de l'ennemi, en leur disant: « Buvez, « mes amis, buvez gratis; ne laissez pas aux cosa- « ques une seule bouteille de mon vin. »

Ici, comme dans la bataille de Jemmapes, on n'a point à admirer l'ingénieux arrangement d'une grande machine. L'espace est étroit: nul accident pittoresque; une redoutable uniformité dans les costumes; point d'action; peu de variété, d'expression et de poses.

Artistes, qui appréciez toute la force de ces obstacles, allez dans l'atelier d'Horace admirer comment il a su les vaincre; comment il a su varier les effets de la lumière sur le même uniforme; comment il est parvenu à reproduire le caractère moitié civil, moitié militaire de ces braves gardes nationaux; par quel art il a si bien diversifié les expressions et les attitudes, que le charme des contrastes s'est répandu sur une composition en apparence monotone, et que l'écueil du sujet a disparu entièrement.

Dans le tableau précédent, il s'agissait de concentrer en un point, et comme en un foyer unique, l'intérêt divergent d'une foule d'actions isolées. Ici, le peintre avait à diversifier, à force de talent et d'adresse, plusieurs expressions et plusieurs circonstances semblables.

Deux épisodes touchants l'ont aidé à triompher de la difficulté du sujet. Sur le devant, à droite, appuyés contre une palissade intérieure, on voit deux jeunes pupilles de la garde; ils sont blessés; l'un, frappé d'un coup moins dangereux, soutient l'autre. Que ces pauvres enfants m'intéressent! celui-ci a la tête enveloppée d'un bandeau sanglant; celui-là supporte avec la main gauche son bras droit, fracassé par une balle, et dont l'artiste a rendu la fracture avec une effrayante vérité.

Tout-à-fait sur le devant, une jeune femme, assise sur une malle, donne le sein à son nouveau-né. Autour d'elle sont épars les ustensiles du ménage; la chèvre domestique est attachée à la malle. Des matelas et des couvertures annoncent qu'une famille, accoutumée à quelque aisance, est venue se réfugier sous les murs de Paris, où elle est sans asile. La femme jette des regards inquiets vers la barrière.

On n'en saurait douter, son mari l'a quittée pour aller se battre; elle l'attend, elle tremble; il reviendra peut-être...

Par ces deux épisodes, le peintre philosophe a voulu caractériser la défense désespérée de notre capitale, confiée au bourgeois paisible et à la première enfance! Sur l'extrême gauche du tableau, cette risible figure, d'un si beau dessin et d'une si heureuse attitude, est celle d'un lancier polonais du 17e, qui vient d'être démonté par des conscrits malhabiles; le premier coup de canon, tiré par eux, a tué son cheval. Il est couvert de boue et de poussière; et je me trompe bien, s'il ne raconte pas, avec une terrible énergie d'expression, son aventure à ses camarades qui l'entourent.

L'effet piquant, la vérité, la vie de ce tableau, seront appréciés de tout le monde. Les artistes en loueront l'exécution finie, la belle composition, la naïveté, le coloris. Rendons hommage à cette généreuse pensée de l'artiste, qui n'a pas exclusivement consacré son talent aux premiers et brillants essais de notre audace et de notre gloire, et qui a voulu immortaliser aussi le dernier et noble effort d'un courage malheureux et trahi.

LA JEUNE DRUIDESSE.

> Jeune fille de *Gorm-Lumba*, comment dire ta beauté? quelle pure mélodie anime tes accents! Tes sourcils légèrement dessinés et ta longue chevelure rappellent la couleur de l'ébène; tes joues ressemblent au fruit du frêne des montagnes; les perles de ta bouche sont d'une blancheur éblouissante; deux globes d'amour s'élèvent de ton sein, comme deux collines parées de leurs draperies de neige.
> Ossian, *l'Incendie*.

Une jeune druidesse, le front ceint de guy de chêne, l'œil ardent et la tête levée vers le ciel, comme pour y chercher des inspirations, frappe de ses doigts doucement arrondis, la harpe celtique. Telles les vierges d'Érin, cachées dans un épais bocage, telles les Selma et les Roscrana, dont Ossian nous fait de si touchantes peintures, laissaient errer leurs mains d'albâtre sur les cordes plaintives. Non, les prophétesses du septentrion, les Visinda-Kona, dont le vêtement noir étincelait d'étoiles, et dont l'écharpe azurée brillait de figures mystérieuses; non, les fées de la Germanie et des Scandinaves n'offraient pas aux regards humains une vision plus enchanteresse.

Elle est digne, cette charmante fille des Bardes, du culte pieux que les Gaulois ont voué à son sexe. Je trouve, dans ses traits et dans sa pose, ce *quelque chose de divin* dont parle Tacite. Mais quel est le chant que sa voix a commencé et qui se mêle au frémissement harmonieux de sa harpe? Elle a oublié le soin de sa parure; ses longues tresses noires flottent et retombent sur ses épaules nues. L'éclair de ses regards est voilé de tristesse. Belle prêtresse des Gaules, j'entends les sons de cette voix harmonieuse, qui s'échappent, plus purs que le souffle matinal, de tes lèvres aussi fraîches que la rose des bois.

« Où sont-ils les enfants de la patrie? Forêts, voi-
« lez-moi de vos ombres saintes! Andarté, déesse de
« la victoire, a fui des bataillons gaulois.

« O patrie! l'étranger a posé le pied sur la terre
« des héros; les enfants de la Gaule se sont élancés
« contre leurs innombrables ennemis. Le soleil qui
« va s'éteindre dans les nuages pourprés de l'occi-
« dent renaîtra demain; ils ne reviendront plus.

« Ils ne reviendront plus, et leur sang n'a point
« racheté la Gaule; l'ennemi foule déja les bruyères
« à fleurs d'or, qui s'enlaçaient à nos tresses flottan-
« tes. O champs paternels! doux rivages! fontaines
« limpides! terre sacrée qui nous vis naître! tom-
« beaux de nos pères! berceaux de nos enfants! nous
« n'avons pu vous défendre!

« Chênes de la vieille patrie! demeures mysté-
« rieuses des fées, répondez par un augure! dévoi-
« lez-moi l'avenir!... Une flamme prophétique étin-
« celle dans les bois....

« Peuple vengeur, croissez en silence!.... Comme
« la mer augmente à chaque moment ses vagues qui
« doivent envahir le rivage, Gaulois, amassez dans
« votre sein les flots terribles de votre courroux!
« enfants de nos enfants, ressaisissez la liberté; re-
« trouvez la gloire; lavez nos affronts; vengez-
« nous! »

LA FOLLE DE BEDLAM.

> Là se promène fréquemment, rêveuse, égarée, solitaire, une femme qui a vu de meilleurs jours Hélas! son vêtement en lambeaux cache mal un sein dévoré d'amour et de peine... Elle est folle.
> W. COWPER.

LES DEUX TABLEAUX.

Je suis dans l'un des jardins anglais qui entourent Bedlam. J'y rencontre la pauvre Suzanne. Elle chante, mais elle pleure; ses ris se mêlent à ses larmes, et ses yeux rouges, flétris, égarés, disent assez l'aliénation de son esprit. Un drap grossier lui sert de manteau; ce manteau, qui se détache et tombe, laisse voir un beau corps flétri par la douleur: « Jeune infortunée, que fais-tu là, seule, er-« rante, sans guide? — Je le cherche. — Qui? — Il « doit être parmi ces morts... — Viens avec moi, « prends mon bras; je te conduirai. — Tu l'as donc « vu, tu le connais...... Je croyais...... O Waterloo! « Waterloo ! »

Ce mot excite mon étonnement. Suzanne est Anglaise; l'azur de ses yeux, la beauté d'une carnation que l'émotion colore vivement, l'or de sa chevelure en désordre, le caractère de cette tête appartiennent à la race saxonne. « Tiens, dit-elle, c'est là! » Et elle montre du doigt un hausse-col, troué par une balle ; son autre main s'appuie sur le haut de sa poitrine, les palpitations de son sein découvert indiquent la violence de son émotion. Je ne peux retenir mes pleurs.

« Qu'ils sont cruels! vois! ils ont attaché mon « bras; ils m'ont enchaînée »...... Une corde pressait et meurtrissait sa main délicate. Je me hâtai de la détacher. Je me souviendrai toujours de ce regard douloureux et reconnaissant qu'elle jeta sur moi. Elle me fit asseoir auprès d'elle, sur un banc de verdure, à l'ombre d'une draperie rouge suspendue à des saules.

« Adolphe.... c'est le fils d'un officier français..... « je le vis à Paris...: » Suzanne passait sur son front celle de ses mains qui était libre. Ses beaux yeux bleus se fixaient avec désespoir sur le hausse-col. La contraction pénible de ses sourcils et le rire subit de sa bouche me saisissent d'effroi. « Ce n'est « rien, continua-t-elle; je suis bien, très bien.... Tu « t'étonnes de l'état où je me trouve..... Hélas! ce « combat, la poussière, les morts, le chariot des « blessés.... Vois.... j'ai encore de la paille dans mes « cheveux, mais je la garde; je veux la garder tou- « jours.... C'est plus beau qu'une guirlande....

« Ta présence et ta pitié me font du bien; ma
« tête s'éclaircit. Je te dirai bien vite.... Car ces mo-
« ments de raison, ces cruels moments sont courts.
« J'étais à Paris en 1815; Adolphe m'aima, il me
« plut. Il est brave, Adolphe; il est beau, il est sen-
« sible. L'heure du combat venait de sonner; il
« voulut partir; il s'arracha de mes bras; il rejoignit
« l'armée française. Mais je le suivis; je lui appris
« comment on aime. C'était bien mal à moi, n'est-ce
« pas, de nourrir, pour un ennemi de ma patrie,
« cette passion qui brûle encore, qui brûlera tou-
« jours, là, dans mon sein? L'amour, hélas! a tou-
« jours été plus fort que ma raison; c'est lui qui a
« dévoré ma vie, bouleversé mon être, anéanti mes
« facultés; enfin, je résolus de suivre Adolphe; j'a-
« bandonnai tout.... et un soir... quel souvenir!... il
« fallut l'attendre le jour de la bataille du Mont-
« Saint-Jean... je l'attendis, je l'attends encore.... il
« reviendra; Shakespeare l'a dit...

« *Yes the beloved shall come again* [1].

« Et cependant je le trouvai sur le bord du ruis-
« seau, parmi les morts; je m'aperçus, en saisissant ce
« hausse-col, qu'il vivait encore; je l'accompagnai
« jusqu'à Bruxelles, dans le chariot des blessés.......

[1] Hamlet, act. III.

« Le lendemain, je suis revenue, il était déja guéri;
« je ne le trouvai plus.... il me cherche.... »

Elle se leva; son délire la dominait; sa main se porta vers l'endroit où Adolphe avait été frappé. *Là... c'est là...* criait-elle; le vent faisait tomber de ses beaux cheveux la paille qu'elle y avait mêlée, et ce léger accident l'affligeait plus que tout le reste. Pauvre Suzanne! Un gardien, qui l'avait long-temps cherchée, vint la reprendre, et je m'éloignai en pleurant.... Pauvre Suzanne!...

Je n'ai peut-être pas su rendre fidèlement la douloureuse éloquence de la pauvre Suzanne. Pour commentaire, que l'on choisisse le tableau qu'Horace Vernet lui a consacré.

Telle j'ai vu la belle et malheureuse Suzanne, telle le peintre l'a montrée. La corde injurieuse, le hausse-col du jeune Adolphe, la paille mêlée à sa chevelure blonde, le drap qui pèse sur elle sans la couvrir, rien n'a été oublié. Qu'elle est belle! qu'elle est triste à voir! Quel spectacle que cette alliance d'une beauté parfaite, d'une passion sans bornes et d'une raison absente! On donnerait tout, pour chercher à rallumer dans cet être malheureux le flambeau de l'intelligence, éteint par l'amour et le désespoir!... Mais cela est impossible. On le voit, on le sent, le mal est incurable.

Comme tout est brûlant dans ce tableau! Suzanne

y paraît dévorée d'une fièvre convulsive. Ses lèvres sont à-la-fois ardentes et flétries. Ses yeux égarés cherchent en vain des larmes. Son sein, ses beaux bras, ses cheveux mêmes, jusqu'à la pourpre de la draperie, et au ciel qui sert de fond, tout, dans cette composition, qui atteint le sublime, par l'énergie simple et la force d'expression, tout est brûlant comme les passions, tout est aride comme la douleur sans espérance.

Reportez maintenant les yeux sur cette druidesse inspirée, dont l'œil noir paraît, comme dit Milton, *plein d'avenir;* comparez à la physionomie de la folle, la figure toute poétique de cette fille des Gaules : l'esprit, la composition, la couleur des deux tableaux ! quelle merveilleuse variété de talent !

MARINE GRECQUE.

> Si Athènes est détruite, si la Grèce est envahie, il nous reste une patrie errante et sûre : ce sont nos vaisseaux.
>
> *Thémistocle*, dans PLUTARQUE, p. 117.

Bien des souvenirs se réveillent, bien des espérances saisissent le cœur à l'aspect de ces barques levantines, de ces matelots de l'Archipel, dont les traits, fortement dessinés, conservent encore la trace des antiques modèles! Une servitude de plus de trois siècles n'a donc pu étouffer entièrement, dans ce peuple, le sentiment de sa vieille gloire et cet amour ardent de la patrie, source de tant d'héroïsme et de grandeur.

Entendez au loin sur ces mers, redevenues libres, le retentissement de ces bronzes homicides qui servent de dernière raison à la liberté, comme à la tyrannie. Les esclaves ont relevé leurs fronts de la poussière, et font trembler leurs oppresseurs. Les ombres héroïques des grands hommes semblent sortir de leurs monuments oubliés, et rappeler encore la victoire sous les étendards de la patrie.

Détroit des Thermopyles, Marathon, Salamine,

théâtres sacrés des grands exploits, des triomphes de la vertu républicaine, vous serez encore témoins des actions généreuses, des faits héroïques : l'histoire vous redemande ; vous lui fournirez encore des souvenirs pleins de gloire ; vous serez de nouveau consacrés dans la mémoire des hommes libres.

Tandis que l'Europe, qui vous doit ses lumières et les inspirations du génie des arts, vous abandonne à la fortune ; tandis qu'une froide politique balance, dans ses arides calculs, les profits et les risques de l'avenir ; tandis qu'elle hésite entre les droits naturels des peuples et la légitimité de la barbarie, valeureux Hellènes, vous formez vos phalanges, vous armez vos vaisseaux, vous placez votre indépendance et votre liberté sous la sainte protection des lois. Puissiez-vous ne devoir qu'à vous seuls l'affranchissement de vos cités ! Gardez-vous de l'étranger ! Ses promesses sont des pièges, ses secours sont perfides : la honte et l'oppression accompagnent ses drapeaux.

Mais, pendant que nous écrivons ces lignes, des chants de victoire retentissent de l'Hellespont à la mer d'Ionie. L'orgueil ottoman est humilié ! Deux fois ses flottes ont été battues ; deux fois le pavillon hellène s'est élevé en triomphe sur le Croissant, et c'est une marine encore dans l'enfance qui a opéré ces prodiges. Ainsi, la Grèce confie, une seconde fois, à ses vaisseaux le dépôt de ses libertés.

LE TABLEAU.

Un bâtiment turc vient d'échouer sur ces côtes, qui virent jadis le roi des rois, Xercès, s'embarquer, seul et fugitif, dans une nacelle, et payer, de tant d'humiliation, son immense orgueil. La chaloupe turque regagne l'escadre que l'on aperçoit dans le lointain. La foudre sillonne les nuées grisâtres, et une teinte pâle et blafarde règne sur l'Océan et dans le ciel. Les Grecs accourus sur le rivage, et reconnaissables à la singularité de leurs riches vêtements, brûlent le navire ottoman, dont la masse bizarre s'entoure déjà de fumée; d'autres amènent et pointent une petite pièce de canon, qui peut-être va couler de son premier boulet la chaloupe qui s'éloigne.

On en voit qui, les pieds dans l'eau, couchent en joue la barque turque; d'autres, montés sur des rochers, amorcent et vont tirer. Toute la scène est pleine d'activité et de vie.

Les figures sont très petites, et la dimension du tableau eût à peine laissé croire à la possibilité de leur donner le mouvement et l'expression qui doivent les caractériser.

L'effet d'orage, si piquant et si neuf, prouve que l'artiste observe habilement et saisit la nature jusque dans ses moindres caprices.

UNE ODALISQUE

TENANT UN SABLIER.

UNE MADELEINE PÉNITENTE.

> Vains ornements, inutile imposture,
> Disparaissez : la seule nudité
> Fut en naissant le fard de la beauté;
> Mais la laideur inventa la parure.
> IMBERT.
>
> *Læta venire, Venus; tristis abire soles!*
> O déesse de l'Amour ! les plaisirs t'accompagnent, et les regrets te suivent.
> ANC. POETE

Que fait-elle, que desire-t-elle, à quoi peut-elle penser, cette grande odalisque nue et couchée sur une peau de lion qui fait ressortir la blancheur de sa peau ? Un sablier est entre ses doigts. Attend-elle avec impatience l'amant qui doit venir bientôt ? Non, le plus léger desir n'anime pas les yeux de cette fille de l'Orient. En vain la mollesse du luxe, et tous les raffinements de la volupté asiatique l'entourent : elle presse avec insouciance les riches tapis qui soutiennent ses membres délicats. Elle n'est ni embarrassée de sa nudité, ni inquiète sur l'objet de ses amours. Elle n'est pas même sous le charme de la volupté. C'est une esclave qui attend son maître.

L'artiste a fidèlement conservé les mœurs de l'Orient. Malheureusement, ces mœurs, qui ôtent à la vie ses prestiges, qui éteignent le feu de l'amour dans le plaisir des sens, offrent peu de ressource aux arts, et peu de séductions à l'imagination et à l'esprit. La beauté sans voile, qui, dans le fond du sérail, attend avec indifférence les caresses d'un maître, est bien moins touchante pour nous, que cette autre femme[1] qui pleure dans le fond des bois les excès de sa vie passée. Les traces même des passions sont brûlantes. Cette ame tendre nous intéresse aux faiblesses qu'elle pleure. Il y a émotion; et l'émotion est, dans les arts, ce que l'électricité est dans la nature; un feu invisible, rapide, et contagieux, sans lequel rien ne vit, rien ne se meut, rien ne se communique aux sens et à la pensée.

Il n'est toutefois pas impossible, que cette belle pénitente, dont les yeux pleins de larmes demandent au ciel le pardon de ses longues faiblesses, ne soit la même que cette indolente odalisque, qui regarde si tranquillement couler le sable, en attendant l'heure de l'amour. Le pouvoir de l'imagination remplit en un instant l'espace qui sépare ces

---

[1] *La Madeleine pénitente.*

deux tableaux. La jeune odalisque a dix-huit ans. Élevée dans la paresse, dans l'unique science des plaisirs et de la beauté, elle a été arrachée à sa terre natale, et vendue à un nabab de l'Inde. Un an s'est écoulé dans un luxe sans bonheur, et dans des voluptés sans plaisir. C'est alors que M. Horace Vernet l'a peinte pour la première fois. Cependant elle a dû connaître l'amour. Elle a vu un jeune Européen employé à la compagnie des Indes; elle l'a aimé, elle l'a suivi. Bientôt, abandonnée et livrée à-la-fois aux écarts des passions et aux mauvais conseils de l'infortune elle a passé la mer. Hélas! elle n'a pas trouvé dans l'Europe, dans cette vieille patrie de la civilisation et de l'honneur, une main secourable qui l'arrachât à son triste sort. Un chanoine l'a convertie, un cardinal l'a prise pour maîtresse. C'est sur ce pied qu'elle se trouve à Rome. Le cardinal meurt et la laisse sans ressources. Les malheurs de sa vie la jettent dans la dévotion. Elle se repent. Un beau jour, elle quitte les cardinaux, les chanoines, emporte une bible et une tête de mort, un chapelet et un scapulaire, et s'enferme dans une grotte, où elle vit d'aumônes. Vous la voyez; elle s'appuie sur un rocher, et son corps flétri semble succomber sous le repentir, sous la douleur, sous les macérations et les jeûnes.

Plaignons cette pauvre odalisque, et pardonnons-lui son apathie voluptueuse, en faveur de ses peines et de son repentir. Mais combien elle est changée! Ici, ses chairs sont d'une teinte si fraîche et d'une si remarquable consistance, que l'on serait tenté de les prendre pour du marbre rose; là, son corps est flétri, pâle, affaissé. Comme les larmes ont rougi, comme les élans de la piété et le feu des passions éteintes ont marqué d'un caractère de tristesse et de tendresse ces beaux yeux noirs !..... Mais cette dernière observation me prouve que je me trompais : l'odalisque est blonde, et la pénitente est brune ; ce n'est pas la même personne. Je le vois enfin; celle-ci est une Madeleine véritable, telle que nous la présentent les traditions chrétiennes et telle que les arts sont en possession de nous la retracer depuis plusieurs siècles.

Le pinceau spirituel de l'artiste a eu soin de traiter différemment les objets mêmes qui entourent la bayadère et la pénitente. La roche et les tristes instruments de piété sont touchés avec une espèce de négligence et de fougue, tandis que les tapis des Indes, le *houka*, les vases, dans le portrait de l'odalisque, sont traités avec un fini extrême, et défient, dans leurs détails précieux et brillants, le pinceau *microscopique* de *Miéris* lui-même.

Ces deux tableaux, preuves nouvelles de la singulière diversité des talents de M. Vernet, approchent chacun, sur une ligne opposée, sinon d'un défaut, au moins d'un écueil. Dans l'un, la facilité du pinceau s'est peut-être un peu trop abandonnée à sa verve rapide; dans l'autre, la pureté du dessin est poussée jusqu'à la recherche, et le coloris bizarre, les contours arrêtés avec une fermeté inconnue depuis le *Cimabué*, étonnent plus qu'ils ne séduisent, et n'attestent que la flexibilité merveilleuse d'un talent, qui s'approprie jusqu'aux singularités des autres maîtres.

« La chose presque impossible en peinture, disait « David, c'est une femme couchée, absolument « nue. » Nous ne croyons pas que M. Vernet soit parvenu à résoudre entièrement le problème proposé par le grand maître de la peinture moderne.

M. Ingres, il y a trois ans, essaya aussi de représenter, dans la même attitude, une odalisque, sans aucun voile, et ne triompha pas de la difficulté. La dernière singularité de ce rapprochement, c'est que la même manière se retrouve dans les ouvrages de ces deux peintres, et qu'ils aient voulu, tous deux, vaincre le même obstacle par les mêmes moyens, c'est-à-dire par une extrême simplicité de composition, par une couleur étudiée, et par une imitation éloignée du *Giotto*.

LE SOLDAT DE WATERLOO.

> *Tears, big tears gush from the rough soldier's lid*
> *..... His tread is on an empire's dust;*
> *The grave of France, the deadly Waterloo.*
>
> De grosses larmes tombent des yeux du vieux soldat : il foule la poussière des braves, le cercueil de la France, les champs de Waterloo.
>
> Lord Byron.

Un jour s'est écoulé depuis la bataille. Les derniers traîneurs ont quitté la plaine. Tout est silencieux dans ces champs funéraires, que couvraient hier des milliers d'êtres humains. Là, vingt rois ligués contre un chef; là, trente nations unies contre un peuple, ont attaqué avec crainte, et, long-temps vaincus, ont enfin triomphé sans honneur. Les cris de mort, de terreur ou de victoire, retentissaient hier encore dans ces lieux; huit cents pièces de canon tonnaient sur ces collines désertes : leurs formidables éclats répétés par les échos du Mont-Saint-Jean, le galop rapide des coursiers de la Sprée et de la Vistule, de la Tamise et du Tage, de la Seine et du Dniéper, le commandement, les marches, les attaques, le choc terrible de trois cent mille soldats rassemblés de tous les coins du monde; quel tumulte! quel désordre que celui de la veille! quel repos que celui du lendemain!

Le soleil se couche. Ses derniers feux ensanglantés semblent avoir emprunté aux plaines qu'il éclaire encore une teinte de carnage et de terreur. La terre est jonchée de cadavres; la France a succombé. Vingt rois ont conduit leurs nombreuses légions contre un seul prince dont la grandeur les épouvantait. Ils ont triomphé cette fois; la trahison était leur alliée. Qu'ils modèrent leur orgueil!

Hélas! ne sont-ce pas là ces aigles tant de fois victorieuses, ne sont-ce pas nos drapeaux, que je vois souillés de sang et traînés dans la poussière? Ces pièces de canon renversées, n'ont-elles pas foudroyé les Russes à Smolensk et les Prussiens à Austerlitz? N'ai-je pas reconnu nos vieilles bannières et toute la magnificence de nos camps à moitié ensevelies sous la fange trempée de sang humain! Ah! que ces souvenirs d'une gloire immortelle restent cachés au sein de la terre, et qu'un insolent ennemi n'en fasse pas les trophées menteurs d'une indigne victoire!

LE TABLEAU.

Ces pensées sont écrites sur le front du grenadier blessé. Il se repose avec douleur sur un tertre sépulcral, où dorment d'un sommeil glorieux quelques uns de ses compagnons morts sur le champ de bataille. Il s'est efforcé d'ensevelir les honneurs de l'armée. La fatigue l'accable; et, l'œil fixé sur ces débris, la tête appuyée sur sa main, il donne un dernier soupir à ses drapeaux, et une dernière pensée à notre gloire.

Qui verra jamais, sans en être touché jusqu'aux larmes, cette figure d'une expression si déchirante! cette simple croix de bois qui indique la sépulture des soldats de la patrie! Après avoir parcouru le monde en vainqueurs, ils ont pris possession de quelques pieds de terre, loin du foyer domestique et des larmes de l'amitié. Que cette terre leur soit légère, et que leur mémoire n'éprouve jamais l'oubli de l'ingratitude!

LE SOLDAT LABOUREUR.

> *Scilicet et tempus veniet, quum, finibus illis,*
> *Agricola, incurvo terram molitus aratro,*
> *Exesa inveniet scabra rubigine pila,*
> *Aut gravibus rostris galeas pulsabit inanes,*
> *Grandiaque effossis mirabitur ossa sepulcris.*
>
> VIRGILE, *Georg.*

> Un jour le laboureur, dans ces mêmes sillons,
> Où dorment les débris de tant de bataillons,
> Heurtant avec le soc leur antique dépouille,
> Trouvera sous ses pas des dards rongés de rouille;
> Entendra retentir les casques des héros,
> Et d'un œil affligé contemplera leurs os.
>
> DELILLE.

Jetez maintenant les yeux sur ce guerrier cultivateur, qui, après le travail du jour, poussant au hasard l'instrument du labourage, heurte et fait rouler sur le sol le casque rouillé d'un soldat français. De douloureuses réflexions s'emparent de son ame; on sent que le temps n'est pas éloigné où il faisait un autre usage de son énergie. La charrue s'éloigne, et le soldat, seul avec lui-même, les regards arrêtés sur ces débris, ne résiste plus au pouvoir de son imagination.

Que se passe-t-il dans cette ame généreuse, dans

ce cœur affermi contre tous les dangers, que les malheurs même de la patrie n'ont pu abattre, et qu'une seule idée de gloire fait encore palpiter? Vous le voyez, une tristesse calme, répandue sur ses traits, vous annonce que sa pensée est absente; ce casque vide et brisé l'a entraîné vers d'autres lieux, vers d'autres souvenirs. Elle erre sans doute sur le dernier champ de bataille où il s'est distingué par ses exploits, où il s'est montré digne de la plus chère récompense, du signe sacré de l'honneur. Dans le silence qui l'environne, il entend les chants belliqueux qui annoncent les périls, et qui cette fois n'annonçaient pas la victoire.

Les scènes dont il fut témoin se retracent à son imagination. C'est là que le premier élan des Français étonna et repoussa l'ennemi; que les bataillons de l'étranger furent enfoncés et rompus; c'est là que leurs redoutes meurtrières suspendirent l'attaque; c'est là que la trahison vint à leur secours, et qu'après des prodiges de valeur, une nouvelle armée ennemie nous arracha la victoire. Ce guerrier, dont l'expression est si touchante, ne vous dit-il pas: C'est là que j'ai combattu, là que j'ai versé mon sang pour mon pays?

Oui, vous le reconnaissez; c'est le même guerrier que vous venez de voir à Waterloo, assis sur la terre fraîchement remuée qui recouvre les restes mutilés de ses compagnons d'armes.

Il est de retour sous le chaume de ses pères, ce guerrier dont les mains pieuses ont creusé le tombeau des braves. Il cultive le modeste héritage qui assure son indépendance. Au déclin du jour, il pense profondément à ses succès, à ses revers, mais du moins il trouvera sa famille; une compagne chérie versera dans sa coupe un vin généreux; il embrassera sa mère, il caressera son jeune enfant, et le sourire reviendra sur ses lèvres.

LES DEUX TABLEAUX.

Ce qu'il y a de plus merveilleux dans le génie du peintre, c'est la faculté d'exprimer les sentiments qui agitent l'ame; de nous faire lire dans le cœur de ses personnages, de nous faire partager ces émotions intérieures qui n'ont point le caractère frappant des passions ardentes, et ne se manifestent au dehors que par le calme douloureux des pensées mélancoliques. C'est le triomphe du pinceau, c'est le secret de l'artiste qui vient de nous offrir le *Soldat de Waterloo* et le *Soldat laboureur*.

Ces deux tableaux sont un véritable poème en deux chants, dont le titre pourrait être *la Vie du soldat citoyen*. Le dévouement à la patrie, la blessure du brave, les larmes versées sur les dépouilles mortelles des héros expirés, le regret d'une gloire tout-à-coup obscurcie, cette pieuse et noble vénération pour les insignes de la victoire; voilà les pensées philosophiques et touchantes qui ont inspiré le premier de ces tableaux. Le respect pour les lois, non moins héroïque que la bravoure sur le champ de bataille, les travaux de la paix succédant aux travaux des camps, la force des souvenirs dans une ame énergique et dans un esprit ferme et noble, quoique peu cultivé: telles sont les hautes et simples idées que renferme le second tableau.

Honneur à l'artiste dont le talent a découvert de si nobles sources d'inspiration! Il n'a dédaigné ni la bure du laboureur, ni l'uniforme poudreux du grenadier. Il nous a fait verser des larmes sur les regrets, les blessures, et les souvenirs du défenseur de la patrie. Il a laissé à d'autres les séduisantes fictions de la Grèce, les scènes de volupté ou d'héroisme des autres peuples. Il a éveillé les plus puissantes émotions de nos cœurs: il a consacré notre grandeur dans nos triomphes, dans nos désastres et dans nos malheurs. La reconnaissance et l'admiration publique sont sa récompense.

LA REDOUTE DE KABRUNN.

> Il est des actions d'autant plus grandes,
> que le motif en est plus singulier.
> VOLTAIRE, *Charles XII*.

Le colonel de Chambure est un des officiers vivants de l'ancienne armée qui a versé le plus de sang au service de son pays. Il reçut sa première blessure dans la campagne de Prusse et de Pologne. Au siége de Saragosse, il eut les cuisses traversées de deux balles. Il fut blessé de nouveau à Ocana; près de Moron, il reçut une balle dans le corps. Dans une sortie de Ciudad-Rodrigo, il eut l'épaule droite fracassée au commencement de l'action. Au dernier siége de Dantzick, il s'exposa à tous les dangers, à mille fatigues, et ses blessures se rouvrirent. Il a été long-temps en exil, sous le poids d'une sentence de mort; il est aujourd'hui sans emploi!.

L'action que le peintre a représentée s'est passée pendant le siége de Dantzick.

Dans la nuit du 16 au 17 novembre 1813, l'ennemi bombardait Dantzick avec fureur. Une bombe tomba sur la caserne et pénétra dans la chambre où dormait le capitaine Pelletier de Chambure, commandant d'une compagnie franche que l'ennemi lui-même avait surnommée *l'infernale*. Le projectile éclata près du lit de l'intrépide capitaine qu'il éveilla brusquement, comme on peut croire. Non moins impassible que Charles XII, dans une circonstance à-peu-près semblable, Chambure se lève et écrit au prince de Wurtemberg le billet suivant :

« Prince, vos bombes ont troublé mon sommeil ; « j'ai résolu de faire une sortie avec mes braves pour « enclouer vos mortiers : l'expérience vous prouvera qu'il est toujours dangereux d'éveiller le lion « qui dort.

« Minuit, 16 novembre 1813, un quart d'heure « avant ma sortie. »

AUGUSTE DE CHAMBURE.

Sa lettre écrite, il rassemble sa compagnie, lui en donne lecture et déclare qu'il est résolu d'aller déposer lui-même sa missive dans un des mortiers d'où est partie la bombe qui l'a éveillé : Promettez-moi de me suivre, continua-t-il, nous prendrons la redoute ; je vous réponds du succès. Tous en firent le serment, et il sortit avec eux pour l'accomplir.

Le capitaine Chambure se dirigea sur la redoute de Kabrunn, en longeant l'allée de Laug-Furh. Le ciel était obscur, et le vent venait du côté de l'ennemi ; circonstances qui favorisoient singulièrement les approches de la redoute.

La compagnie *infernale* est parvenue au pied de la redoute; Chambure a franchi la première palissade; ses soldats le suivent et se précipitent sur l'ennemi avec une impétuosité qui ne lui permet pas de se reconnaître; les Russes s'enfuient dans les secondes lignes et dans la redoute où les nôtres entrent avec eux: une centaine d'hommes sont tués sur la place; un plus grand nombre est blessé, le reste se sauve à la faveur de la nuit.

LE TABLEAU.

C'est au milieu de ce carnage, éclairé par un grand feu allumé à gauche, au milieu de la redoute, que le capitaine dépose sa lettre dans le mortier, après avoir étendu à ses pieds, d'un coup de poignard, un officier russe qui se précipitait sur lui: un autre soldat ennemi avance son fusil sur la poitrine de Chambure; un des siens, nommé Paul, passe sa baïonnette à travers le corps du soldat russe, et sauve ainsi la vie à son capitaine.

Cette scène terrible, qui a besoin d'être vraie pour paraître vraisemblable, n'est pas représentée avec moins d'énergie, avec moins de chaleur qu'elle n'a été exécutée dans la redoute de Kabrunn: le sang-froid d'un courage surnaturel est personnifié sous les traits ressemblants du chef de cette compagnie de héros: les cinq figures dont le tableau se compose concourent et suffisent à l'intérêt de l'action : le soldat qui encloue le mortier où le capitaine Chambure dépose sa lettre, est jeté vivant sur la toile.

Un philosophe grec niait le mouvement. Un autre répondait en marchant devant lui. Quelques personnes nient le mouvement en peinture. M. Vernet pourrait se contenter de leur montrer ce tableau pour toute réponse : tout y est mouvement, tout y est action commencée et non finie. La main de Chambure est levée pour placer la lettre dans l'obus; celle du grenadier l'est aussi pour enclouer la pièce. La baïonnette du volontaire français va percer une seconde fois le Russe qui chancelle et ne tombe pas encore. Enfin, dans l'obscurité générale du tableau, un trait de feu qui sillonne le ciel ne peut être qu'une bombe, qui décrit sa parabole et est encore suspendue dans l'espace.

DÉFENSE D'HUNINGUE.

APPARTENANT A M. DE MARIGNY.

> *Ostendimus..... quantos sibi patria viros seposuerit.*
>
> Nous avons montré quels hommes la patrie avait en réserve, pour défendre son territoire et sa liberté.
>
> TACITE

Le général Barbanègre commandait dans Huningue, lorsque les alliés occupaient une seconde fois Paris. Il obéit à son devoir, qui lui faisait une loi de conserver au gouvernement français, quel qu'il fût, la place qu'il avait reçu l'ordre de défendre. Il rejeta les propositions de l'archiduc Jean, qui le pressait d'accéder à une capitulation. Bientôt la ville d'Huningue fut investie par une armée nombreuse, et se vit exposée au feu de quatre-vingt-dix ou cent pièces d'artillerie de siège. L'archiduc Ferdinand vint joindre son frère, et le bombardement d'Huningue fut ordonné. La défense fut aussi vive que l'attaque; long-temps les efforts de l'ennemi furent inutiles; mais enfin il fallut céder à la fortune et accepter une honorable capitulation.

L'armée ennemie, ayant à sa tête deux archiducs, est rangée en bataille pour voir défiler cette garnison qui s'est couverte de gloire. Quel spectacle! deux pelotons de canonniers, un peloton de soldats de ligne et cinq gendarmes, guidés par le général Barbanégre, sortent de la place, tambour battant, et passent devant la ligne ennemie qui ne peut retenir sa surprise et son admiration.

Le général Barbanègre est aujourd'hui sans emploi!

LE TABLEAU.

Le premier bataillon de la Haute-Saône fait une sortie. On voit, à gauche, ses premiers rangs, et sur le devant du tableau deux officiers, dont l'un reçoit de l'autre le commandement militaire. Leurs attitudes sont admirables de vérité. Ce premier plan occupe une hauteur. L'œil descend et s'enfonce dans la vallée qu'elle domine. Là, on aperçoit une tour à mâchicoulis, que nos braves viennent d'emporter, et où leurs bataillons entrent au milieu des coups de fusil et de la fumée. A droite, un monument funéraire frappe les regards. C'est celui d'un guerrier mort pour la France. Abatucci repose sous cette terre que défend Barbanégre et qu'arrose le sang des défenseurs d'Huningue. Noble souvenir! noble tombeau! Fête sépulcrale, digne des mânes d'un héros mort pour la patrie!

La couleur de ce tableau est très remarquable. Jamais M. Horace Vernet n'a saisi avec plus de vérité la pose et la physionomie du soldat en campagne. La perspective est profonde; les détails du fond se dessinent nettement, sans choquer la vraisemblance ni détruire l'idée de l'éloignement où ils se trouvent. On reconnaît ici, mais dans un plus petit cadre et dans une espèce de calme qui convient à la défense d'une place forte, le beau talent qui a tracé la bataille de Jemmapes.

UN CAPUCIN

EN MÉDITATION DEVANT UN POIGNARD.

> Si un chrétien offense un infidèle, quelle est la consolation de l'offensé ? La Vengeance. S'il est offensé par le mécréant, quelle est sa patenôtre ? La Vengeance. Mon humilité, ma charité, mon pardon, mon évangile, le voici : la Vengeance !
>
> SHAKESPEARE, *Shylock, dans le Marchand Vénitien*

Quel est ce moine enflammé de fanatisme ? quel usage a-t-il fait ou va-t-il faire de ce poignard sur lequel toute sa pensée est fixée ? Est-ce Jacques Clément méditant son régicide ? ou plutôt n'est-ce pas un de ces moines espagnols, dont le lâche patriotisme s'armait naguère du poignard, et assassinait pieusement l'ennemi qu'il n'eût osé regarder en face ?

Voilà, voilà l'effet de tes charitables avis, sublime législateur des chrétiens ! Tu recommandais la paix et la bienfaisance ; tu offrais le ciel en récompense de l'humanité ; tu avais le sang en horreur : des monstres ont dénaturé ta charte religieuse, destinée à faire de tous les peuples un peuple de frères ; ils ont substitué à tes douces maximes des sentences de mort, des cris d'extermination.

C'est en ton nom, c'est la croix à la main, que tes indignes disciples ont ensanglanté le monde, et se sont livrés à tous les excès des passions, sans pouvoir jamais les rassasier !

C'est en ton nom, que les flammes des bûchers ont dévoré tant d'innocentes victimes ; que les familles ont été dispersées ; que le pouvoir s'est souillé de crimes, et qu'infidèles à tes saintes doctrines qui condamnent tous leurs forfaits, des prêtres ont absous le parjure et sanctifié la trahison !

Ah ! que tes principes soient enfin connus et suivis ! Que ton évangile devienne la loi religieuse des peuples ! Que l'intolérance, la superstition, le fanatisme, n'épouvantent plus la terre ! Que ce moine méditant sur un poignard nous inspire toute l'horreur qu'il mérite, et nous verrons luire enfin quelques jours de bonheur et de liberté !

LE TABLEAU.

Une chemise trempée de sang est suspendue à la muraille ; le caveau est sombre ; la voûte est basse ; le peu d'architecture que l'on aperçoit est gothique.

L'homme qui s'est vengé est à genoux : il médite. Ses cheveux dressés, ses yeux fixes, sa figure contractée, font frémir. Il compte les blessures ; il revoit le cadavre; il entend les cris de sa victime; il est satisfait; il remercie Dieu.

Son imagination n'a pas besoin de le porter bien loin de ce caveau. Vous voyez cette terre remuée fraîchement; c'est là que le corps vient d'être enseveli. C'est devant cet autel que l'assassin s'agenouille : son idole est son poignard.

Le moine achève sa prière; bientôt il va se lever; il va cacher ce poignard sanglant sous son habit monacal, entrer dans quelque maison où loge un Français, demander l'aumône, et frapper l'ennemi qui lui présentera la *piécette*. Il attendra le soir pour emporter lui-même le cadavre, le dépouiller, l'enterrer, et prier Dieu pour son ame.

L'exécution dans ce tableau n'est pas au-dessous de la pensée : nous n'en ferons pas un autre éloge.

L'ATELIER
DE M. HORACE VERNET.

> Tous les goûts à-la-fois sont entrés dans son ame.
> **VOLTAIRE**

Je ne connaissais pas encore M. Horace Vernet, et j'avais le desir de me lier avec un artiste dont le pinceau brillant et les plus simples croquis attiraient déjà l'attention de tout ce qui, parmi nous, aime encore les arts et la patrie. Un de ses amis, peintre estimé, me donna pour lui, il y a quelques années, une lettre de recommandation. Je ne perdis pas un moment pour en faire usage, et, à mon grand étonnement, je pénétrai sans peine jusqu'à l'endroit où travaillait ce jeune peintre.

La solitude, la tranquillité, le mystère même, m'avaient toujours semblé nécessaires aux méditations du talent. Je m'étais fait d'Horace Vernet l'idée d'un homme absorbé dans l'étude de son art, recueilli en lui-même, plongé dans un profond oubli du monde extérieur, et accumulant dans la solitude les richesses qu'il prodiguait dans ses tableaux.

Je montais d'un pas timide, je craignais de toucher le pavé, et de troubler l'homme supérieur dans ses rêveries ou dans ses créations. J'avais vu tant de gens s'enfermer pour tailler des plumes, ou pour préparer leur palette, afficher, par des airs profonds et une retraite mystérieuse, leurs prétentions au génie, que je m'étais accoutumé, comme le vulgaire, à attacher l'idée de supériorité au besoin du silence et du recueillement.

Cependant, à mesure que j'avançais, j'entendais un bruit confus; il augmentait à chaque pas; et, en approchant du sanctuaire, c'était un tapage plus bizarre et plus incohérent que le célèbre concert de Jean-Jacques. J'entr'ouvre la porte.... Quel spectacle!... Je reste immobile d'étonnement.

Une foule de jeunes gens occupaient dans les attitudes les plus diverses tous les coins de la salle, et paraissaient, comme dans les classes où les écoliers sont mis en retenue, livrés à tout le désordre des amusements les plus bizarres.

Deux des assistants faisaient des armes, l'un la pipe à la bouche, l'autre vêtu d'un grand sarreau de toile bleu. Celui-ci donnait du cor, et ses joues, énormément gonflées, m'eussent averti de la quantité d'air qui s'en échappait, si mes oreilles, déchirées par d'effroyables sons, n'avaient rendu tout autre avertissement inutile: celui-là soupirait une romance; cet autre battait la générale; il y en avait d'assis, de levés, d'accroupis dans toutes les situations et dans toutes les poses.

Un jeune homme lisait à haute voix un journal au milieu de ce chaos, un autre peignait, un autre dessinait. Parmi les acteurs de cette scène tumultueuse, se trouvaient des militaires de tout grade, des artistes, des virtuoses, une chèvre, un chien, un chat, un singe, et un superbe cheval.

Imaginez, si vous pouvez, quelle sorte d'harmonie devait résulter de cette confusion; joignez les roulements de la caisse aux éclats du cor, au cliquetis des fleurets, au trépignement du cheval, aux gambades du singe, aux miaulements du chat, et aux aboiements du chien; donnez à tout cela pour accompagnement les ris et les murmures des groupes, les discussions militaires, et le chant de la romance : peut-être vous ferez-vous une idée de l'effet de cette inconcevable symphonie. J'entrai.

L'un des combattants posa son fleuret, secoua sa pipe, et s'avança vers moi. C'était M. Horace Vernet.

C'est ainsi, m'a-t-il dit depuis, que se passent dans son atelier les heures de sa vie les plus laborieuses.

LE TABLEAU.

C'est la scène que je viens de décrire...... *Horace Vernet* s'escrime avec M. *Ledieu,* son élève. Le brave colonel *Bro* fume un cigare avec M. *Langlois*, l'un des plus habiles élèves d'*Horace*. Le jeune homme, qui a le coude appuyé sur une table, et qui donne du cor, est *Eugène Lami*, autre élève d'*Horace Vernet*, et dessinateur plein de naiveté et de finesse. Ce boxeur, c'est M. *Montfort;* cet autre, c'est M. *Jemerville.* Je reconnais M. *Couturier Saint-Clair,* officier d'état-major, M. *Lariboissière,* et le général *Boyer;* celui qui est assis et qui tient un buste, c'est le docteur *Hérault,* professeur d'anatomie. M. *Amédée de Beauplan* chante une des romances gracieuses, dont il a composé les paroles et la musique. Ces deux aides-de-camp sont M. le baron *Atthalin* et M. de *Montcarville.* M. de *Forbin,* directeur du Musée, tranquillement assis, sourit aux jeux et au vacarme de l'atelier.

On conçoit difficilement que l'auteur de ce tableau soit parvenu à rendre le tumulte et la confusion, la joie si vive et si bruyante qui anime cette scène bizarre. Des selles, des pistolets, des chapeaux de toutes formes, des armes de tout genre, des raquettes de paume, des harnais, des palettes, sont suspendus en trophée à la muraille. Dans un coin de la salle, j'aperçois le buste de Joseph Vernet, et plus loin le tableau de *Paul Émile,* sur lequel M. Carle Vernet, si célèbre pour les chevaux et les batailles, fut reçu à l'académie de peinture en 1789.

Tant de portraits d'une ressemblance parfaite et

finement traités, une étonnante vivacité de couleurs et une pureté de dessin presque inconcevable, une lumière qui éclaire tout, sans contrarier aucun effet, un air qui circule parmi tant de personnages; enfin la grace, la vie, le mouvement et le charme, voilà ce qui fait de ce tableau de chevalet, une des plus jolies et des plus précieuses compositions qui aient été exécutées.

ESSAI
SUR L'OPÉRA FRANÇAIS.

ESSAI

SUR L'OPÉRA FRANÇAIS.

Le moment est-il bien choisi pour parler des jeux du théâtre? je le crois. Les Français ont fait un léger changement aux vœux que formaient jadis les Romains : la gloire et des spectacles ont de tout temps été leurs cris de ralliement : la première les a soutenus au-dessus des orages politiques où ils ont vécu pendant trente-cinq années; les autres, en leur offrant l'image des triomphes qu'ils ont obtenus, des prodiges qu'ils ont surpassés, les enorgueillissent encore aujourd'hui dans leurs revers en les plaçant sans cesse entre l'image du passé et les promesses de l'avenir. Le théâtre fait partie de notre gloire nationale, et celle-là du moins n'a rien à craindre des coalitions étrangères. L'oligarchie des Corneille, des Molière, des Racine, des Voltaire, et des Quinault, est la seule indestructible. Je réponds par ce peu de mots au reproche que l'on peut me faire de jeter une semblable question à travers le débordement des dissertations de la plus haute politique, et je persiste à penser que nulle circonstance ne peut être plus favorable pour parler d'un spectacle,

> Où dans un doux enchantement
> Le citoyen chagrin oublie
> Et la guerre, et le parlement,
> Les impôts, et la patrie;
> Et dans l'ivresse d'un moment
> Croit voir le bonheur de la vie.

Dans quelque ouvrage que ce soit, un auteur a presque toujours un but secret vers lequel il se dirige à l'insu du lecteur qui l'accompagne et qu'il égare pendant la route par des marches et des contre-marches sans nombre; j'y vais plus franchement en indiquant d'avance le point où je me propose d'arriver : j'ai l'intention de prouver que le drame lyrique parvenu au degré de perfection où il peut atteindre un jour est de toutes les compositions théâtrales la plus belle, la plus imposante et la plus difficile; celle où, fort loin encore de cette perfection, nous avons cependant acquis la plus incontestable supériorité sur tous les théâtres de l'Europe. Je ne dois pas craindre, après avoir établi cette vérité sur des faits antérieurs, qu'on me soupçonne d'avoir voulu donner mes ouvrages pour des preuves; mais je les présente au public à l'appui de quelques idées nouvelles sur un art dont je me suis assez occupé pour me convaincre que le génie, aidé de toutes les ressources du talent poétique, peut seul espérer d'en atteindre la hauteur.

Le nom d'*Opéra* que nous avons emprunté aux Italiens, soit qu'il s'applique au théâtre même ou aux pièces qu'on y représente, ne spécifie et conséquemment ne signifie rien : celui d'*Académie de Musique* a plus de prétention sans avoir plus de justesse. Dans le premier sens, la dénomination de Théâtre des Arts est celle qui convenait à ce spectacle ; et l'expression de *mélodrame*, devenue si ridicule par l'emploi qu'on en a fait, appartenait exclusivement à un genre d'ouvrage dont l'action se chante, et dont la musique dirige la pantomime.

Les Italiens sont les premiers qui aient mis le drame en musique ; mais Quinault n'en est pas moins l'inventeur du véritable opéra, malgré les misérables parodies lyriques de l'abbé Perrin et de l'organiste Cambert, comme Corneille est le père véritable de la tragédie, malgré les informes essais de Mairet et de Trissino.

L'opéra, tel que Quinault l'a conçu, tel que l'a si bien défini Marmontel, est un épisode, ou une partie de l'épopée dont la muse du théâtre s'empare et qu'elle met en action avec le secours de la musique, de la danse, et de la peinture.

Il suit de là que cette œuvre dramatique, devant réunir le prestige de tous les arts, ne peut naître que du concours des talents divers qui participent à sa création, sinon dans une proportion égale, du moins dans un degré nécessaire.

Pour fixer en peu de mots la part que chacun doit prendre dans cette vaste composition, je dirai que le *poëte* est chargé d'en concevoir et d'en dessiner le plan général; d'indiquer les situations et les caractères et de suggérer des inspirations à ses collaborateurs; que le *musicien* doit ajouter à la mélodie du langage poétique, à la force des impressions, à l'énergie des sentiments; que le *chorégraphe* en s'emparant, au profit de la pantomime, des scènes où l'action semble se ralentir, doit enchanter ces repos, habilement ménagés, par tous les prestiges de son art, sans jamais perdre de vue le sujet principal; que le *peintre* enfin doit y fixer en quelque sorte la pensée par la représentation et la disposition des objets matériels qui réalisent aux yeux les rêves et les riants mensonges de l'imagination.

Je me représente la muse de l'opéra sous la figure de l'enchanteresse Armide, dans un séjour magique où la nature entière est soumise à ses lois: tantôt, les yeux pleins de langueur et de volupté, elle s'assied sous un frais bocage qu'embaume le parfum des fleurs, qu'éclaire un jour douteux et nuancé par les teintes variées de l'écharpe d'Iris: le zéphyr anime les eaux et le feuillage d'un souffle harmonieux.

Mais tout-à-coup un bruit de guerre se fait entendre; la muse se lève, détache ses guirlandes, remplace par un casque la couronne de rose qui parait sa tête; elle vole au combat, et s'entoure de tout l'éclat de la gloire.

L'amour avait trahi ses vœux, la victoire échappe à son courage; son regard, devenu farouche, évoque les puissances infernales et les contraint à servir sa vengeance; à sa voix les torrents se déchaînent, les volcans s'ouvrent, les cités frémissent, et l'épouvante est dans tous les cœurs.

Mais l'orage terrible, que les passions ont un moment soulevé, s'apaise au premier sourire de l'amour; le calme renaît, l'air s'épure, Armide a désarmé l'enfer, et son triomphe paisible se prépare au milieu des jeux et des fêtes.

L'imagination du poète suffit pour enfanter ces merveilles; mais il a besoin pour les réaliser d'associer à son talent celui du musicien, du chorégraphe et du peintre.

Un opéra, pour remplir toutes les conditions du genre, doit donc être l'ouvrage collectif de quatre auteurs différents: cette nécessité reconnue détermine naturellement l'ordre que j'ai suivi dans cet essai sur le drame lyrique: la *poésie*, la *musique*, la *danse* et la *peinture* considérées uniquement comme partie constitutive de l'opéra, en forment les divisions principales.

Le Poeme.

En partant du principe qu'un drame lyrique est un fragment d'épopée mis en action et destiné à être représenté sur un théâtre, il est facile d'en déterminer le genre et d'en établir les principaux caractères. La muse épique doit présider à l'invention du sujet, et celle de la tragédie en régler l'ordonnance; toutes deux doivent concourir à son exécution et l'embellir à l'envi de leur divin langage.

L'opéra est susceptible d'autant de variétés que l'épopée d'où il tire sa source. Il peut être *héroïque, national, comique, pastoral*, et même *bouffon*, à la manière de l'Arioste, de Voltaire, de Butler[1], et de Cervantes; mais il doit conserver jusque dans ses plus grands écarts, jusque dans son extravagance même, cette sorte de dignité qui dédaigne de prendre ses modèles dans la nature triviale, et d'exciter le rire par des tableaux burlesques.

Les Français seuls ont un théâtre lyrique; les Italiens qui en ont eu la première idée, se sont égarés à la recherche du nouveau monde qu'ils avaient aperçu (en parlant ailleurs des poètes lyriques, j'aurai occasion de mettre cette vérité dans tout son jour): je ne parle pas de ce qu'on appelle

[1] Auteur anglais du poeme d'*Hudibras*.

opéra en Angleterre et en Allemagne; ces plates monstruosités, du moins sous le rapport littéraire, sont au-dessous de toute espèce de critique.

Le poete est incontestablement le premier et le plus important auteur d'un opéra; l'invention lui appartient; il trace le dessein général de l'ouvrage; il laboure, il sème, il féconde le champ que ses collaborateurs sont chargés d'orner et d'embellir.

Choix du sujet.

La fable, la féerie, et l'histoire dans ce qu'elle a de plus héroïque, sont les seules sources où l'auteur doive puiser son sujet.

Le sujet doit être tel qu'une scène suffise à l'exposition, que les caractères s'y présentent fortement contrastés, que les situations alternativement passionnées, douces, terribles, et toujours nobles, y naissent les unes des autres; que les tableaux variés s'y succèdent dans un ordre naturel, qu'un intérêt puissant, où doivent dominer les passions tendres, s'y fasse constamment sentir; et qu'enfin le merveilleux y vienne ajouter à l'éclat du spectacle sans nuire à l'intérêt de l'action. Ce dernier précepte a besoin de quelques développements.

Du merveilleux.

L'austère vérité doit être bannie d'un théâtre où tout est prestige, où tout a pour but de fasciner le cœur, les yeux, les oreilles; le merveilleux en est la raison; mais comme elle, il tend à affoiblir l'intérêt qui repose uniquement sur le jeu des passions humaines. Quelle crainte puis-je avoir pour les jours d'*Achille*, si vous me le représentez invulnérable? quelle espérance me reste-t-il de voir couronner les amours d'*Atys* et de *Sangaride*, si vous donnez à cette nymphe une déesse pour rivale? Je frémis à l'aspect d'*Orosmane* levant le poignard sur le sein de *Zaïre;* mais j'entends sans la moindre émotion la plainte de l'immortelle *Vénus* blessée par *Diomède*. Dans l'opéra, comme dans le poëme épique, les dieux, les fées, les génies, peuvent intervenir dans les affaires des hommes, s'associer à leurs plaisirs, à leurs vengeances; leur puissance peut être un des ressorts de l'action; mais elle ne doit pas en être l'objet. Cette règle importante du poëme lyrique est la seule que Quinault ait méconnue, et c'est à ce défaut qu'il faut attribuer le peu d'intérêt qui règne dans la plupart de ses opéras, restés modèles sous tous les autres rapports. *Armide* et *Roland*, auxquels ce reproche n'est pas applicable, sont aussi ses meilleurs ouvrages.

Après avoir indiqué l'emploi du merveilleux comme moyen, et non comme principe d'action du drame lyrique, j'ajouterai que tout sujet historique, assez merveilleux par lui-même, et, si j'ose m'exprimer ainsi, d'une vérité assez fabuleuse, pour pouvoir se passer de toute intervention surnaturelle, est celui qu'il faut choisir de préférence, comme plus propre à exciter l'intérêt, dont l'admiration peut distraire, mais qu'elle ne saurait remplacer. Ainsi le *Combat des Géants* produira moins d'effet sur la scène que la *Conquête du Mexique* ou le *passage des Thermopyles;* la douleur maternelle d'*Hécube* y sera plus vivement sentie que celle de *Cérès*, ou de *Niobé;* et *Didon* abandonnée fera partager ses douleurs à ceux qui resteront insensibles au désespoir de *Calypso*.

L'histoire n'offre malheureusement qu'un très petit nombre de sujets, où la vérité se montre avec cet appareil de grandeur, avec ces proportions surnaturelles qui subjuguent à-la-fois tous les sens, et l'emportent sur tous les prodiges de l'imagination.

Je ne connais sur la scène lyrique que trois ouvrages couronnés par un grand succès, qui se soutiennent par la seule force de l'intérêt et de la vérité; ce sont des exceptions; l'erreur est d'avoir voulu en déduire des règles et en former un genre. Je veux parler de la tragédie lyrique.

De la tragédie lyrique.

C'est aux Italiens que l'on doit cette malheureuse idée de dépayser Melpoméne, et de la transporter d'un théâtre, où tout se passe, comme dans la nature et dans l'histoire, sur une scène, où tout, jusqu'au langage, doit être enchantement, prestiges, et merveilles. Deux hommes de génie, *Métastase* et *Apostolo Zeno*, à défaut de théâtre et d'acteurs tragiques dont l'Italie a toujours été privée, résolurent de réunir deux genres très distincts, et de substituer l'art du chant où leurs compatriotes excellent, à celui de la déclamation qu'ils ignorent; ils composèrent des tragédies lyriques, et l'Italie, avec de bons poëmes et d'excellente musique, peut se vanter d'avoir le plus insipide, le plus ennuyeux des spectacles. Comment concevoir en effet quelque chose de plus choquant, de plus absurde, que d'entendre discuter en *duo*, en *trio*, en *cavatines*, ces grands intérêts nationaux, ces intrigues de cabinets, ces sombres complots de la politique et de l'ambition, sur lesquels se fonde la véritable tragédie? Les prodigieux talents des Métastase, des Mozart, et des Cimarosa réunis, parviendront-ils à surmonter la fatigue et le dégoût qu'éprouve tout être raisonnable, à entendre *Horace*, *Mithridate*, et *Régulus*, exprimer par la voix d'un *soprano* (pour ne pas désigner autrement ces héros d'opéra) les sentiments profonds et sublimes dont ils sont pénétrés?

Gluck, avec plus d'art et de précautions, est parvenu à introduire chez nous cette tragédie bâtarde; et quelques uns des chefs-d'œuvre de la scène française, mutilés par des mains habiles, et soutenus par les accords d'une lyre puissante, se sont montrés sans trop de désavantage sur le théâtre de l'Opéra. On pourrait applaudir à ces efforts de l'art musical, si des succès dus au seul génie du musicien n'eussent ouvert à la foule des *arrangeurs* de paroles qui s'intitulent poètes lyriques, une carrière malheureuse et facile où ils se sont précipités, au détriment de l'art, et au grand scandale de la poésie et du goût. Tel qui se sentait incapable d'écrire une scène d'opéra comique ou de vaudeville s'est trouvé tout juste le talent nécessaire pour dépecer une tragédie de Corneille, de Racine, ou de Voltaire; pour en supprimer les scènes les moins favorables à la musique, et pour en raccourcir au besoin les vers, en cousant une mauvaise rime à l'hémistiche de chaque alexandrin. De cette manière nous avons eu deux ou trois cents tragédies lyriques, auxquelles il n'a manqué que des compositeurs tels que Sacchini, Piccini, et Gluck, pour détruire le véritable système du poëme lyrique, conçu par Quinault, et dont il nous a laissé dans l'opéra d'*Armide* le plus parfait modèle.

De l'unité, de la simplicité de l'action.

Les trois unités de *lieu*, de *temps* et d'*action*, ne sont pas prescrites au même degré dans le genre du drame lyrique. L'unité de temps peut s'étendre un peu au-delà des bornes de vingt-quatre heures, et l'unité de lieu (dans les sujets où l'on n'a point le secours du merveilleux) à l'espace qu'il est possible de parcourir pendant la durée de l'action. C'est pour l'unité de cette même action qu'il faut réserver toute la rigueur de la règle. C'est peu d'être *une*, il faut que l'action soit simple, dégagée de tout épisode, et que l'intrigue se borne à créer et à surmonter les obstacles qui s'opposent au dénouement heureux qu'exige ce genre d'ouvrage. C'est de l'unité, de la simplicité de l'action, que résulte nécessairement l'intérêt du drame lyrique, où les développements sont interdits, où les gradations sont des longueurs, où tout doit être images ou sentiments. Il n'est pas un seul ouvrage, parmi ceux que l'on peut citer comme modèles, qui ne vienne à l'appui de cette règle fondamentale.

L'amour dispute à la gloire le grand cœur de *Renaud*; il cède à ses enchantements; mais bientôt la voix de l'honneur se fait entendre, le prestige est détruit, et le héros échappe aux fers d'une enchanteresse : voilà tout le sujet d'Armide. *Roland*, *Thésée*, *OEdipe*, *Alceste*, *Didon*, *Orphée*, et *la Vestale* (s'il m'est permis de citer ce dernier ouvrage), n'offrent pas une intrigue plus compliquée.

Division du poëme.

La facilité que se donnent les Italiens de changer de décorations à chaque scène, le peu d'importance qu'ils attachent à la composition du poëme, rendent inutile pour eux cette recherche du nombre d'actes qu'il convient de donner à un opéra; mais sur un théâtre où nous voulons que le merveilleux même ait sa vraisemblance, où l'intérêt de l'action que l'on exige avant tout ne peut naître que de l'assujétissement à des règles dont on a reconnu la nécessité, il n'est pas inutile d'examiner quelle est la coupe la plus avantageuse au drame lyrique. Dans le très petit nombre de sujets austères que la muse lyrique peut emprunter à celle de la tragédie, la division en trois actes paraît être la plus convenable. Cette sorte d'ouvrage, dont l'action se borne au développement d'une seule et même situation, qui repousse tout incident, tout détail qui pourrait en suspendre ou même en retarder la marche, cette sorte d'ouvrage littéralement réduit aux parties constitutives du drame, l'exposition, le nœud et le dénouement, ne peut comporter au-delà de trois actes, et souvent même l'auteur est embarrassé d'en remplir l'étendue. Qui n'a pas remarqué, par exemple, tout ce qu'*OEdipe à Colonne* (ce chef-d'œuvre de pathétique, où l'amour épisodique de *Polinice* et d'*Eriphyle* est si déplacé) gagnerait à resserrer en deux actes ce touchant spectacle de la piété filiale d'*Antigone*, et de la réconciliation d'*OEdipe* avec son fils ? la pièce tout entière est dans ces deux scènes.

J'en dis autant de *Didon*, d'*Ariane* et d'*Alceste*, en remarquant que, dans ces opéras, des incidents mythologiques de l'essence du sujet même y permettent, sans nuire à l'intérêt, le développement de l'action en trois actes.

La division en cinq actes me paraîtrait la plus convenable pour tout opéra qui réunirait toutes les qualités du genre, c'est-à-dire pour un drame lyrique où l'intérêt fondamental s'allierait à l'emploi du merveilleux; où la nature et la majesté du sujet permettraient ou plutôt obligeraient d'ajouter à la marche naturelle de l'action l'agrément des fêtes, l'éclat des cérémonies civiles et religieuses, et conséquemment exigeraient de fréquents changements de scène.

Depuis que le mauvais goût a pris au mot l'opinion avancée par Rousseau dans un moment d'enthousiasme pour la musique italienne, que la danse ne devait entrer pour rien dans la composition du genre lyrique, et qu'on pourrait tout au plus donner un *ballet* après l'*opéra*, comme on donne une *petite pièce* après la *tragédie*. On a fait une sorte de règle aux auteurs lyriques de se renfermer dans le cadre de trois actes, et de raccourcir leurs ouvrages au profit des ballets-pantomimes, qui ont fini par envahir et par dégrader la scène. En traitant spécialement de la *danse* considérée non seulement comme accessoire, mais comme élément du genre, j'aurai occasion de parler du ballet-pantomime, et de mesurer la place qu'il peut occuper séparément sur le théâtre.

Lorsque j'établis que la division en cinq actes est la plus favorable aux grandes compositions lyriques, qu'elle ajoute à la vraisemblance, je suis loin de vouloir en prolonger la durée.

Je mets la brièveté relative au nombre des qualités essentielles du poème d'opéra, et, tout en multipliant les actes pour agrandir l'action, pour en graduer l'intérêt, pour y trouver ces oppositions, ces contrastes dont la poésie musicale et la peinture sont avides, je pense qu'on doit s'imposer dans le dialogue une précision telle, qu'un opéra en cinq actes n'excède pas le nombre de vers dont la plupart des ouvrages en trois actes se composent. Nous avons vu depuis quelques années mutiler la plupart de nos chefs-d'œuvre lyriques, et supprimer des actes entiers, des plus belles partitions de MM. Chérubini et Catel, pour donner plus de temps à ces danses sans objet, qu'on appelle fort improprement *ballet d'action*, et qui ne méritent ce nom qu'autant qu'elles sont liées à l'action d'un drame. Encore quelques pas rétrogrades dans ce système de dégénération, et nous en reviendrons aux *fragments*, aux *intermèdes*, et aux *mélodrames* des boulevarts.

Caractères.

C'est de l'énergie des sentiments, de la violence des passions, et de l'illusion qui en fait le charme, que résulte l'intérêt dans le drame lyrique; pour le produire il est nécessaire d'y opposer et d'y prononcer fortement les *caractères :* la musique s'empare des contrastes, mais elle saisit difficilement les nuances, et le génie de Gluck lui-même ne parvient pas à exprimer différemment *la fureur* d'Achille et *le courroux* d'Agamemnon.

Je ne connais qu'un sentiment partagé, celui de l'amour, dont l'exagération soit susceptible d'une variété dans l'accent musical, où se retrouve l'opposition des caractères de ceux qui l'éprouvent. En musique, la jalousie, la haine, la vengeance, portées au plus haut point, n'ont qu'un langage; l'amour heureux peut varier son expression jusque dans son délire, et c'est à moduler (si j'ose associer ces mots ensemble) les diverses couleurs de cette même passion, que la musique me paraît exceller.

Les chœurs.

L'emploi des chœurs est devenu une partie intégrante du drame lyrique; notre scène moderne, comme celle des anciens, met en mouvement des masses entières qui représentent divers partis du peuple, prennent intérêt aux événements, et concourent à la marche de l'action dont ils augmentent le pathétique. Le chœur depuis Gluck est devenu un personnage; avant lui, cependant, l'auteur de l'opéra de *Jephté* avait osé introduire deux chœurs qui s'interrogent, se répondent, et, sans le secours d'aucun des acteurs principaux, forment une scène nécessaire à la marche de l'action dramatique : hardiesse heureuse à laquelle l'opéra français est redevable de la supériorité qu'il s'est acquise.

Trop souvent, depuis cette époque, les chœurs ont repris leur attitude immobile, et sont devenus, ce qu'ils étaient jadis, des espaliers chantants, des instruments vocaux qui n'offrent aucune action personnelle et qui se bornent, comme chez les anciens, à faire des vœux pour les personnages dont ils forment le cortége. Le chœur, dans le nouveau système, doit tendre de tout son pouvoir à l'accomplissement de l'action : son langage, qui ne saurait être trop simple ni trop énergique, doit exprimer ces passions sans nuances qui seules peuvent animer tout un peuple.

Intrigue.

En parlant de l'extrême simplicité de l'action, je crois avoir suffisamment indiqué, comme le défaut le plus grave dans ce genre d'ouvrage, la complication de l'intrigue.

C'est moins à la raison et à l'esprit du spectateur qu'à son cœur et à son imagination que l'auteur s'adresse; son but est d'émouvoir et de surprendre; peu importe le moyen dont il se sert pour y arriver. Dans la tragédie, l'art consiste le plus souvent à tourner l'obstacle insurmontable : on peut le franchir dans l'opéra si l'illusion que l'on produit est assez forte pour y soutenir l'intérêt. On suit d'un coup-d'œil l'imagination dans son vol, tandis qu'on se fatigue et qu'on se perd dans le labyrinthe de l'intrigue, où le musicien rompt à chaque pas le fil du poëte : l'art de ce dernier est de fournir un nœud assez puissant pour motiver le prodige qui peut seul le rompre. Je vois le courroux de Junon attacher fortement *Andromède* sur le rocher fatal, et, fut-il monté sur Pégase sans l'aveu de Minerve, j'applaudirais au courage de *Persée* qui la délivre.

Le dénouement.

Le dénouement de tout opéra doit être prompt, imprévu, vraisemblable et heureux; quand le poète a intéressé dans le cours de l'action, quand il est parvenu à séduire l'imagination du spectateur, il ne lui reste plus que la réflexion à surprendre. De tous les moyens naturels d'amener cette dernière péripétie, la *reconnaissance* est la plus favorable au drame lyrique, parcequ'elle s'opère d'un seul mot, et qu'elle peut changer en un moment la situation des personnages.

Dans les ouvrages où le merveilleux est admis, c'est toujours de là que le dénouement doit sortir, et tout le talent du poète consiste à avoir su rendre l'entremise d'un dieu nécessaire à l'accomplissement d'une entreprise assez grande par elle-même, assez imposante par la majesté des personnages, assez intéressante par la nature des périls ou des malheurs auxquels ils ont été exposés, pour les rendre dignes d'une assistance surnaturelle. Le dénouement doit être heureux; l'opinion contraire défendue par Aristote, en parlant de la tragédie, n'est ici d'aucun poids; le triomphe du crime ou même de la fatalité, sur un théâtre où tout parle aux sens et au cœur, où rien ne s'adresse à la raison, détruirait le charme d'un spectacle qui doit (pour me servir des expressions de La Bruyère) tenir l'esprit, les oreilles et les yeux dans un enchantement continuel. *Armide* et *Didon* ne sont point des exemples que l'on puisse m'opposer : dans la première de ces pièces, c'est à la gloire de *Renaud* que le spectateur s'intéresse, et dans la seconde, la mort de Didon après la fuite d'*Énée*, est non seulement le seul dénouement possible, mais le seul événement desirable. J'ajouterai que cette nécessité même de laisser périr l'adorable Didon, est l'écueil du plus beau sujet dont la muse de l'épopée ait enrichi le théâtre lyrique.

Différentes espèces de poemes lyriques dans le genre de l'opéra.

J'ai dit que l'opéra était susceptible d'autant de variétés que l'épopée d'où il tire sa source; qu'il pouvait être *héroïque, comique, pastoral*, et même *bouffon :* mais sous quelque forme que le poete présente son sujet, on doit y reconnaître sa brillante origine. Il suit de là que les régles que j'ai déja posées relativement au poëme héroique, sont toutes applicables, avec des modifications, aux trois autres espèces de poèmes lyriques.

Opéra comique.

Le *comique de* situation est le seul que l'opéra doive s'approprier; celui qui résulte uniquement de l'intrigue ou des caractères, doit être exclu d'un théâtre où la parole n'est pour ainsi dire qu'un moyen accessoire de se faire entendre; ainsi des ouvrages d'un comique bourgeois, tels que les *Prétendus*, *Ninette à la cour*, quelqu'agréable qu'en soit d'ailleurs la musique, sont tout-à-fait indignes du *Théâtre des Arts*, où ils n'ont pu se conserver jusqu'ici qu'à l'aide des grands ballets d'action dont, par un autre inconvénient, ils servent à perpétuer l'abus.

Opéra pastoral.

Le drame pastoral a sa place sur la scène lyrique; mais la *muse de Sicile doit alors, en élevant sa voix au-dessus de la nature agreste, ennoblir l'églogue dramatique, et la rendre digne des regards de Pollion* [1]. Les sujets champêtres, propres à l'opéra, sont ceux où la nature peut s'embellir des couleurs poétiques, et l'imagination se jouer en liberté dans

---

[1] *Sicelides Musæ, paulo majora canamus,*
. . . .
Si canimus silvas, silvæ sint consule dignæ

le pays des fables. Ce sont les amours de *Daphnis et de Chloé*, et non les rustiques tendresses de *Lisette et de Colas*, qui doivent animer ces riants paysages où je veux toujours entrevoir Apollon sous l'habit du pasteur qui garde les troupeaux d'Admète.

La brièveté est une des conditions de cette espèce de drame lyrique, où des sentiments doux, des passions modérées agitent sans le troubler le calme de la vie champêtre. Je ne sais à quel défaut du cœur humain il faut s'en prendre du besoin d'agitation qui ne lui permet pas de jouir long-temps sans fatigue du spectacle d'un bonheur paisible; mais il est certain qu'on se lasse bien vite au théâtre d'entendre soupirer les bergers et les zéphirs, et qu'on manque rarement de s'y endormir au chant des oiseaux amoureux, et des ruisseaux limpides. Il est nécessaire de rompre quelquefois ce charme monotone, écueil du drame pastoral, en introduisant quelque loup dans ces bergeries, quelque épervier dans ces bocages, ou quelque torrent dans ces plaines, ne fut-ce que pour mettre l'innocence un moment en danger. Cette espèce de drame doit être bien difficile, car je ne citerai pas une seule pièce de ce genre au théâtre de l'opéra que l'on puisse offrir pour modèle. Le *Devin du village* est une charmante paraphrase d'une *ode d'Horace*, mais ce n'est point une pièce, et encore moins un opéra.

Opéra bouffon.

On ne sait point encore le parti que l'on pourrait tirer au théâtre du genre *bouffon* convenablement employé; les essais que l'on a tentés sont de nature à en dégoûter à jamais, et à justifier l'opinion de ces amateurs *sérieux* qui prétendent que c'est déroger à la dignité de l'académie de musique que de chercher à exciter le rire, sur une scène consacrée aux douleurs d'*Alceste*, et aux enchantements d'*Armide*.

Cette objection contre la gaieté ne doit pas avoir plus de force sur le théâtre de Quinault, que sur celui de Corneille, où l'on se permet aussi volontiers de rire avec le *Bourgeois-Gentilhomme*, que de pleurer avec le *Cid* ou *Mérope*. Le grand opéra bouffon reste tout entier à créer ; et comme il n'exige guère moins que le génie et le talent de l'auteur d'*Amphitryon*, il est à craindre que nous n'en soyons long-temps réduits à juger de ce que l'on pourrait faire en ce genre sur ce qui a été fait, et que l'on ne condamne irrévocablement le drame bouffon, sur l'idée qu'on s'en forme en voyant *Panurge*, les *Mystères d'Isis*, les *Prétendus*, ou telle autre production aussi insipide.

Sujets nationaux.

Je ne prétends point parler de ces pièces de circonstances dont l'adulation fait bassement hommage au pouvoir; la flatterie a son théâtre à la cour, et ne doit pas déshonorer celui de Polymnie : de son temps même, Quinault n'a pu se faire pardonner l'ennui de *ses prologues.*

C'est à célébrer les grands traits de notre histoire nationale, les mœurs si poétiques des vieux gaulois nos'ancêtres, les merveilleuses aventures des paladins de Charlemagne, les prouesses des chevaliers de Philippe-Auguste, les faits mémorables des Charles V, des Louis XII, des Henri IV, et même les prodiges que le génie du patriotisme a opérés sous nos yeux, qu'il convient de consacrer des chants véritablement français. Pourquoi le théâtre de notre Polymnie, à l'exemple de celui des Grecs, ne nous offriroit-il pas des pièces nationales, telles que les *Perses*, les *Sept chefs devant Thèbes*, où tous les arts uniraient leurs efforts pour enflammer les Français au récit de leur propre gloire; pour les enivrer de cet amour de la patrie, source inépuisable et pure du seul merveilleux que la vérité consacre et que la raison avoue?

Il faut le dire cependant, cette espèce d'ouvrage,

la plus importante par son objet, le plus noble par son but, est de toutes, celle qu'il importe le plus d'interdire à la médiocrité: il n'était permis qu'au seul Apelle de faire le portrait d'Alexandre; il n'appartient qu'aux Eschyle, qu'aux Tyrthée français de faire revivre sur la scène lyrique les héros de la France. Nous n'avons encore fait en ce genre que de timides essais; qu'on se rappelle néanmoins l'effet produit au théâtre, et sur le champ de bataille, par le bel hymne patriotique de M. Rouget de Lile, et par cette noble scène de l'*Oriflamme*, auxiliaire malheureusement tardif de nos légions attaquées par l'Europe entière.

Du style.

Si j'envisage le poeme d'opéra, non tel qu'il est, mais tel qu'il pourrait et devrait être, je ne reconnais qu'à un très petit nombre de nos plus grands poëtes, la flexibilité de talent nécessaire pour remplir dans toute leur étendue les conditions de style qu'impose le drame lyrique. Je dirai d'abord un mot des qualités générales, et j'examinerai ensuite, en les appliquant aux différentes parties du drame, celles que chacune d'elles exige plus particulièrement.

Je ne sais quel homme d'esprit s'est avisé de dire le premier, qu'il ne fallait pas de style à l'opéra: il y avait trop de gens intéressés à le prendre au mot, pour qu'on ne s'empressât pas de consacrer le précepte par une foule d'exemples; et tel a été sur ce point l'asservissement à cette règle, qu'on ne citerait pas depuis plus d'un siècle dix ouvrages de ce genre où l'on s'en soit écarté. En réfléchissant à l'acception que l'on donne quelquefois à ce mot, et à l'application qu'on en a faite sur d'autres théâtres, au style maniéré des Dorat et des Marivaux, sans doute on doit s'applaudir de ne point trouver ce genre d'esprit à l'opéra, et faire en sorte qu'il ne parvienne pas à s'y introduire : la simplicité un peu niaise du dialogue de l'auteur de la *Caravane*, est encore préférable à ce jargon alambiqué, à ce style pétillant où l'étincelle que l'on appelle le trait, résulte du frottement des mots, en un mot à ce faux bel esprit auquel la scène française a été long-temps en proie.

A l'exception de cet abus, ou plutôt de ce défaut d'esprit dont le goût du siècle commence à faire justice, la scène lyrique ne repousse aucune des qualités du véritable esprit; mais il en est qui appartiennent essentiellement à ce genre de poëme. Les développements, les gradations, les rapprochements ingénieux, la pensée même n'y sont que les accessoires plus ou moins indispensables d'un style qui vit principalement de sentiments et d'images. La précision, le naturel, la variété, la grace et l'énergie en font le mérite principal : dans tout ce qui doit être *chanté*, c'est-à-dire dans tout ce qui n'est pas récitatif, le poète doit se souvenir que les développements de la passion qu'il indique appartiennent au musicien, et qu'il doit être d'autant plus avare de paroles que celui-ci peut être plus prodigue de notes.

Ce qui assigne dans mon opinion le premier rang après l'épopée au grand drame lyrique, dont le modèle est encore à paraître, c'est l'universalité du talent poétique qu'il supposerait dans son auteur. Quel ouvrage en effet que celui où l'on trouverait, avec une action tour-à-tour noble, gracieuse, sublime et touchante, un dialogue comme celui de *Zaïre* ou d'*Iphigénie*, des chœurs comme ceux d'*Esther*, des monologues comme ceux d'*Armide*, des airs, c'est-à-dire des odes comme celles d'Horace, de Le Brun ou de Béranger, enfin un récit comme celui des *cantates* de Rousseau ! Ce n'est qu'après avoir trouvé un poète capable d'enfanter ce chef-d'œuvre, un compositeur digne de le mettre en musique, un chorégraphe, un peintre décorateur, des acteurs assez habiles pour l'exécuter, qu'on aura une idée juste et complète d'un genre d'ouvrage qui n'est encore connu que par des essais d'écolier, ou par d'informes ébauches de quelques grands maîtres.

Le rhythme est la partie du style la plus importante et celle qu'on a parmi nous le plus négligée. Jusqu'ici dans la poésie lyrique il se compose, comme dans la musique, de la mesure et du mouvement : des savans en *us*, tel que Vossius, par exemple [1], en partant de la définition de ce mot grec, qui signifie *cadence*, ont prétendu que le rhythme était sans effet dans les langues modernes et principalement dans la nôtre, où les syllabes sont comptées au lieu d'être mesurées ; d'où ils concluent que la poésie moderne n'est point favorable à la musique : il me semble qu'on peut se contenter de répondre à cette décision pédantesque par les chants admirables des Mozart, des Gluck, et des Sacchini, des Spontini. Les vers héroïques et décasyllabes ont dans notre langue un rhythme tout aussi prononcé que celui de l'hexamètre et du pentamètre latin ; c'est ce qu'il me serait, je crois, facile de démontrer en prouvant que les premières mesures des vers latins, composées le plus souvent de syllabes longues ou brèves à volonté, ne diffèrent pas essentiellement de notre prosodie, et que l'accent musical qui résulte pour les premiers de la place invariable du dactyle et du spondée, ou du spondée et des deux anapestes qui les terminent, se trouve, par rapport à l'harmonie, avantageusement compensé par la césure qui cadence le vers français, et par la rime qui repose une

---

[1] Dans son livre *de Poematum cantu*.

seconde fois l'oreille. Cette opinion, où la plupart des littérateurs pourra ne voir qu'un paradoxe, exigerait une dissertation approfondie dans laquelle je dois craindre de m'engager; il me suffit pour le moment d'établir que le rhythme est une des conditions indispensables des grands vers français. On n'en trouve aucune trace, il est vrai, dans les vers de quatre, de trois pieds, et dans ceux de moindre dimension; et cependant le rhythme y serait d'autant plus nécessaire qu'ils sont plus spécialement consacrés à la musique. Ce vice de notre prosodie lyrique est le seul reproche que j'aie entendu faire à notre langue par celui de nos grands compositeurs modernes qui en a peut-être mieux connu et mieux apprécié toutes les ressources [1].

Cette question discutée avec cet habile musicien, à l'époque où nous composions ensemble l'opéra des *Amazones*, m'a laissé convaincu de tous les avantages qui résulteraient, pour la poésie lyrique, d'un rhythme obligé pour toutes les espèces de vers, principalement dans les chœurs et dans les morceaux d'ensemble dont le plus grand effet résulte de la régularité du mouvement et de l'extrême précision de la mesure. Un exemple que nous avions sous les yeux venait à l'appui du précepte.

---

[1] M Méhul, qu'une mort précoce vient d'enlever à l'art musical où il s'est fait un nom justement célèbre.

Dans la troisième scène du premier acte des Amazones se trouvait un chœur de six vers de huit syllabes que devaient chanter les jeunes Thébains en accourant à des jeux pyrrhiques où Zéthus les instruisait dans l'art de la guerre: ce musicien avait trouvé un chant d'un effet remarquable auquel il était obligé de renoncer par l'impossibilité de l'adapter à des vers dont la prosodie contrariait à chaque mot le rhythme musical. Il fallait non seulement, pour conserver à ce morceau toute son expression, que la césure des vers y fût marquée à la troisième syllabe, mais qu'ils fussent coupés de manière à indiquer un repos à la sixième et à la huitième.

Mon collaborateur n'eut pas de peine à me faire convenir que si dans le cours d'un poëme il est des moments où la poésie doit quelque sacrifice à la musique, c'est particulièrement dans cette espèce de chœur : je m'astreignis dans celui-ci au rhythme que m'avait indiqué Méhul, et il en résulta le morceau le plus remarquable de l'ouvrage.

Depuis, j'ai essayé d'introduire ce système des vers rhythmés dans les principaux chœurs de mon opéra de *Velleda*.

DE LA MUSIQUE.

Il semble que l'art musical soit soumis à des révolutions périodiques, et que, sans jamais rien perdre de sa puissance, il soit destiné à changer sans cesse. Chaque siècle et chaque peuple a son genre de musique, et reçoit d'elle des émotions si vives qu'il ne manque guère de penser et de dire qu'il possède seul l'art musical, et que ses hommes de génie l'ont porté au plus haut degré de perfection possible.

Les variations de la musique dans tous les temps et chez tous les peuples, pourraient faire croire à un observateur léger qu'elle n'a point de base fixe, et qu'elle plaît comme la mode pour s'évanouir comme elle. Quand un cytharède athénien plaçait sur un chant facile deux octaves à l'unisson et continuait à suivre pas à pas sa mélodie en faisant résonner sur son instrument les notes mêmes que prononçait sa voix, les philosophes grecs n'imaginaient pas que jamais la suite des siècles pût rien ajouter à ce prodige de talent.

Lorsque la liturgie chrétienne eut forcé, au milieu des temps de barbarie, beaucoup de fidèles de tout âge et de tout sexe à chanter ensemble les mêmes hymnes, le contrepoint naquit; on inventa l'accord parfait, on s'enivra des charmes de la tierce; la basse la plus simple parut une merveille; et les savants disaient encore, les bornes d'Hercule sont là, et l'harmonie est forcée de s'arrêter.

Quand on imagina de marier, au commencement du dix-septième siècle, le son d'une flûte à la mélodie des violons, Lambert, auteur de cette tentative inouie, fut regardé comme un Orphée; Lully vint; il employa la trompette et les timbales; il osa confier à ses violons des basses arpégées et des accompagnements en croches, au lieu de la basse fondamentale et des longues tenues qui étaient leur partage exclusif. Nouvelle admiration; et de nouveau les amateurs répétaient : C'est le dernier période du goût en musique; les ressources de l'art sont épuisées.

Une immense réputation couronnait les travaux de Lully, quand Rameau, avec plus de science, vint régner à son tour: il nourrit les chœurs, il renforça l'expression, ou plutôt la psalmodie dramatique. Il cherche la vigueur et trouve l'emphase; les airs de Castor sont cités comme des modèles. Où trouver un compositeur plus dramatique, plus sublime, plus pittoresque? criait-on de toutes parts.

Mais un espace de vingt ans épuise cet enthousiasme. Les bouffons arrivent d'Italie; la lutte s'établit. Rameau la soutient d'abord avec quelque avantage; il se relevait tout meurtri, lorsque Gluck parut et renversa la gloire du vainqueur et des vaincus. Cet homme de génie change le système du théâtre lyrique; il forme ses acteurs, ses chanteurs, ses musiciens. Ses chœurs ne sont plus des assortiments d'instruments vocaux, sans ame et sans vérité; la lente et lourde mélopée de Rameau est remplacée par des accents énergiques, nobles, touchants; par une déclamation vraie, profonde, passionnée. Il réforme la scène; il en bannit à jamais l'ancienne école.

Piccini, Philidor, Gretry, Monsigny concourent à cette grande révolution musicale. Mon intention n'est point de passer ici en revue tous les noms qui ont jusqu'ici honoré l'école musicale française, mais seulement de faire observer la singulière instabilité de l'art. Cinquante ans se passent; les compositions de Gluck restent sublimes; mais Mozart a paru et l'instrumentation a fait des progrès immenses; un autre génie vingt ans après sait profiter des ressources nouvelles que l'art a conquises; Spontini s'assied au trône musical que lui dispute en ce moment Rossini: *adhuc sub judice lis est.*

L'art musical n'est donc pas fixé; mais doit-on affirmer qu'il ne le sera jamais? je suis loin de le croire. Il est un point culminant dans tous les arts, en-deçà duquel il n'y a que décadence, détérioration et abus. Quand la musique, enrichie de l'expérience des siècles, aura touché ce but, elle s'arrêtera et les changements qu'elle pourra subir alors ne tiendront qu'à l'emploi des rhythmes et au dessein des phrases, mais non à la constitution matérielle des parties et à la manière de composer et d'écrire.

La musique ne m'occupe ici que dans ses rapports avec l'art dramatique. Il s'est élevé une grande question parmi les philosophes; ils ont voulu savoir si la musique était imitative. Je crois la question mal posée.

Une série de sons donnés et successifs, une suite d'accords de différentes espèces, ont certainement des caractères différents. Un rhythme lent et un rhythme pressé laissent une émotion très dissemblable. On a remarqué, il y a long-temps, que pour changer totalement l'expression d'un air il suffisait d'en altérer le mouvement. La musette de Nina est l'un des motifs les plus mélancoliques qui aient été inventés jusqu'ici : pressez-en le mouvement, coupez-le par une mesure six-huit, vous serez étonné de reconnaître dans ce thème si doux et si tendre les notes et le chant tout entier de l'air bachique de maître Adam : *Aussitôt que la lumière.* Il n'est pas de contraste plus aisé à apprécier, ni d'expérience plus facile à faire.

Puisque l'impression produite par ces deux airs est opposée, et que les sens sont émus différemment des diverses manières de rhythmer, de mesurer, de chanter les mêmes notes, il est évident que la musique exprime quelque chose. On n'est que vaguement agité de ce qui est vague dans son essence : ici au contraire, la nuance est tranchée et facile à saisir. Telle mesure et telles notes expriment la douleur; telles autres expriment la joie.

En admettant ce fait comme point de départ d'un principe fixe, on voit tomber d'eux-mêmes tous les sophismes débités à propos de l'imitation musicale. La musique n'est point imitative, mais elle est expressive. Elle n'exprime pas tout; elle n'exprime rien d'une manière déterminée, et la force de l'émotion qu'elle donne naît souvent de cette incertitude même. Elle sera martiale ou mélancolique, suave ou vive, champêtre ou sauvage, gaie ou funèbre; mais elle sera toujours incapable de rendre les nuances nombreuses de ces diverses émotions; elle ne pourra pas même établir une différence notable entre la manière de rendre les fureurs de l'ambition et les fureurs de la vengeance.

La voix, sous l'empire des passions différentes, emprunte différents accents. Le devoir de la musique et la seule imitation que cet art puisse atteindre et accomplir c'est de rappeler les accents de la nature et de communiquer, en les reproduisant, les mêmes sensations qui leur ont donné naissance.

Mais des artistes inhabiles ont déshonoré leur

art, en cherchant des effets que sa propre nature lui refuse. Ils ont cru pouvoir imiter avec des sons, non seulement les cris et la voix des passions humaines, mais les phénomènes matériels. Tel veut imiter le chant du coq, et tel autre le galop du cheval; Handel intitule une de ses sonates, *Water musick*; (musique aquatique) et veut y faire entendre le mugissement des cataractes; Cozelli a prétendu exprimer par des arpéges, l'adoration des bergers qui ploient le genou devant *Jésus enfant*; Raymond a été plus loin, il a mis en symphonie toutes les *Aventures de Télémaque*, qu'il a fait exécuter à Amsterdam. Enfin, on a vu en 1824 un pianiste français publier une sonate au bas de laquelle se trouvaient ces mots singuliers : « On trouvera l'ex-« plication de cette sonate dans Homère, traduc-« tion de Bitaubé, *tel livre, telle page.* »

Ces puérilités ne peuvent nuire à l'art, et le ridicule qui s'y attache ne fait de tort qu'à quelques artistes assez malheureux pour adopter un système absurde.

L'imitation musicale, ou pour nous servir d'une expression plus juste, l'expression musicale a deux sources différentes, la mélodie et l'harmonie. La mélodie est une succession de sons, fruit d'une inspiration heureuse. Le chœur religieux, chanté à l'unisson parfait; la romance, chantée par une voix seule, sont une mélodie; le pâtre, en menant sa charrue, invente des mélodies; l'Écossais sauvage chante sans art les traditions de son clan; le Sicilien fait danser les femmes du hameau au son de sa petite flûte. On se souviendra long-temps des mélodies de Jean-Jacques Rousseau et de M. Rouget de Lisle. Il ne faut pour les produire que peu de science, mais il faut plus, il faut de la sensibilité, de l'imagination, et du goût. Les Italiens ont sur-tout réussi dans la création de leurs mélodies. Tout le monde admire les inspirations faciles et élégantes de Cimarosa, les ravissantes mélodies de Pergolèse.

L'école allemande a sacrifié davantage à l'harmonie. L'harmonie se charge de développer les idées que la mélodie présente; de réveiller l'attention par l'imitation de ces mêmes idées, portée dans l'orchestre; de suspendre le sens des périodes musicales; de varier leurs intentions, de les ramener, de les nuancer, de faire servir en un mot à rehausser le chant principal, cette multitude de subtilités harmoniques, inventées par des hommes de génie et profanées par des pédants. Si vous n'êtes qu'harmonistes et que vous n'ayez pas de génie, vous ne produirez qu'une musique dure et bizarre, incapable de plaire, sans clarté, sans simplicité, sans effet. Si vous vous contentez d'inventer des chants aimables et gracieux, vous tomberez souvent dans l'incorrection et dans cette facture molle que l'on reproche avec raison à nos premiers opéra comiques.

Mais quoi! ne peut-on, à ces chants suaves, à ces mélodies simples, gracieuses, brillantes, unir l'originalité et la science des accompagnements? Quel est ce préjugé qui voudrait partager en deux la science musicale? Suffit-il pour être compté parmi les compositeurs de présenter au public une série d'accords singuliers et durs, un charivari sublime, né des plus abstraites combinaisons de l'algèbre? L'auteur de quelques vaudevilles accompagnés à la tierce, usurpera-t-il le même titre? non; il ne faut pas en faire à deux, comme dit Montaigne; et la véritable musique ne se compose que de l'alliance étroite et bien combinée de la mélodie et de l'harmonie.

Mozart, dont on ne contestera pas le savoir, n'a point de rivaux pour l'invention des chants simples et faciles. Cependant quelle richesse d'accompagnement! avec quel art profond il tire d'un seul motif le sujet du morceau le mieux fourni d'harmonie, comme disent les compositeurs! De quelle phrase simple et heureuse il se sert pour varier les traits de l'orchestre, pour ramener le motif principal, pour introduire le chant éclatant des instruments à vent, et réunir les trésors qu'un pédantisme sans ame eût prodigué sans effet!

Telle est la route suivie depuis vingt ans par l'école française. C'est pour ainsi dire un éclectisme musical. Méhul, Chérubini, Catel, Boyeldieu, Berton, Spontini sur-tout, ont joint aux avantages de l'orchestre allemand, la vérité, la simplicité, la grace et la mélodie italienne.

C'est le poème seul qui donne un sens réel à la musique. C'est lui qui prête à son charme vague une couleur certaine et fixe. La première condition à laquelle doit s'astreindre le compositeur de musique théâtrale, c'est l'expression. Il ne saurait trop étudier le poëme, se pénétrer trop profondément de ses intentions, s'identifier trop complétement aux passions des personnages créés par son collaborateur. Ce n'est pas le sens des mots qu'il doit suivre, c'est la marche des sentiments et leur développement progressif. C'est d'une manière générale que les airs doivent se conformer aux paroles; un long fredon sur le mot volage est un calembourg musical; Grétry est ridicule quand il figure sur le papier *la chaîne d'hymen* que le poète a placée dans ses vers; l'imitation musicale agit en masse, pour ainsi dire, et doit frapper l'ame par un ensemble de sons et non par des détails minutieux.

L'expression musicale repose sur une seule base; c'est la justesse et la vérité de la déclamation. Gluck vivra éternellement par sa déclamation: c'est par-là que la musique conservant et même exagérant les inflexions des passions, obtient les plus magiques effets.

« Je dirais aux musiciens : « Déclamez avec justesse, et que vos chants, unis à l'action, peignent toujours rapidement les sentiments qui s'y joignent. Qu'ils soient avant tout, francs, naturels, et pleins de vérité. Que rien ne s'oppose à ce que l'on entende chacune de vos paroles, et que les accompagnements soient disposés de manière à ce que tout soit compris. Gardez-vous de ces longs développements musicaux, très bons dans une symphonie, de ces ornements prodigués qui conviendraient dans un morceau instrumental. Plaire est la première nécessité de votre art, émouvoir en est la seconde. Il s'agit de soumettre aux séductions de la musique une foule inattentive et ignorante, de l'enchaîner pour ainsi dire, et de l'agiter de toutes les passions violentes que votre poète exprime ; d'y faire circuler ce délire de l'admiration, cet étonnement, ce frisson, qui marquent les grands effets de la musique, et qui en signalent la puissance.

« Que la passion respire donc dans vos chants ; qu'elle domine encore votre orchestre. Non seulement la voix de vos chanteurs doit enflammer et émouvoir, mais il faut que vos instruments eux-mêmes soient, comme le disait l'abbé Arnaud, « des « voix sensibles, qui rendent des sons terribles et « touchants, et s'unissent toujours à l'action pour « en fortifier ou en multiplier les effets. »

« Imitez les grands maîtres, qui ne se contentent pas de faire chanter la partie vocale; tout ce que le personnage ne peut pas dire, toutes ces passions cachées, tous ces sentiments secrets qu'il faut exprimer autrement que par des paroles, tous ces traits qui en se mêlant aux airs, leur servent pour ainsi dire de commentaire et d'explication, toutes ces actions trop rapides ou trop compliquées, doivent trouver dans l'orchestre leur peinture, leur explication, ou leur complément. »

Quelles ressources infinies d'expression et d'éloquence musicale un homme de goût ne trouve-t-il pas dans ces moyens d'expression. Les sons mélancoliques du hautbois, les accents brillants et tendres du cor, les notes graves du basson annoncent ou préparent les émotions différentes auxquelles le musicien veut livrer tour-à-tour ses auditeurs. Ces chants de l'orchestre qu'il ne faut point confondre avec les accompagnements, peuvent seuls exprimer la pensée, l'émotion secrète du personnage qui s'efforce de la déguiser dans ses discours. Qu'un bruit de guerre se fasse entendre, qu'une troupe de soldats se mette en marche, que l'appel du cor fasse retentir les bois, qu'il s'agisse de peindre en musique le commencement ou la fin d'un orage, une vallée champêtre, un paysage sombre et terrible, c'est le chant instrumental qui est chargé de cette partie.

En continuant d'adresser des conseils au compositeur, il faudrait ajouter : « Que vos accompagnements soient clairs, que la basse soit toujours celle qui fait le mieux ressortir le rhythme et qui convient le mieux à votre idée, que vos rentrées d'instruments soient distribuées avec adresse, que rien n'étouffe la phrase musicale, que l'air et l'accompagnement semblent nés du même jet et fils de la même inspiration. Soyez riche d'harmonie sans multiplier vos moyens. Il ne s'agit pas de prodiguer le bruit, mais d'augmenter l'effet. »

Sans nous arrêter à décrire les combinaisons matérielles d'un art que des mots parviennent rarement à bien expliquer, passons aux différentes parties constitutives d'une partition d'opéra : nous trouvons l'ouverture, le *récitatif*, les *airs*, les *chœurs*, les *morceaux d'ensemble*, et les *airs de ballets*. Le premier et les trois derniers morceaux se rapportent à la science de l'harmoniste; la mélodie doit dominer dans le reste de l'ouvrage.

Une ouverture ne doit pas être, comme on a eu tort de le dire, un abrégé complet et une espèce de table des matières musicales, des sentiments et des idées qui se trouvent dans un opéra. Il suffit que la couleur générale d'un ouvrage s'y retrouve. On admire généralement l'ouverture de *Didon*, qui se compose d'une foule de motifs incohérents, qui se succèdent et ne s'enchaînent pas. Le charme et la violence des passions respire dans l'ouverture de *la Vestale*. Celle de *Joseph* se distingue par une gravité touchante et religieuse. Il y a de l'esprit et de l'enjouement dans celle du *Mariage secret*, une grace fantastique et bizarre dans celle de *don Juan*, une verve inépuisable dans celle du *Figaro*, de Rossini.

Il est nécessaire que l'ouverture, quel qu'ait été d'abord son caractère, vienne s'unir aux premières situations de la pièce, et annonce bien les personnages qui vont paraître. C'est ainsi que sont disposées les ouvertures que nous venons de citer. Gluck, Méhul, et Catel, ont quelquefois supprimé l'ouverture, et se sont contentés d'écrire une rapide et brillante introduction. Cette innovation n'a pas dû être imitée, malgré la beauté remarquable des morceaux de ces maîtres. Il semble qu'un opéra, où la puissance des sons va tenir tant de place et exercer un si grand empire, doit nécessairement être précédé d'une préface en musique, qui annonce nettement le genre de l'ouvrage, et déclare que l'intention des auteurs est de séduire par les ressources de la mélodie et de l'harmonie, et de préparer l'oreille de l'auditeur aux impressions qu'elle doit transmettre jusqu'à son cœur. Trop longue, l'ouverture, changée en symphonie, perdrait son caractère; l'impatience des assistants appellerait de tous ses vœux le lever de la toile et la fin du morceau. Tel est l'effet que produisent l'ouverture de *Didon*, celle d'*Orphée*, et peut-être celle de *Fernand-Cortez*.

C'est au genre instrumental qu'appartient l'ouverture; et le grand compositeur y déploie tout ce que la connaissance de son art lui fournit de richesses, un dessein vigoureux, une forte harmonie, la variété, l'effet, la grace, le retour combiné de plusieurs motifs en contraste, et toute la magie de l'instrumentation.

Aucune passion ne vient-elle animer votre personnage? s'il cause, s'il médite, s'il raconte, la musique se contentera de déclamer un peu plus fortement que sur la scène tragique et comique; cette mélopée s'appelle *récitatif*, repos naturel et agréable à l'oreille, que la continuité des chants fatiguerait; moyen de séparer les airs et de les faire ressortir; d'établir de l'unité dans l'idiome du drame.

Tout ce qui est récit, narration, dialogue, appartient au récitatif: comme il n'a pas de mesure, l'acteur prolongera les sons et déclamera suivant les inspirations de son talent; de belles phrases de chant peuvent se rencontrer au milieu du récitatif ordinaire, et lui prêter du charme; de beaux traits d'orchestre peuvent éclairer pour ainsi dire le silence et les cris entrecoupés de l'acteur et leur servir de commentaire. Quand on joint la mesure au récitatif, c'est que l'on a besoin de frapper l'attention, et de la fixer sur une phrase, sur une pensée.

Le récitatif *mesuré* fait un pas de plus vers le chant : si l'orchestre et l'acteur se trouvent dans une dépendance mutuelle, s'il s'établit entre eux un dialogue de passions, s'ils sont forcés de s'attendre et de se répondre, ce genre de récitatif nommé récitatif *obligé* se rapprochera davantage encore du système de cantilène adopté pour les airs.

Tels sont les degrés de récitatifs, par lesquels on arrive à cette autre mélopée, plus hardie, remarquable par de plus grands intervalles, et qui ne sert qu'à exprimer les grandes passions et les sentiments tendres ou vifs. Un récitatif peut être l'œuvre du génie. Ecoutez dans *Alceste* le monologue de l'hyérophante ; et dans la *Vestale*, l'anathème lancé par le souverain pontife ; quelle énergie, quelle vérité, quelle force ! Comme ces deux prêtres sont remplis du Dieu qui les possède.

L'*air* est l'expression la plus vive et la plus passionnée d'un sentiment où le cœur se complait : il renferme ce qu'il y a de plus précieux, et pour ainsi dire l'essence de l'art musical, la passion. Le grand air l'*Aria* est sur-tout consacré à cette expression déchirante ; on doit citer comme des modèles dans ce genre, *Divinité du Styx* d'Alceste, *Non, Médor n'est plus rien pour moi* de Roland, *O d'un pouvoir funeste* de la Vestale.

L'*air* est aussi consacré à l'expression d'émotions plus légères. Les mouvements de polonaise, de boléro, se prêtent à un caractère de chant plus gracieux et souvent comique. La cavatine est un petit air, auquel la rapidité des événements et de l'action, défend que l'on ne donne une grande étendue; morceau très simple, qui doit être suave, pur, et d'une harmonie douce et facile.

Que le compositeur étudie les voix qu'il emploie dans ses airs, partie la plus importante d'un opéra; qu'il fasse briller leurs belles notes, et qu'il ait soin d'écrire sa partition de manière à ce qu'après la reraite du grand chanteur de l'époque, elle ne tombe pas dans l'oubli; qu'il sache user, sans être prodigue, de ces répétitions de paroles qui concourent à l'expression, mais qui, trop souvent ramenées, sont pour l'auditeur la plus cruelle des fatigues.

De la même vivacité d'émotions qui amène le grand air naissent aussi le *duo*, le *trio*, le *quatuor*: ce sont, comme l'a très bien dit un musicien, des airs à plusieurs voix; dans l'*air*, la situation est renfermée tout entière au sein du personnage qui chante; dans les autres morceaux, elle se partage entre plusieurs personnages qui prennent à l'action une part différente, et qui sont agités de passions diverses.

Ordinairement le *duo* commence par un chant large, divisé en solo; et suivi d'un dialogue plus bref et plus serré que termine un ensemble éclatant.

Cette marche change quelquefois : quand la passion est vive et impétueuse chez les deux interlocuteurs, on les entend partir en même temps et souvent à l'unisson.

Il n'est pas vrai que le chant simultané de deux personnages soit contraire à la nature. Adoptez une fois le langage musical, il faut vous soumettre à toutes ces particularités caractéristiques, qui en composent pour ainsi dire l'idiotisme. C'est la langue des passions ; la prudence humaine, les convenances sociales n'entrent pour rien dans la sphère où le musicien vous transporte. *Jurons de nous aimer toujours*, s'écrient en même temps les deux amants dans le beau *duo* d'Atys. On peut affirmer que la musique ne fait une si grande impression sur les hommes, que parcequ'elle dégage pour ainsi dire les passions de toutes les idées sociales, qui les recouvrent et les embarrassent. C'est le cri de la nature : *Musicæ sermonis accentus*.

Un duo peut être un long aparté entre deux personnages. Si la situation est piquante, on passera aisément sur l'invraisemblance d'un tel moyen.

Le *trio* est d'un plus bel effet que le duo ; il complète l'harmonie ; les deux voix trouvent leur basse, et l'habile compositeur peut quelquefois, comme dans le trio de *Fernand-Cortez* et l'*O salutaris* de Gossec, se passer de l'orchestre. Il est des règles sévères auxquelles doit s'astreindre le compositeur d'un *trio*, et qu'il serait aussi déplacé qu'inutile d'énoncer ici. Je ne parlerai ni du *trio* en canon, ni du trio qui réunit trois motifs d'un style opposé : je me contenterai de citer le beau trio d'*OEdipe à Colone*, et celui de *Fernand-Cortez*. C'est dans le trio que le compositeur peut offrir le travail le plus complet et le plus pur, et unir toute la vigueur de l'harmonie aux graces d'une mélodie en contraste et partagée entre trois chanteurs.

Le *quatuor* (où Méhul a déployé un si beau talent), le *quintetti*, le *sextuor*, le *septuor*, sont soumis aux règles que nous avons énoncées plus haut. Presque toujours le *sextuor* et le *septuor* sont des *finales*.

On peut regarder le *finale* comme le dernier résultat de la combinaison de la mélodie et de l'harmonie de toutes les passions mises en jeu ; de toutes les expressions musicales réunies, et contrastées. Quand une situation pressante anime, agite tous les personnages, quand leurs intérêts différents les pénètrent d'émotions opposées, quand le tumulte de la scène est à son comble, formez de cet ensemble un finale. Que l'air, le duo, le trio, le quatuor, le sextuor, le septuor, que les chœurs même viennent s'y confondre. Que les effets harmoniques en augmentent la fougue, le pathétique, l'éclat, la chaleur. Que toutes les intentions se dessinent nettement sur un motif principal, et que l'unité la plus parfaite en domine l'ensemble. M. Rossini excelle dans ce genre de composition, où M. Spontini l'a peut-être une fois surpassé : on s'accorde généralement à regarder le *finale* du second acte de la Vestale comme le chef-d'œuvre du genre.

Les *chœurs*, par leurs masses imposantes, par leur majesté, succèdent avec pompe aux duo, aux trio, chantés par des voix différentes. Ces accents d'un peuple tout entier, ces chœurs doubles qui contrastent, ces rhythmes vigoureux, rappellent l'art à sa simplicité primitive. Avant que Gluck ne changeât les *chœurs* en des personnages animés et passionnés, on les entendait, comme des instruments vocaux, immobiles sur deux rangs, pousser avec effort quelques notes sans effet. « On n'imagine pas, « dit Ginguené, la peine que coûta à ce grand com- « positeur la réforme des chœurs. » Il parvint à les employer sur la scène; une sédition, un tumulte, un sentiment vif animant tout un peuple, furent ainsi mis en action. Depuis que Gluck, toujours vivant dans ses immortels ouvrages, a quitté la terre, ses leçons ont été trop oubliées. On a revu trop souvent le double espalier de choristes s'appuyer sur les décorations qui bordent chaque côté de la scène, et détruire l'effet dramatique par leur immobilité ou le ridicule de leurs poses.

Un beau chœur exige la connaissance profonde de l'harmonie, et un génie fécond en motifs larges et faciles. On doit citer en première ligne le chœur terrible d'Orphée : *Quel est l'audacieux?* le chœur des Danaïdes : *Oui, qu'aux flambeaux des Euménides!* celui des Bayadères : *Des plaisirs source féconde!* celui d'Alceste : *Dieu puissant; écarte du trône!* celui de Didon : *Dieu des Troyens;* et surtout celui de la Vestale : *De son front que la honte accable!*

Les airs de *danse*, les *marches*, les *entr'actes*, appartiennent à la symphonie; et nous croirions dépasser les bornes que nous impose notre propre ignorance de la partie technique de l'art, si nous cherchions à leur assigner des règles.

Je m'engagerai moins encore dans une discussion approfondie du mérite différent de tous les grands compositeurs : il me suffira de dire quelques mots de leur style, et des impressions qu'ils ont laissées. Gluck a une manière vigoureuse, une déclamation vraie et mordante, une fougue qui l'emporte et l'entraîne. Né vingt ans plus tard, il eût donné à ses admirables ouvrages une coupe et une forme plus musicales. Sacchini me semble doué d'un génie pathétique et suave, qui n'est pas exempt de quelque monotonie. Piccini excelle dans ce qui ne demande que de la douceur, de la grace ou l'expression de la douleur. Ses accompagnements sont pleins; sa facture est large. Parmi les compositeurs vivants, M. Chérubini a le premier, sur notre scène lyrique, réuni le charme de la mélodie italienne aux savantes combinaisons de l'harmonie allemande. M. Catel se distingue par la pureté, la grace, et l'élégance du style. M. Spontini mêle tous les rhythmes, les croise, augmente leur effet par leurs contrastes. Il épuise les ressources de son art; et je ne vois que Mozart qui, avec une économie plus sage peut-être, ait produit d'aussi grands résultats. Je ne parlerai point de M. Rossini. Cet éclatant météore, qui semble en ce moment embraser plutôt qu'éclairer la scène, n'a point encore paru sur notre horizon musical.

DANSE ET DÉCORATIONS.

La perfection de l'opéra résulte moins de la perfection de toutes les parties qui le composent, que de leur harmonie. Il en est de ce genre de spectacle comme d'un orchestre où des instruments admirables peuvent se faire entendre, sans contribuer en rien à rendre le concert meilleur. Dans ces derniers temps, la danse a fait des progrès immenses; mais, trop isolée de l'opéra, elle a voulu briller seule, et n'a fait que nuire au lieu de servir.

Les poses les plus belles et les plus gracieuses, les pas les plus étonnants sont inutiles, s'ils ne concourent pas à l'action du poeme. Le véritable chorégraphe distribue ses masses, fait agir le peuple, imite sur la scène les mouvements tumultueux d'une révolte, le délire d'une bacchanale, le tumulte voluptueux d'une fête, la marche d'une armée. Certes pour imiter avec vérité, pour représenter d'une manière pittoresque et frappante, ces évolutions, ces mouvements, il faut beaucoup de talent, d'étude, et même de génie; et quand on a cette tâche à remplir, il n'est pas besoin d'avoir recours à ces danses postiches, espèces de scènes à tiroir; à ces pas qui peuvent se placer par-tout, et qui ne servent qu'à faire paraître un danseur d'office, dont la présence inattendue détruit l'unité de l'ouvrage.

Je ne parle pas du système absolument faux de ce qu'on appelle ballets d'action. Ces pièces, où l'on ne fait que danser, divisées en trois actes et remplissant une durée de trois heures, fatigueraient l'attention la plus persévérante. Un ballet d'action ne devrait avoir qu'un acte. C'est la mesure de l'attention qu'un public raisonnable peut prêter à un genre de divertissement où les yeux seuls sont intéressés.

Les ballets, placés dans un opéra, ne sauraient être trop étroitement unis à l'ouvrage. Faire asseoir le prince, afin que la danseuse à la mode exécute devant lui quelques pirouettes, est une des mauvaises plaisanteries les plus communes, auxquelles ait été exposé le public de l'opéra. Schiller, en plaçant une fête dans son drame de Fiesque, et faisant de cette fête le centre de la conjuration, a indiqué la place d'un ballet d'opéra, et la manière dont il doit le rattacher aux corps de l'ouvrage. On doit citer les séductions des nymphes d'Armide, la bacchanale des Danaïdes, la conspiration des Bayadères, comme des exemples de ballets vraisemblables et qui augmentent l'intérêt de l'opéra. Les danses dans Œdipe, dans Orphée, dans Alceste, où il s'agit de funérailles et de douleurs immortelles, sont extrêmement déplacées; le chorégraphe doit s'occuper de cette sorte d'action, mais uniquement pour en disposer les plans, et en grouper les détails.

Le chorégraphe est un véritable peintre qui trouve ses figures toutes faites, et qui n'a qu'à les poser. Toutes les ressources de la peinture lui sont offertes; il n'y a rien qu'il ne puisse tenter. N'accusez que la stérilité de son génie, si vous ne trouvez ni invention, ni grace, ni éclat dans les tableaux mouvants qu'il vous offre. S'il a nourri son esprit par l'étude, comme M. Milon, il vous donnera une idée exacte des mœurs du pays où se passe la scène; s'il a, comme Dauberval, de la gaieté et de la verve, il ajoutera des traits muets et piquants à la gaieté du dialogue; s'il est plein de grace et d'imagination, comme M. Gardel, il excellera dans les ballets mythologiques, et dans ceux qui entrent comme partie essentielle dans la composition des drames lyriques.

Le chorégraphe décide du costume. Dans cette partie, comme dans les décorations, on ne peut apporter une vérité trop exacte, une fidélité trop sévère. Que l'opéra soit un tableau ou plutôt un miroir des mœurs de tous les peuples. Si vos Persans portent l'habit des Romains, vous détruisez d'un seul coup toute l'illusion que vous alliez produire. Les gestes mêmes et le dessin des pas, ont un caractère national que le chorégraphe doit étudier et suivre.

Cette vérité trop négligée de notre temps, a fait admettre dans tous les ouvrages une danse de même genre : c'est une faute grave et à laquelle on ne peut remédier trop tôt.

Que le décorateur s'attache à la même variété de costume. Qu'il reproduise les sites et les souvenirs tels qu'ils existent, tels qu'ils ont existé, en se contentant de les embellir du prestige de son art. Il ne peut trop vivement frapper la vue et l'intelligence ; il ne peut trop s'empreindre pour ainsi dire de la couleur locale.

Messieurs Degotti, Cicéri, et Daguerre, ont porté à toute sa hauteur l'art de peindre les décorations ; mais en tout ce qui regarde la mécanique théâtrale, non seulement l'art n'a fait aucun progrès, mais à quelques égards il a rétrogadé, du moins à en juger par les descriptions qui nous restent des prodiges qui s'exécutaient à l'Opéra sous le règne de Louis XIV.

Ces lambeaux suspendus et balancés par le vent, donnent-ils une idée du ciel qu'ils sont censés représenter. Pour arriver à une sorte d'illusion ne pourrait-on pas diviser le ciel en parties parallèles et jointes ensemble, dont chaque portion serait susceptible de rentrer dans son tiroir, pour faire place à la descente des gloires et aux mouvements des vols, que l'on peut avoir besoin d'exécuter.

Un défaut du même genre a été observé depuis long-temps dans la manière d'éclairer la scène. C'est d'en-bas que s'élève le jour, et c'est derrière les acteurs ou au-dessus de leur tête que le soleil se montre. Si l'ombre des édifices se projette et semble annoncer la présence de l'astre au fond du théâtre, la rampe contrarie cette disposition, éclaire les acteurs en dessous, les défigure, grossit les traits, ouvre les narines, prête aux yeux une expression désagréable. L'invention du gaz pourrait fournir une solution à ce problème. Peut-être en disposant une rampe ou un tuyau horizontal au-dessus de la toile du fond, et d'autres dans des directions différentes, parviendrait-on à éclairer les objets comme ils le sont dans la nature.

Je quitte avec regret un sujet que j'aime et que j'aurais voulu traiter avec plus de développement; mais l'âge arrive, le temps me presse et m'avertit que je dois laisser à de plus jeunes mains le soin d'achever et de décorer ce palais magique des voluptés, dont le génie des arts n'a encore posé que les fondements.

Dans plusieurs de mes opéras j'ai introduit quelques innovations, que le succès a couronnées; je serais heureux de penser que ces tentatives en inspirassent de plus hardies, et que j'eusse favorisé de nouvelles découvertes, dans un monde qui a aussi ses terres australes.

INDUSTRIE.

INDUSTRIE.

DISCOURS SUR L'INDUSTRIE [1].

DÉDIÉ AU COMMERCE DE FRANCE.

On a fait peu de livres sur l'industrie; une sorte de dédain, dont les grands écrivains ne se rendent pas compte, détourne leur pensée de ces occupations manuelles, de ces travaux mécaniques, qui fertilisent tout, qui répandent par-tout l'abondance et la vie, et sans lesquels on verrait la société se dissoudre et les penseurs mourir de faim.

L'imagination qui conçoit, le talent qui exécute, tels sont les deux grands moteurs de la machine sociale : le génie, qui spécule et contemple; l'esprit, qui combine les idées abstraites, décorent l'édifice que l'industrie élève.

Le tort des peuples barbares est de tout accorder à la puissance matérielle; l'erreur des nations civilisées est d'accorder trop d'influence à la puissance morale, et de réserver leur admiration pour

---

[1] Ce discours servait de préface à une brochure de circonstance qui fut publiée en 1821, sous le titre : *Etat actuel de l'Industrie française,* ou coup d'œil sur l'exposition de ses produits dans les salles du Louvre, en 1819.

des spéculations trop souvent stériles: l'industrie rétablit l'équilibre entre ces deux pouvoirs.

Vouloir appuyer la société sur des abstractions, c'est renverser la pyramide, et chercher à la faire tenir sur sa pointe.

Les peuples sans industrie sont nécessairement destructeurs; les nations industrieuses sont nécessairement conservatrices. Honneur à l'Industrie! elle a civilisé le monde: ses découvertes, ses combinaisons, ses progrès, sont les seuls garants certains de la prospérité des états; *c'est elle,* comme le dit Voltaire, *et non pas l'or ou l'argent, qui leur donne l'abondance et la richesse.*

L'industrie influe sur les arts et sur les lettres; et, en favorisant les découvertes, elle agrandit la sphère intellectuelle. La puissance du génie de l'homme n'est pas moins fortement empreinte dans l'invention de la pompe à feu, que dans l'invention du poëme épique; dans la découverte de la machine à faire des bas, que dans l'art de narrer les actions humaines en vers ou en prose.

La seule découverte de l'imprimerie a été plus avantageuse aux progrès de l'esprit humain, que les sublimes intelligences d'Aristote, de Bacon, et de Voltaire.

Elle est un germe immortel de perfectionnement et d'émancipation parmi les hommes. Semblable à cette course aux flambeaux, en usage parmi les

Grecs, et où l'on voyait les lumières changer de mains sans jamais s'éteindre ; par elle, les conquêtes des siècles passés se transmettent aux siècles à venir ; la pensée ne peut plus mourir ; la civilisation ne peut plus reculer. Puissance plus forte que tous les rois de la terre, l'imprimerie, désormais, unit par une chaîne invisible et indissoluble, les hommes de tous les lieux et de tous les âges ; elle brave les commotions politiques, les invasions des barbares, la sottise et la tyrannie des gouvernements.

Ils ont droit, sans doute, à l'admiration des siècles, les génies immortels, qui semblent avoir étendu jusqu'aux régions célestes l'empire de la raison humaine ; mais c'est à la reconnaissance des hommes à consacrer les miracles de cette industrie bienfaisante, à qui la civilisation est redevable de ses progrès.

Quelle patience, quelle sagacité, quelle intensité de méditation n'attestent pas ces milliers de découvertes, dont nous recueillons les fruits avec tant d'indifférence, et je dirais même d'ingratitude, en songeant que les noms de la plupart de leurs auteurs sont restés inconnus !

Quel est l'inventeur de la charrue ? Quel est celui qui a trouvé le moyen de fondre un sable grossier et d'en former des murs transparents ; de parcourir les mers sur la foi d'une aiguille aimantée ; de mesurer le temps, de forcer l'eau à remonter vers sa source; d'asservir, de transformer tous les éléments; de tirer de la vapeur la plus légère un des agents les plus puissants de la nature? On l'ignore.

Ce n'est peut-être pas dans la pensée écrite, mais dans la pensée utile mise en œuvre, c'es-à-dire dans l'industrie, qu'il faut chercher le dernier effort de l'esprit humain.

Essayons d'en suivre le développement. L'industrie chez les anciens obtint de grands résultats et laissa d'immenses lacunes[1]. C'est à eux que nous devons la métallurgie, l'architecture, l'emploi des plantes textiles et tinctoriales, les instruments et les pratiques de l'agriculture. Les Babyloniens, qui ne savaient pas construire une voûte, savaient teindre la pourpre. Les mêmes Égyptiens, qui semblaient parodier la nature, en élevant à la surface de la terre les carrières qu'elle enfouit dans ses entrailles; les constructeurs de ces colosses immortels par leur masse, et dignes, par leur pesanteur informe, de servir de monuments à la plus ancienne race des rois oppresseurs; ces Égyptiens en un mot, qui ne nous ont légué que les vestiges gigantesques de l'en-

[1] Dans la première édition de ce discours j'avais commis à ce sujet quelques erreurs que j'ai redressées dans celle-ci, d'après les excellentes observations qui m'avaient été faites dans un article du journal du commerce (1ᵉʳ novembre 1821), dont je regrette de ne pas connaître l'auteur.

fance de l'architecture, savaient varier les couleurs des étoffes de laine, et diversifier leurs dessins par les combinaisons les plus ingénieuses de la chaîne et de la trame. Le lin travaillé avec une étonnante perfection servait aux vêtements de leurs prêtres et de leurs monarques. Le coton, qu'ils cultivaient et qu'ils mettaient en œuvre, était la parure de leurs femmes, et l'ornement de leurs maisons.

C'est ainsi que l'histoire tout entière de l'industrie chez les anciens offre, si j'ose le dire, une hémisphère lumineuse et une hémisphère de ténèbres. Les Grecs si richement dotés sous le rapport de l'intelligence et de l'imagination ignorèrent l'usage de la *grue*, ce levier si puissant et si simple. Fidèles à un système politique, qui les déshonore à jamais, ils négligeaient le moulin à eau qu'ils avaient inventé, pour ne point laisser leurs esclaves sans occupation et sans supplice. Phidias ornait de statues des palais superbes; et la gravure, qui n'était point encore inventée, ne pouvait perpétuer ses chef-d'œuvres. Long-temps avant que les soiries de l'Inde fussent connues, Aspasie portait de la soie de Coos, d'une finesse admirable; et son boudoir, enrichi de tableaux de Parrhasius et d'Apelle, n'était éclairé que par des morceaux de bois d'olivier, qui brûlaient dans des réchauds d'argent. Sans boussole, et sans instruments astronomiques, les navigateurs grecs, visitèrent des côtes éloignées; mais, ni leur audace ni leur adresse; ne pouvant assigner d'une manière précise la position des lieux et leur situation respective, leurs plus importantes découvertes furent donc perdues pour leurs successeurs. Toujours occupés de la rectification de leurs calendriers, tantôt retranchant un jour, tantôt une heure, tantôt un mois de l'année, ils se virent forcés d'errer de conjectures en conjectures, et de théories en théories. Singulier mélange d'ignorance profonde et de connaissances précieuses. Dans ce conflit bizarre de lumière et d'ombres, que présentent à l'observateur les annales de l'ancienne industrie, on ne peut s'empêcher de rendre hommage au génie des Grecs, dont la force et l'éclat se trahissent encore dans ses incertitudes et dans ses écarts.

Les Romains, qui laissèrent dégénérer entre leurs mains victorieuses quelques unes des industries que les Grecs leur avaient transmises, ont cependant quelques titres à fixer l'attention du philosophe qui veut éclaircir l'histoire peu connue des arts utiles. Ce peuple roi, qui ne connaissait pas l'usage des vitres, fabriquait avec ses laines de Padoue des draps pluchés comme ceux d'Égypte, et de fort beaux tapis; il faisait avec les laines blondes de Tarente, de Modène, et de la Pouille, des draps fins comme ceux de Milet. Le lin, proscrit comme plante épuisante par les agronomes latins, était cependant employé dans les fabriques impériales. Les Romains maîtres du monde, et qui dédaignaient pour eux-mêmes la pratique des arts industriels, l'encourageaient dans les provinces. En Espagne, ils faisaient fabriquer de beaux mouchoirs; et en Portugal, une espèce de tissu, que Pline nomme *scutute, scutulata*, et qui comparé à de la toile d'araignée par le même auteur devait ressembler à l'espéce de tulle que les Anglais appellent *spider'sweb.*

Héritiers de ces générations laborieuses, profitons de leurs travaux sans jeter un regard méprisant sur les erreurs de leur génie, auquel manquait l'expérience. Le hasard et la marche lente des temps nous réservaient une foule de découvertes qui ont multiplié pour nous, sans que nous devions en tirer vanité, les jouissances et les commodités de la vie. N'est-ce pas dans les temps le plus calomniés par les historiens, qu'ont germé la plupart de ces inventions si fécondes, qui donnent à l'industrie moderne une immense supériorité sur l'industrie antique? Ce fut alors que les Belges justifièrent la prédiction de Jules César, qui les signalait comme le peuple le plus industrieux de toutes les Gaules. De leur sein les arts se sont répandus dans le nord et dans l'ouest de l'Europe. L'Angleterre apprit d'eux à faire des draps; la France à faire des toiles. Les premiers, ils dérobèrent à l'Italie le secret de ses verreries, de ses tapis, de ses fabriques de soie. De simples négociants de Bruges surpassèrent le faste de nos rois. Anvers devint la banque de commerce du continent, l'entrepôt de toutes les productions du globe.

La sphère de l'industrie s'agrandit bientôt à l'infini. Un continent nouveau surgit tout-à-coup du sein des mers, comme l'a prédit Sénèque [1], et cette grande découverte est préparée par plusieurs autres. La découverte de l'imprimerie perfectionne la gravure, et celle-ci conduit à l'art des cartes réduites, où Colomb a déja marqué la place de cette Amérique qu'il doit découvrir, et à laquelle un autre donnera son nom.

Les essais chimiques produisent la poudre à canon, qui change le système militaire, et prépare de loin la révolution politique qui devait s'opérer dans le gouvernement des peuples.

Les armes à feu nécessitent des recherches dans l'art de travailler et de fondre les métaux; la mécanique marche à pas de géant; les inventions se multiplient et naissent les unes des autres.

[1] *Venient annis sæcula seris,*
Quibus oceanus vincula rerum
Laxet, novosque Thetis detegat
Orbes, atque ingens pateat tellus,
Nec sit terris ultima Thule.

Médée, act. II.

Dans des siècles reculés, l'océan découvrira de nouveaux mondes; un continent immense frappera nos regards, et Thulé ne sera plus la limite du monde connu.

Après avoir fait du verre, on le taille; le hasard en rapproche les fragments, et les objets se rapprochent eux-mêmes de l'œil qui les observe. Il s'établit une chaîne immense et compliquée de découvertes et de perfectionnements; vaste réseau dont la pensée même ne peut suivre les développements et déterminer l'étendue.

Tel est l'effet de cette intelligence appliquée aux besoins des sociétés humaines: l'industrie a changé la face du monde; et le commerce, qui grandit avec elle, a marqué les rangs parmi les nations civilisées.

Boulton, le mécanicien, avait raison de répondre au roi d'Angleterre qui lui demandait compte de ses occupations: *Sire, je fais ce que vous aimez tant, du pouvoir.* En effet, c'est du *pouvoir*, et du pouvoir au-dessus de celui des rois, que cette industrie, qui, en dix ans, élève une ville comme celle de Manchester; qui donne à quelques marais habités par des pêcheurs la prépondérance dont la Hollande a joui si long-temps; qui élève au sein d'une île fangeuse un colosse de puissance dont les bras s'étendent d'un pôle à l'autre.

C'est du *pouvoir*, que cette industrie qui rapproche les étoiles, mesure la terre, attire et dirige le feu du ciel, et, par la seule vapeur de l'eau, parvient à soulever des masses aussi pesantes que les monuments de l'orgueil insensé des rois d'Égypte.

L'industrie est le premier des *pouvoirs*, car c'est le plus utile. Ma pensée s'irrite, mon cœur se froisse à l'aspect des images d'Alexandre, de César, ou de Charlemagne; je ne vois autour d'eux que ravages et destruction. Mes yeux s'arrêtent-ils sur la statue que Charles-Quint fit ériger à G. Bukel, qui trouva le secret de saler et d'encaquer les harengs; je m'incline avec respect et reconnaissance; j'ai devant moi l'image d'un bienfaiteur de l'humanité.

L'industrie est un *pouvoir* dont l'influence morale est plus forte, plus profonde que son action immédiate; c'est un *pouvoir* de liberté, de philosophie, de civilisation. Qui pourrait calculer les maux qu'a faits à la France, le bien qu'a fait à l'Europe, la révocation d'un seul édit? L'industrie des protestants exilés de la France a porté chez l'étranger, avec ses richesses, toutes les conquêtes de la patience et du génie, et cette haine du fanatisme, que le souvenir de la patrie absente ne fait qu'accroître de génération en génération.

Les peuples artistes, les peuples industrieux, tiennent en main les destinées du monde. Établissez une manufacture dans un désert, il se peuple; sur un terrain stérile, il devient fécond; sous un ciel malsain, il s'épure; par-tout où l'industrie se montre, elle vivifie, elle domine.

J'ai défini l'industrie, « la pensée utile en action : » avant de l'examiner au point de perfection où elle est parvenue, jetons un coup d'œil rapide sur ses progrès et sur l'influence que les sciences ont exercée sur elle.

Un moine allemand s'occupe d'alchimie, et découvre par hasard, dans une combinaison tout industrielle, le secret de la poudre à canon ; la route de la physique expérimentale est ouverte, et l'on voit sortir d'un cloître le premier rayon de cette lumière qui devait, sous le nom de chimie, éclairer le siècle où nous sommes, et opérer dans la science une révolution complète.

Galilée devine la forme et le mouvement de la terre ; le voyageur Drake vérifie son assertion : et la terre tourne, en dépit du pape, des cardinaux, et de la prison où Galilée est jeté à soixante-dix ans, pour avoir découvert une vérité en contradiction avec le miracle de Josué, attesté par les livres saints.

Pascal mesure sur le Puy-de-Dôme la hauteur de l'atmosphère. Toricelli découvre que l'air pèse ; Harvey, que le sang circule. Bayle vérifie leurs expériences, les fait connaître, appuie les démonstrations de doutes philosophiques, et apprend à ses contemporains à soumettre à des expériences rigoureuses la matière et même la pensée.

Descartes se laisse entraîner par son génie au-delà des bornes géométriques qu'il a reculées : dèslors il sort du positif; il ne découvre plus, il imagine; il fait un système.

Newton et Leibnitz, en fondant la véritable philosophie sur la nature, le calcul, et l'expérience, ouvrent à l'industrie une carrière sans bornes, où toutes les connaissances humaines, rendues positives, vont concourir à son triomphe.

C'est au profit de la morale et de la raison que l'industrie augmente ses conquêtes : les lumières dont elle s'entoure pénétrent à sa suite dans toutes les classes de la société; les peuples s'instruisent, les préjugés s'affaiblissent; plus on apprend, plus on doute, plus on examine. L'industrie, qui renverse ces *idoles* de temple et de palais, que Bacon dénonçait à la haine publique, est à jamais fidèle au culte de la loi divine et humaine, et à leurs vrais interprètes. Éclairée sur les choses et sur les hommes, elle les apprécie dans l'intérêt général; elle n'adore pas la tyrannie sous le nom de gouvernement; elle ne confond pas la bassesse avec l'obéissance, la superstition avec la piété, la fraude avec la politique.

Dans les régions stériles, dans les climats favorisés du ciel, l'industrie est également puissante. Tantôt suppléant à la fertilité du terrain par le perfectionnement de la culture; tantôt multipliant, échangeant, transportant les productions du sol, l'industrie est par-tout créatrice ou auxiliaire : en Hollande, on lui doit tout; en France, elle est, pour ainsi dire, une seconde nature. L'examen approfondi des effets des mœurs et du gouvernement sur l'industrie des différents peuples d'Europe serait la matière d'un ouvrage; je me contente d'esquisser les premiers traits de ce vaste tableau.

La brillante Venise a perfectionné tout ce qui tenait aux besoins du luxe. Ses rapports de commerce avec l'Orient, sa domination maritime, son gouvernement aristocratique, son goût pour la galanterie et les plaisirs, déterminèrent la pente de son industrie; une élégance bizarre, un goût fantastique, présidèrent à l'établissement de ses manufactures.

L'Espagne et le Portugal, devenus maîtres des trésors d'un nouveau monde, dédaignèrent l'industrie,

Qui se fraie à pas lents la route à la richesse.

L'industrie méprisée se vengea cruellement; la terre devint stérile; l'ignorance s'accrut, et les bûchers de l'inquisition s'allumèrent. En vain le Potose s'épanchait en flots d'or sur l'antique Ibérie ; la mort était dans le cœur de l'empire; et ces richesses exotiques, semblables à certains breuvages, ne donnaient au corps social qu'une vitalité passagère, qu'une force convulsive, dont l'épuisement devait être la suite.

Un peuple, impatient d'un joug honteux, se réfugie dans un coin de terre, ou plutôt de boue, sur un terrain noyé, incapable de fournir à la subsistance de la vingtième partie de ses habitants; il achète sa liberté au prix de quarante ans de guerre contre la tyrannie.

Le vainqueur reste pauvre, mais indépendant et maître de ses marais. Le courage et la patience ont rendu libres les Hollandais; l'industrie saura les enrichir. Ils forcent la mer à rentrer dans ses limites; se ressaisissent des conquêtes qu'elle a faites, et défendent leurs rivages contre une nouvelle invasion des flots qui les menacent de toutes parts.

Une ardeur infatigable, une économie qui calcule les deniers et qui compte les minutes, une navigation de cabotage qui finit par envahir l'Océan, élèvent en deux siècles la république batave au plus haut degré de puissance, et bientôt son commerce n'a d'autres bornes que celles du monde. La seule pêche du hareng occupe cinquante mille Hollandais et trois mille bâtiments. Fille de l'Industrie et du Commerce, cette république honore et consacre son origine dans son gouvernement, dans ses institutions et dans ses mœurs. Le pouvoir souverain est entre les mains d'un conseil de marchands; tous les grands emplois sont confiés aux hommes de l'industrie; et deux banquiers, ambassadeurs, imposent à l'orgueil de Louis XIV les conditions de la paix de Munster. Rivale de l'industrieuse Angleterre, la Hollande devient la médiatrice des couronnes, la protectrice de ses anciens maîtres; et, pendant près de deux siécles, exerce sur les destinées du monde une influence, qui devait trouver son écueil dans les usurpations du stathoudérat.

Au seizième siécle, le Danemark n'entrait point dans le système politique de l'Europe: au commencement du dix-huitième siécle, la Suède, guerrière, était encore ignorante de toute industrie. Ces hommes du septentrion, qui n'avaient jusqu'alors employé que dans les combats le fer dont leurs montagnes abondent, n'apprirent que dans ces derniers temps à le changer en or par un trafic utile. Six ou sept mille ouvriers établis à Copenhague, vers 1700, et le perfectionnement de la culture et des engrais en Suède et en Norwége, contribuèrent plus efficacement à la conquête du rang politique où ces régions se sont élevées, que le sceptre de Gustave-Vasa et l'épée de Charles XII.

En suivant la marche géographique de l'industrie européenne, nous rencontrons cet empire immense, barbare et civilisé, fertile et désèrt, partagé entre les glaces du pôle et les feux du tropique, la Russie. Tout-à-coup, et comme par enchantement, les arts et les sciences se trouvent transportés dans ces contrées hyperboréennes: des vaisseaux remplissent ses ports; des palais, des monuments s'élèvent; des canaux s'ouvrent; une activité prodigieuse se communique à une nation *serve*, et conséquemment oisive; la volonté, l'industrie d'un seul homme, a opéré ce miracle. Pierre-le-Grand a donné le premier et le seul exemple du despotisme appliqué à la civilisation d'un grand peuple.

La tyrannie d'une aristocratie ignorante et ambitieuse, plus insupportable que l'autocratie moscovite, n'a jamais permis que l'industrie se naturalisât en Pologne. Le luxe grossier des starostes, et les folles dépenses de cette multitude de magnats, de palatins ignorants et vaniteux, ont arrêté l'industrie dans ses premières sources, en prêchant d'exemple au peuple le mépris de l'économie. Quelques fabriques rares, mal dirigées, et sans cesse interrompues par la guerre, n'ont jeté, en Pologne, qu'un éclat passager; les Polonais n'ont su ni exploiter leur terre féconde, ni fonder une banque publique, ni exporter leur superflu. Veut-on savoir combien sont nuisibles les mauvaises institutions, il suffit de lire l'histoire de la Pologne, où la beauté du climat, l'abondance des choses nécessaires à la vie, le courage, l'esprit des habitants, l'héroïque intrépidité des ames, n'ont pas suffi pour fonder une nation. Comment ne pas s'attrister sur le hasard qui préside au berceau des peuples, et qui fait dépendre le bien-être ou le malheur de tant de générations, des premiers chefs que la fortune leur donne?

L'industrie, en Allemagne, n'a pu se développer que bien faiblement, à travers les édits et les ordonnances contradictoires de tant de princes souverains, unis dans un seul intérêt, celui de leur pouvoir.

Les mines d'argent que ce vaste pays renferme auraient pu compenser le défaut de ports qui nuit à son commerce, si le droit de battre monnaie, devenu presque banal et soumis à une foule d'intrigues de cabinet, n'eût en quelque sorte paralysé cette branche de richesse, en la réduisant à fournir la matière de la monnaie courante. Comment les hommes, après tant d'expériences, n'ont-ils pas encore appris que la source de tous leurs maux est dans les lois qu'ils s'imposent, ou se laissent imposer; dans le défaut d'institutions libérales, qui seules font les ames fortes et les nations grandes?

En Pologne, la fièvre intermittente d'une liberté fausse; en Autriche, l'assoupissement continuel d'une monarchie enrégimentée, féodale, et catholique; dans tous les grands états du continent européen, le pouvoir absolu, a entravé dans sa marche le géant de l'industrie, toujours prêt à verser sur sa route les trésors d'abondance dont il dispose. Une observation générale, dont je ne chercherai pas à presser les conséquences, c'est que la Saxe, seul état de l'Allemagne où l'industrie eût alors semé quelques germes productifs, avait adopté la réforme de Luther. La même remarque peut s'appliquer à la Suisse, où les cantons catholiques sont constamment restés, par rapport à l'industrie, au-dessous des cantons protestants, qui se couvraient d'usines et de fabriques, tandis que les autres se couvraient de chapelles, de couvents, et de mendiants : on sait que l'industrie génevoise fut fondée par les religionnaires français, qui vinrent y chercher un asile par suite de la révocation de l'édit de Nantes.

Sans liberté politique et religieuse point d'industrie : veut-on des preuves matérielles de cette vérité, deux ou trois villes isolées, sur la Baltique, vont nous les fournir. Elles n'avaient d'autre bien que leur indépendance; mais le lien commercial dont elles s'unirent ne tarda pas à leur assurer une existence politique. L'industrie errante se fixa au milieu d'elles; et, sous le nom d'Anse teutonique, elles formèrent une chaîne de communication entre le commerce du Nord et celui de l'Allemagne. Les grandes puissances européennes qui avaient dédaigné leur pauvreté se trouvèrent intéressées à protéger leurs comptoirs et leurs vaisseaux. Les caques de harengs, préparés par les citoyens des villes anséatiques, versèrent bientôt la richesse dans les trésors de Hambourg et de Dantzick, tandis que le Vatican vivait d'annates et d'aumônes, et que Rome, la ville éternelle, empruntait sur gage aux juifs de ses faubourgs. Malheureusement l'amour de la patrie n'avait pas présidé à cette association des villes anséatiques; ce corps manquait d'ame, et l'intérêt divisa ce qu'il avait uni.

L'aventureuse industrie des Portugais tient davantage à l'histoire de la navigation, qu'à celle des manufactures et des fabriques, dont je m'occupe plus particulièrement. Ce peuple doit être aujourd'hui convaincu qu'il eût mieux fait, pour son bonheur et même pour sa gloire, de travailler à fonder sur le sol natal sa richesse et sa liberté, que de courir les mers en forbans, pour y massacrer des hommes et s'emparer de leurs dépouilles : les Portugais commencent une ère nouvelle, sous de plus favorables auspices.

Je me hâte d'arriver à l'Industrie rivale des deux grands peuples modernes, la France et l'Angleterre.

C'est sans doute un beau phénomène dans l'ordre politique, que la grandeur et la richesse immense où le commerce a élevé cette île sauvage, cette Thulé que les Romains considéraient comme la dernière limite du monde. L'Angleterre, long-temps ignorée, plus long-temps barbare, qui produisait à peine assez de blé pour nourrir ses rares habitants; qui ne possédait pour tous trésors que quelques mines de cuivre, d'étain, de plomb et de fer; s'est élevée, par des efforts inconcevables d'industrie, au plus haut point de fortune (je ne dirai point de grandeur et de gloire), où jamais nation ait atteint.

J'écarte en ce moment toute réflexion morale : une tyrannie exclusive, une mauvaise foi systématique, des moyens injustes, une avidité sans bornes, un orgueil féroce, révoltent le sage; mais l'historien de l'industrie admire les prodiges qu'elle opère, et laisse au philosophe à venger la cause de l'humanité.

Toujours en lutte avec un climat épais et lourd, forcés de suppléer à l'indigence du sol et à la sévérité de la nature, combattant sans cesse pour se créer des institutions, les Anglais, au milieu des convulsions sanglantes de leur histoire, qui devrait être écrite de la main du bourreau (comme l'a dit énergiquement Voltaire), les Anglais divinisèrent l'industrie et le commerce. Le prix du temps leur a été connu; les secrets d'un travail opiniâtre leur ont été révélés; l'Angleterre s'est couverte d'usines et de fabriques, et l'industrie s'est accrue avec la liberté.

L'Angleterre fleurissait par ses institutions; la France, patrie des ames nobles, sol fécond en tous genres de gloire, grandissait malgré ses institutions, sous l'influence d'un climat favorisé des dons de la nature, et par le perfectionnement d'une civilisation, dont la faiblesse et l'aveuglement de ses maîtres ne parvinrent pas à arrêter les progrès. Que l'on compare les entraves dans lesquelles ont gémi si long-temps en France, l'industrie, le commerce, la littérature et les arts, avec la liberté dont ils ont joui en Angleterre sous Henri VIII, le plus absolu de ses rois; que l'on compare cet esprit, ou, si l'on veut, cet égoïsme national du peuple anglais, avec l'isolement des volontés, avec le peu d'ensemble des efforts tentés en France, et toujours contrariés par le stupide orgueil de l'aristocratie : on jugera de quelle supériorité individuelle les Français doivent être doués, pour avoir maintenu, dans des siècles d'esclavage politique, une rivalité, dont il me semble que M. Gaillard a mieux indiqué les résultats qu'il n'en a apprécié les causes.

Obstacles de toute espèce, opposés à l'industrie et au commerce, chaos dans la jurisprudence, légèreté dans les mœurs, disputes oiseuses et interminables en théologie et en littérature, misérables intrigues de cabinet, folles dépenses, dilapidations des courtisans, double asservissement à la cour et à la Sorbonne : tel était le caractère de cette vieille monarchie qui avait à lutter contre l'indépendante Angleterre. Qui peut aujourd'hui assigner le degré de prospérité où les Français doivent atteindre, quand des lois et des institutions sagement libres, en enflammant les ames de l'amour de la patrie, en ramenant tous les esprits au culte de l'indépendance, permettront au caractère national de se développer dans toute son énergie native, et laisseront aux habitants de cet heureux pays l'emploi de leurs facultés supérieures? Tout doit céder à la France libre, que j'oserais comparer alors à ces miroirs d'acier poli, taillés à facettes, qui se renvoient mutuellement la chaleur et la lumière, et dont le foyer irrésistible réduit le diamant même en vapeur.

Les faits parlent, l'expérience est là; plus un peuple a de liberté, plus sa pensée est forte et plus son industrie est féconde. C'est à sa liberté politique que l'Angleterre est redevable de cette puissance industrielle et commerciale, à laquelle aucune nation n'était encore parvenue, et que nous voyons s'affaiblir par une déviation successive des principes qui l'ont fondée.

C'est une noble image, que ces ballots de laine sur lesquels siégeaient jadis les membres de la chambre des communes et le président de la chambre des pairs; nos petits-maîtres voyageurs en riaient, mais Voltaire et Montesquieu y voyaient le trône de l'industrie.

Si la considération attachée au commerce, l'encouragement accordé aux expéditions lointaines, l'espèce de honte réservée à l'oisiveté noblement indigente, l'amour du travail exalté jusqu'à la passion, ont opéré en Angleterre des prodiges d'industrie, il est juste d'avouer que de graves inconvénients y sont nés de ces mêmes avantages.

L'égoisme national a fondé sur le monopole la supériorité du commerce anglais; l'avarice et la prodigalité ont vicié le caractère public; des milliers d'hommes condamnés pour ainsi dire aux travaux des manufactures, se sont vus enchaîner, pendant leur vie entière, au métier qui les nourrit à peine, tandis qu'un maître avide s'enrichit en peu d'années du fruit de leur labeur. Ce mouvement d'activité générale, presque tout mécanique, a dû faire avorter des facultés supérieures, et détourner des beaux-arts, des esprits faits pour s'y livrer. Mais ces hautes considérations morales n'appartiennent pas au sujet que je traite. Je considère ici l'industrie comme une puissance, et l'Angleterre comme un exemple de l'influence prodigieuse que cette puissance peut avoir sur les destinées d'un peuple.

Non loin de cette terre des rochers et des brouillards, existe un vaste pays, que le soleil échauffe sans le brûler de ses rayons, que de beaux fleuves arrosent sans l'inonder; qu'ombragent des bois antiques; que couvrent de riches moissons et de gras pâturages; dont le sol varié féconde à-la-fois l'olivier de l'Orient, le sapin du Nord, et l'oranger du Midi. Là toutes les matières premières sont abondantes, les animaux sont domestiques, le ciel est doux; l'homme est ardent, sensible, vaillant, créateur. Ce pays, c'est la France, cette seconde mère des arts, des sciences, et de l'industrie, qui eût fait oublier la première, si des institutions tour-à-tour despotiques et féodales, n'eussent, pendant dix siècles, contrarié ses efforts ou corrompu ses bienfaits.

L'industrie française ressemble à ces ruisseaux dont la source est si élevée, et la pente si rapide, qu'ils parviennent à se frayer une route à travers les buissons, les ronces et les obstacles de toute espèce qui s'opposent à leur cours.

Je ne parlerai pas des premiers tissus des Gaulois barbares, de leurs peaux de bêtes attachées avec une ceinture de ronce, de quelques procédés d'agriculture qui leur assuraient déjà de grands avantages sur leurs voisins; je me contenterai de dire que l'art de la teinture était connu des Gaulois bien avant la conquête des Romains; qu'ils coloraient habilement la laine de leurs agneaux; que la navigation avait fait quelques progrès parmi eux, et que l'épée gauloise que Brennus jeta dans la balance, indiquait un genre d'industrie perfectionné dont les Romains ne tardèrent pas à faire leur profit.

Une colonie de Phocéens établis à Marseille commença la civilisation des Gaules, en y introduisant les arts industriels et les douces mœurs de la Grèce; en y plantant l'olivier, qui devait consacrer les souvenirs de l'Ilyssus aux rives de la Durance; et la vigne, à laquelle cent générations d'hommes ont dû l'oubli de leurs maux, la vigueur de leurs corps et la gaieté de leurs festins.

Marseille bâtie, un commerce et une navigation long-temps célèbres, des temples, des palais, des fêtes riantes, une population moitié grecque et moitié gauloise, unissant la simplicité des mœurs champêtres et l'énergique activité qu'exigent la conquête d'un élément terrible et l'audace des entreprises lointaines : tel fut le spectacle que donnèrent à la Gaule encore barbare les industrieux émigrés de la Phocide.

Les mœurs phocéennes firent en peu de temps la conquête de la Gaule; et l'industrie, dont j'esquisse rapidement l'histoire, s'y montra bientôt sous les formes élégantes de la Grèce, dont les nouveaux colons apportaient les modèles.

La conquête des Romains, qui ne connaissaient eux-mêmes d'autres arts que ceux des Grecs, en déploya le luxe dans les Gaules : l'inondation des Barbares avait fait rétrograder l'industrie de plusieurs siècles, lorsque Charlemagne parut. Ce conquérant d'une espèce nouvelle, fit de la guerre un moyen de civilisation, et comprit, qu'il ne pouvait asseoir le trône immense qu'il s'était élevé que sur la double base des lois et de l'industrie.

Charlemagne, le plus grand homme de son siècle et des dix siècles qui suivirent son règne, fonda tout en France : les sciences, le commerce, l'industrie, et les arts. Ses lois sur *les matières civiles et religieuses* sont admirables pour son temps : il prescrivit *l'uniformité des poids et mesures*, réprima *la mendicité*, rétablit la marine, fit construire des ports, ouvrit des écoles, et attira près de lui, de tous les points de l'Europe, les hommes les plus industrieux. Des Italiens transportèrent en France leurs fabriques et leurs comptoirs : les premières manufactures de draps s'établirent sous son règne, et l'orfèvrerie dut à sa magnificence, dans les cérémonies publiques et religieuses, le perfectionnement de son exécution. La piraterie danoise, qu'il parvint à réprimer, doit être mise au nombre des causes qui firent fleurir l'industrie sous le règne étonnant de Charlemagne.

« Après moi, disait-il souvent en répandant des larmes, que deviendra l'empire que j'ai fondé? » Dans ce temps-là on n'osa pas lui répondre : Votre empire deviendra ce qu'est devenu celui de Sésostris, celui d'Alexandre, celui de César; ce que deviendront tous les empires dont la grandeur éphémère reposera sur un seul homme, et n'aura pas dans les lois, dans les institutions, dans la liberté publique, une garantie de sa durée.

Les craintes prophétiques de Charlemagne se réalisèrent dans toute leur étendue : gloire, commerce, bonheur, tout s'anéantit avec lui; les lumières, auxquelles il avait ouvert un passage, s'éteignirent au milieu des discordes civiles; et les indignes héritiers du grand homme, au nom desquels les prêtres régnaient, étouffèrent sous le poids des exactions et de la tyrannie la plus hautaine, les semences d'industrie, que leur illustre prédécesseur avait fait germer.

Mais en politique, comme dans la nature, la vie sort quelquefois du sein même de la corruption; cet ascendant du sacerdoce, si funeste aux progrès des arts et de l'industrie, devait, deux cents ans plus tard, contribuer à leur restauration. Les croisades que le pape Urbain II prêcha par la bouche de Pierre-l'Ermite, précipitèrent sur l'Asie, la plus grande partie des prêtres et des nobles de l'Europe, et cette heureuse migration allégea beaucoup le joug féodal. Elle ouvrit au commerce des routes inconnues jusque-là; les produits de l'industrie asiatique furent échangés contre les métaux de l'Europe; et les nouveaux besoins de luxe, qu'amena ce trafic, au sein d'une guerre si funeste, devint un motif d'émulation pour les fabricants. De vieux châteaux abandonnés ou vendus par leurs nobles propriétaires, reçurent de l'industrie une destination plus utile; des manufactures s'y établirent; à Lille, à Cambray, à Laval, on fabriqua des toiles; Amiens, Reims, Arras, Beauvais, s'enrichirent de plusieurs fabriques de draps. Le goût des parfums orientaux se répandit, et en peu de temps l'art de la parfumerie se naturalisa dans le midi de la France. En un mot, les sanglantes croisades, par une compensation aux maux dont elles affligeaient l'humanité, ramenèrent parmi nous la brillante aurore d'une civilisation nouvelle, dont les progrès, long-temps contrariés, mais soutenus par les trois plus grandes découvertes de l'industrie humaine, l'imprimerie, la boussole et la poudre de guerre, ne devaient plus être interrompus.

L'esprit d'entreprise dirigea pendant long-temps l'industrie de l'Europe vers les contrées lointaines et les découvertes périlleuses. L'art de la navigation s'agrandit, mais les manufactures ne reçurent d'abord que très peu de perfectionnement. L'Amérique se vengea des cruautés de ses conquérants, en leur livrant des métaux précieux, mais féconds en désastres; en leur offrant, sous l'appât des jouissances nouvelles, des vices hideux et des maladies horribles : cependant des productions diverses et utiles, rassemblées dans ses ports, se répandirent dans l'ancien continent, et devinrent pour le commerce de nouvelles sources de richesses.

L'Europe ne tarda pas à sentir qu'elle allait tomber sous la dépendance du monde qu'elle avait découvert. Déja les produits de l'ancien hémisphère ne suffisaient plus aux échanges du café, du sucre, et de l'indigo, devenus objets de première nécessité; en vain les gouvernements dominateurs de ce monde esclave, ordonnèrent-ils aux colons de cesser la culture et la fabrication des denrées et des objets que les métropoles pouvaient leur fournir : ces moyens tyranniques, consacrés par des ordonnances réunies sous le nom de *Code noir*, ne mirent qu'un bien faible poids dans la balance du commerce, où la masse des produits indigènes de l'Amérique rompait toute espèce d'équilibre.

Le développement de l'industrie européenne fut une suite nécessaire de cette lutte si désavantageuse, en apparence, au commerce des vieux peuples. Les nations actives élevèrent des manufactures, d'autres les imitèrent par jalousie : les arts industriels prirent tout-à-coup un essor inattendu; et l'invention de l'imprimerie, en éclairant leurs progrès, étendit leurs conquêtes.

En observant que la France ne prit d'abord que la plus faible part au mouvement général qui suivit la découverte de l'imprimerie et celle de l'Amérique, j'expose, dans toute sa honte, le gouvernement sous lequel languissait alors notre pays; je dis *pays*, car il n'y a de patrie que pour les peuples libres. Les discussions religieuses, les vexations féodales, les guerres d'Italie, et les fureurs de la Ligue, semblaient avoir dépensé toute cette chaleur d'ame, toute cette vivacité d'action qui caractérisent la nation française. L'industrie languissait, les arts ne faisaient aucune conquête. Privés de manufactures, nous étions obligés de recourir aux nations étrangères pour les objets de l'usage le plus fréquent; la France, plus monacale encore que monarchique, vieillissait, en arrière de toute civilisation, quand le soldat béarnais monta sur le trône.

« Celui-là, dit Laville-Gomblain [1], ne sentait pas « son roi; il n'était accompagné ni de gravité ni de « majesté........ » Cet excellent prince (*heureux accident de la nature,* suivant la belle expression de l'empereur Alexandre) songea au peuple qu'il aima et dont il fut aimé, permit à son ministre d'établir l'économie dans sa cour, protégea l'agriculture, encouragea l'industrie, et fonda dans le midi de la France la première manufacture de soie.

Mais le meilleur roi, sous le régime *du bon plaisir,* ne peut que jeter au hasard les germes du bien, au milieu d'institutions vicieuses qui finissent par les étouffer. Ainsi, dans l'espace de huit siècles, on a vu deux rois français, Charlemagne et Henri IV, essayer de fonder leur puissance sur la prospérité nationale; mais le génie ne se lègue pas avec le pouvoir despotique, et les nobles essais de ces deux grands monarques périrent avec eux.

Louis XIII, ou plutôt Richelieu, s'occupa d'abaisser les grands et la maison d'Autriche, dans le seul intérêt de son ambition personnelle, et sans aucun

---

[1] *Mémoires,* tome II.

profit pour la liberté publique; sous ce règne, l'industrie toujours entravée ne marchait que par saccades, et retombait toujours après quelques efforts; une volonté puissante parvint à la relever pour quelque temps.

Louis XIV aspirait à tous les genres de gloire; il sentit tout ce que les conquêtes de l'industrie et du commerce pouvaient ajouter d'éclat à sa couronne; il commanda des miracles, Colbert les exécuta. L'étranger reparut dans nos ports; des primes encouragèrent le commerce, le pavillon français s'élança sur les mers; les savants, les artistes, accoururent de tous les points de l'Europe; l'anatomiste Winslow, l'astronome Cassini, le mathématicien Huygens, le physicien Roemer, les manufacturiers Hindret et van Robais, désertèrent leur pays natal, et vinrent chercher en France un sol plus favorable au développement du génie.

Avant cette époque, la Hollande nous fournissait les toiles, l'Angleterre la bonneterie, l'Italie les étoffes de soie, l'Allemagne les armes blanches et les instruments aratoires, Venise les glaces, la Saxe les porcelaines, et le Brabant les dentelles; nos draps ne pouvaient soutenir la concurrence avec ceux d'Espagne. La volonté de Louis XIV, les encouragements prodigués par Colbert, des améliorations dans le système des douanes, développèrent tout-à-coup le génie national, si long-temps comprimé; la France entra en partage du commerce du monde, et l'industrie prit l'essor.

Malheureusement sa direction se ressentit de la main qui la lui avait imprimée, et ses premiers efforts eurent pour objet les superfluités du luxe, et non les besoins du peuple : la France avait des fabriques de brocards d'or et d'argent, des manufactures de glaces, de tapisseries, de dentelles, de draps superfins; mais elle restait tributaire de l'étranger, pour la quincaillerie, pour les toiles, pour la papeterie, pour les cuirs, pour tous les objets d'une utilité générale et d'une consommation journalière.

Cet état, plus brillant que solide, devait bientôt s'évanouir; les volontés du maître et de son ministre n'avaient pu donner à l'industrie qu'une vie passagère et factice. En voyant combien de chaînes pesaient de toutes parts sur les arts et sur les métiers; combien étaient absurdes et arbitraires les réglements et les ordonnances, qui régissaient un système industriel où la liberté n'avait aucune garantie, il était aisé d'en prévoir la prompte décadence : le génie du monarque s'affaiblit, les prêtres ressaisirent leur proie; l'édit de Nantes et la mort de Colbert précipitèrent la ruine de l'industrie.

Persécutés par le petit-fils d'un roi qu'ils avaient placé sur le trône, les protestants, par qui fleurissait en France l'industrie manufacturière, se virent contraints à s'expatrier, et à porter chez l'étranger les fruits de leur expérience et de leurs découvertes. L'embarras des finances accumula sur les manufactures d'intolérables impôts; et par la plus stupide des imprévoyances, pour remédier à la pauvreté du moment, on tarit les sources d'une richesse éternelle. Alors on remit en vigueur ces jurandes et ces maîtrises, entraves honteuses que l'avarice fiscale imposa à l'industrie dans les temps barbares; que l'envie et l'incapacité conservèrent, et dont l'orgueil et la sottise ont de nos jours proposé le rétablissement. Le respect pharisaïque pour les réglements de Colbert, dont aucun avantage ne compensait plus la sévérité, vint rétrécir encore le cercle, où s'exerçait l'industrie; indifférente aux changements amenés par le goût et la mode, elle ne consultait ni les usages, ni les besoins, ni les mœurs, et ne s'écartait point de l'ornière profonde où la routine avait tracé sa marche.

Puisqu'on n'a pas craint d'invoquer à la tribune nationale le retour des *jurandes et maîtrises*, esquissons en quelques lignes l'histoire de cette honteuse institution, et montrons jusqu'où l'esprit de parti peut porter la déraison ou la mauvaise foi.

Les maîtrises et jurandes sont des priviléges institués en faveur des petites communautés, aux dépens de la grande communauté de l'état. Pour les mettre sous l'abri d'un nom respectable, on s'est imaginé d'en faire remonter l'origine à Louis IX; mais il est juste de dire que les confréries d'artisans instituées par le saint roi, et dans lesquelles les ouvriers les plus anciens et les plus habiles avaient droit d'inspection sur les plus jeunes, n'avaient rien de commun avec les corporations des jurandes et maîtrises. Les établissements de saint Louis, sans aucun droit, sans aucun privilége exclusif, n'étaient que des écoles d'industrie, où l'on peut déja reconnaître l'auteur de quelques institutions qui entraînèrent la chute complète de la féodalité, et de cette *pragmatique* qui mit un frein aux exactions de la cour de Rome.

Cette espèce de surveillance paternelle des ouvriers sur leurs compagnons ne pouvait d'ailleurs entraîner aucun inconvénient, à une époque où les arts industriels étaient encore au berceau; où l'extrême simplicité des habitudes (qu'il ne faut pas confondre avec la pureté des mœurs) était telle, que l'on voyait communément deux magistrats en robe se rendre au palais, montés sur la même mule. Deux cents ans plus tard, sous Henri II, l'histoire nous apprend que *Gilles le Maistre*, premier président, stipulait avec ses fermiers « qu'en lui apportant leurs redevances, ils lui amèneraient *une charrette couverte et bien garnie, avec de la paille en dedans, pour asseoir sa femme et sa fille; et en même temps, une ânesse pour sa chambrière.* » Le président lui-même, monté sur sa mule et suivi de son clerc à pied, ouvrait la marche; et c'est dans cet équipage que le premier magistrat de la France, aux jours solennels, se rendait à Fontainebleau pour y haranguer le roi.

Les institutions patriarcales de saint Louis étaient bonnes pour le temps où elles furent créées; mais loin de recevoir des successeurs de ce monarque les modifications commandées par le changement des mœurs et les progrès de la civilisation, elles furent converties par le despotisme en lois destructives de toute espèce de commerce et d'industrie.

Les corporations se créèrent un chef, sous le nom de *roi des merciers* (*mercatores*, marchands, négociants). Un seul individu obtint le privilége, et le monopole de l'industrie française. Ce roi de fabrique n'épargna pas ses sujets; il exigea des taxes, se fit payer chèrement les lettres d'*apprentissage*, de *compagnonnage*, de maîtrise : il troubla les fabricants dans l'exercice de leur industrie; il ordonna des visites continuelles, sous prétexte de vérification de poids et de mesures, d'expertise d'ouvrages, mais en effet pour faire payer des exemptions dont il grossissait son trésor royal : car, *un roi*, dit Rabelais, *ne saurait vivre de peu*.

On se lassa de la tyrannie du *roi des merciers*, comme on se lasse de toutes les tyrannies : l'autre monarque fut accablé de plaintes, de réclamations; et successivement aboli, relevé, modifié de mille manières, ce système absurde des corporations se traîna jusqu'à nous de siècle en siècle, au milieu du cri public et de la détresse du commerce.

Le plus dissolu et le plus incapable des princes, Henri III, organisa définitivement les maîtrises et jurandes : un édit, barbare dans le double sens du mot, établit en principe que le monarque pouvait, seul, donner au sujet le droit de travailler, et que le privilége de gagner son pain à la sueur de son front émanait du trône en droite ligne. Le même édit fixait la nature et le temps du travail; les divers degrés par lesquels l'apprenti devait passer; le nombre d'individus qui pouvaient exercer la même profession, mais sur-tout, la somme d'argent que chacun devait payer au trésor. On offrit aux plus industrieux le leurre criminel d'un monopole exclusif; aux riches les moyens de se faire recevoir maîtres sans apprentissage et sans instruction; on basa sur l'injustice, sur l'ignorance, et l'arbitraire, le plus abominable des impôts, puisqu'il portait exclusivement sur la classe laborieuse : la cupidité, la sottise, et l'envie, concoururent à l'établir.

Les auteurs de ce plan de finance, qui n'avaient pour but que de multiplier les exactions (en multipliant les entraves données à l'industrie, sous prétexte d'en perfectionner les moyens) oublièrent néanmoins de faire entrer dans leur système, qui devait comprendre toutes les branches de travail, la première et la plus importante des industries, celle qui exige une plus longue expérience, une plus grande variété de connaissances, l'agriculture. L'impudence fiscale des agents du despotisme recula devant l'idée de faire des corporations d'agriculteurs, et de créer des syndics, des maîtres, des compagnons et des apprentis laboureurs : on respecta du moins la liberté de la charrue.

Plus les corporations étaient odieuses, plus leur organisation présentait de difficultés : le peuple gémissait; des édits et des archers répondaient à ses plaintes. Vers la fin du règne de Louis XIV, tous les bourgs et toutes les villes du royaume furent soumis à cette infâme servitude : on créa des bataillons d'officiers extorsionnaires, qui achetaient du gouvernement le droit de nuire au commerce. Il y eut des commissaires auneurs de toile, auneurs de draps, langayeurs de porcs, peseurs de foin, visiteurs d'eau-de-vie; des huîtriers suivant la cour, des commissaires empileurs de bois, des inspecteurs de prunes et d'abricots, des vérificateurs d'eau de la reine d'Hongrie, etc., etc.

Étranges officiers publics ! Les communautés s'empressèrent d'acheter toutes ces charges, et multiplièrent les vexations pour en payer la finance. La seule énumération de tous ces agents destructeurs du commerce et de l'industrie, et des droits perçus par le fisc et les jurandes, exigerait un volume entier : maîtres anciens, maîtres modernes, grandes et petites jurandes, communautés patentées ou non patentées, syndics et grands-gardes, enregistremens, lettres de maîtrise, droit royal, droit de réception, droit d'ouverture de boutique, honoraires du doyen, honoraires des jurés, de l'huissier, du clerc; droit de cire, de chapelle, de bienvenue, des gardes-jurés, du clerc de la communauté; imposition annuelle pendant le temps de l'apprentissage et du compagnonnage, etc., etc, etc., etc. Il fallait passer par tous ces degrés, payer tous ces tributs pour exercer la plus infime des professions; et, si l'on n'avait pas de quoi payer les frais de son apprentissage, mendier son pain, voler sur les grandes routes, et aller expier au bagne ou sur l'échafaud le crime du gouvernement, qui mettait l'homme pauvre hors de la loi civile, en lui ôtant tout moyen et toute espérance de se rendre utile à la société!

Telle fut, jusqu'en 1577, la stupide incohérence des réglements, c'est-à-dire des entraves mises au commerce et à l'industrie, que la fabrication des toiles peintes était interdite en France, en même temps que les prohibitions les plus sévères défendaient l'introduction et l'usage des toiles étrangères.

« On inquiétait (dit l'abbé Morellet, dans un « ouvrage intitulé : *Réflexions sur la libre fabrication* « *des toiles peintes*), on inquiétait les citoyens, sur-

« tout en province et jusque dans la capitale, par
« des visites domiciliaires ; on dépouillait les femmes
« à l'entrée des villes; on envoyait des hommes aux
« galères pour l'introduction d'une pièce de toile ;
« enfin, toutes les tyrannies financières et commer-
« çantes étaient employées pour arrêter les progrès
« de l'industrie, et pour empêcher le peuple fran-
« çais de s'habiller et de se meubler à bon mar-
« ché. »

Je n'ai pas indiqué la dixième partie des absurdités, des abus, des vexations, dont ce déplorable système était la source : on aurait pu croire, à l'examiner dans son code réglémentaire, que l'industrie était une chose essentiellement nuisible, dont le législateur s'était efforcé d'arrêter les progrès, et que le travail était un crime, à la répression duquel il avait employé tout son pouvoir.

Dans un pays où le ridicule a tant d'empire, on peut s'étonner qu'il n'ait pas renversé une institution où l'arbitraire, l'avarice, et la vanité semblaient se disputer le prix de l'extravagance; une institution fondée sur la hiérarchie de quarante-deux mille offices [1] et officiers, attachés comme autant de sangsues au corps du commerce. Ne suffisait-il pas, pour ruiner le système des corporations et des jurandes, d'énumérer cette immense quan-

---

[1] Voyez *Forbonnais*.

tité de taxes bizarres, et ces procès continuels qui devaient en être l'infaillible résultat? Quelle source intarissable de satire et de plaisanteries que ces inimitiés de corps, que ces guerres de professions d'autant plus envenimées que les parties belligérantes étaient plus voisines. Un traité de paix entre les Grecs et les Turcs n'est pas plus difficile à faire aujourd'hui, que ne l'était alors un armistice à conclure entre les fripiers et les tailleurs : quel était le caractère distinctif de l'habit neuf? à quel signe pouvait-on reconnaître qu'une veste avait été portée? à quel degré de service une culotte rentrait-elle dans le domaine public? Toutes ces questions insolubles et mille autres semblables, devenaient la cause ou le prétexte d'innombrables actions portées devant les tribunaux. Les maréchaux, les forgerons, les cloutiers, les taillandiers, les ferronniers, les serruriers, les poseurs de sonnettes, formaient autant de corps d'armées, toujours en présence, toujours prêts à se battre pour l'intégrité de leurs frontières qu'ils ne connaissaient pas, et dont personne ne pouvait assigner les limites. S'il arrivait qu'un serrurier fabriquât des clous, qu'un cloutier limât un pêne, qu'un maréchal forgeât, qu'un taillandier ferrât, la guerre était déclarée; on plaidait à outrance; et on léguait à ses derniers neveux, avec les outils du métier, les procès dont les successions étaient grevées de père en fils. En prenant un terme moyen entre dix mille francs et un million, on a calculé que les seules communautés de Paris dépensaient annuellement cent mille écus en plaidoiries.

Les honteuses entraves dont le gouvernement avait garrotté l'industrie, l'empêchaient seules de prendre l'essor. M. Turgot, administrateur philosophe, entreprit de les briser, et fit rendre l'édit du 25 février 1776, qui supprimait les *maîtrises et jurandes;* mais l'intrigue, qui le renversa du ministère, ne tarda pas à les rétablir; il était réservé à l'assemblée constituante d'en débarrasser définitivement la France.

Une fois libre, le géant a pris sa course. En vain les orages d'une révolution terrible, en vain les discordes intestines et les guerres étrangères ont épuisé la France et bouleversé son sol : les arts industriels ont fleuri au milieu des laves du volcan et sur les cendres de l'incendie. Nos ateliers étaient vides; les ouvriers étaient devenus soldats; les plus vieux emportaient au tombeau le secret de leur expérience; le *maximum* pesait sur le commerce; d'énormes impôts frappaient les matières premières; les manufactures pouvaient, d'un moment à l'autre, devenir la proie d'un peuple en furie : la dénonciation d'un artisan ivre pouvait perdre l'entrepreneur le plus estimé : la terreur des échafauds ou celle du sabre, paralysait tous les esprits, enchaînait tous les bras :

c'est cependant au sein de ce chaos, c'est pendant la succession de dix gouvernements et de trente campagnes de guerre, que se sont préparés et opérés les prodiges du génie industriel des Français.

« C'est (dit une femme dont la pensée est toujours virile quand elle échappe aux petites passions qui trop souvent la gouvernent), c'est à la suppression des maîtrises, des jurandes, de toutes les gênes imposées à l'industrie, qu'il faut attribuer l'accroissement des manufactures et l'esprit d'entreprise qui s'est montré de toutes parts : enfin une nation, depuis long-temps attachée à la glèbe, est sortie, pour ainsi dire, de dessous terre; et l'on s'étonne encore, malgré les fléaux de la discorde civile, de tout ce qu'il y a de talents, de richesses et d'émulation dans un pays qu'on délivre de la triple chaîne d'une église intolérante, d'une noblesse féodale, et d'une autorité royale sans limites [1]. »

La population de la France, depuis l'époque de son émancipation politique, a augmenté de plus d'un sixième : les mariages beaucoup plus fréquents dans la classe ouvrière, une plus grande aisance toujours croissante, le morcellement des grandes

---

[1] Madame de Staël: *Considérations sur la révolution française*, tome Ier, page 284.

propriétés, telles sont les causes principales de ce phénomène.

L'arbre de l'industrie, libre d'étendre ses racines, s'est enrichi de branches nouvelles. On a remplacé momentanément la cochenille par la garance, l'indigo par le pastel, le sucre de cannes par celui de betteraves; on a découvert dans le bois l'essence du vinaigre; on a trouvé dans des substances vulgaires des produits précieux que personne n'y soupçonnait.

De nouveaux appareils pour la distillation des vins; de nouveaux procédés dans l'art de blanchir les toiles, de chauffer les appartements, les cuisines, les fabriques; d'éclairer les maisons[1], les ateliers et les rues, ont porté l'économie dans les habitudes les plus nécessaires de la vie. L'art de peindre les toiles, conduit à sa perfection, a mis à la portée des dernières classes des vêtements tout à-la-fois plus élégants et plus solides. Le chimiste a révélé au teinturier le secret de nouvelles couleurs; les cuirs et les peaux de toute espèce ont reçu en un mois des préparations qui exigeaient autrefois une année, et l'on a trouvé dans leur fabrication la double économie du temps et des frais.

[1] C'est l'ingénieur français Lebon qui a fait pour l'éclairage, le chauffage, etc., ces découvertes importantes, dont les Anglais ont recueilli les premiers fruits.

Ce qui donne sur-tout une vive satisfaction au philosophe ami de son pays, qui ne voit que des égaux dans ses compatriotes, c'est la pensée que tant de progrès n'ont pas seulement favorisé le luxe, et satisfait l'opulence, mais que l'indigent sur-tout doit les bénir. Grace aux bienfaits de cette industrie populaire, le pauvre, aussi, peut goûter sinon les jouissances du luxe, du moins les plaisirs du bien-être. Il peut échauffer son foyer, le garnir d'une poterie salubre, compacte et de forme élégante; munir sa demeure de verres blancs et solides; se préparer un lit plus doux au prix dont il payait la paille de son grabat. L'eau qu'il boit, filtrée par le charbon, peut avoir été, sans inconvénient, puisée au milieu des immondices dont se charge une rivière qui traverse une grande ville. A-t-il le germe de quelque talent? les écoles d'instruction mutuelle sont ouvertes, et la plus modeste chaumière peut avoir sa bibliothèque en éditions stéréotypes.

Tous les genres de quincailleries mieux fabriqués; l'imitation perfectionnée de ces nombreux tissus de laine et de coton, qui formaient l'apanage exclusif de l'Inde et de l'Angleterre; la création ou, pour parler plus juste, la formation de l'alun, de la soude, de la potasse, des couperoses, par la combinaison directe de leurs principes constituants; la fabrication de toutes les sortes de sels; les eaux minérales les plus nécessaires à la médecine; sortant élaborées de la cornue du chimiste; enfin notre industrie, rivale en tous points de celle des nations les plus florissantes qui s'étaient enrichies de nos découvertes : tels sont les fruits de *la liberté* du travail, qui n'est elle-même qu'un des résultats de *la liberté* publique.

Dans l'espace de temps qui s'est écoulé depuis l'exposition dont je vais rendre un compte sommaire, plusieurs attaques ont été faites contre l'industrie nationale; la seule qui mérite quelque attention, du moins par le caractère de celui qui l'a dirigée, est celle dont la tribune de la chambre des députés a retenti, et dont le commerce de Lyon a été spécialement l'objet : on n'a pas craint de dire que la suppression des corporations avait été pour cette seconde capitale de la France, le signe de la ruine de toute industrie. On peut être tenté d'ajouter foi à une pareille assertion, quand on l'entend sortir de la bouche d'un fabricant de cette ville; et ce n'est qu'après avoir recueilli sur les lieux mêmes les renseignements les plus exacts, qu'on peut se croire autorisé à démentir formellement un fait énoncé avec tant d'assurance. Je mettrai encore cette fois les calculs à la place du raisonnement; c'est la seule manière de répondre à l'esprit de parti.

En 1789, il n'existait à Lyon que quatorze mille cinq cents métiers.

En 1820, on en comptait vingt-quatre mille. Dans les années 1787, 88, et 89, on tirait du sol des produits en soie, pour une valeur moyenne de dix-huit millions.

On en faisait venir de l'étranger pour vingt-quatre millions huit cent mille francs.

D'où il suit que la *totalité des manufactures de France*, à cette époque, consommait annuellement pour une valeur de quarante-deux millions en soies indigènes ou exotiques.

En 1820, *les fabriques de Lyon* ont consommé pour vingt-trois millions de soie de France, et vingt-deux millions de soie étrangère; en tout quarante-cinq millions, c'est-à-dire pour une valeur de trois millions de plus, dans la seule ville de Lyon, qu'il ne s'en consommait, en 1787, dans le reste de la France.

Quant aux produits matériels des vingt-quatre mille métiers qui existent à Lyon, au moment où j'écris, si l'on observe qu'ils sont plus que doublés par le perfectionnement introduit dans leur construction, par la mécanique de l'invention de M. Jacquard, on sera forcé de convenir que je reste beaucoup au-dessous de la vérité, en n'annonçant qu'une augmentation du double, dans les produits qui sortent aujourd'hui des fabriques de Lyon.

Récusera-t-on l'autorité d'un écrivain presque gothique, M. de Rubis, qui commentait au seizième siècle les priviléges de Lyon, et qui s'exprimait ainsi sur les priviléges et les maîtrises:

« A Lyon, les métiers, hors les orfévres, les bar-
« biers et les serruriers, ne sont jurés comme en
« plusieurs villes du royaume: et ce, à l'occasion
« des jurés et de la liberté du commerce, par vertu
« de laquelle est loisible à gens de toute sorte et de
« toute nation, de venir librement habiter en cette
« ville, pour y exercer leurs trains, trafics, et mé-
« tiers, sans être astreints à aucune maîtrise, actes
« d'expérience, et chef-d'œuvres, et a cette liberté
« donné un tel fruit, que nos métiers ont été jus-
« qu'ici les plus parfaits et les plus excellents de ce
« royaume. »

Veut-on une preuve plus incontestable encore des progrès immenses de cette branche d'industrie?

Les *comptes rendus* de M. Turgot et de M. Necker font monter de dix-huit à vingt-quatre millions les exportations des fabriques lyonnaises, avant la révolution; cette même exportation, tant à l'étranger qu'à l'intérieur de la France, s'est montée, en 1820, à plus de soixante-quinze millions: accroissement d'autant plus extraordinaire, que l'Angleterre, qui s'approvisionnait autrefois de soieries à Lyon, a naturalisé chez elle cette branche d'industrie.

Cette ville ne s'est même pas contentée de perfectionner ses anciennes fabriques, elle a fait une conquête importante sur l'industrie étrangère. En 1789, la fabrication du crêpe était le partage exclusif de la ville de Bologne; et telle est la supériorité que Lyon s'est acquise en peu de temps dans ce genre d'industrie, que Bologne, hors d'état de soutenir la concurrence, l'a abandonnée entièrement à sa rivale.

Cette espèce de dénonciation contre l'industrie des Lyonnais, avait pour but et pour conséquence de déplorer la perte de ces *admirables corporations*, auxquelles, à en croire M. Pavy, Lyon avait été redevable de son ancienne prospérité : on vient de voir ce qu'il y a de vrai dans ces doléances : un fait achèvera de mettre en lumière une vérité, à laquelle je me flatte que cet ouvrage servira de développement : *La liberté est le premier besoin du commerce.*

Une seule industrie, celle des tireurs d'or, est encore entravée dans sa marche par le droit *de large* [1], que s'est réservé le gouvernement dans le tirage de l'or. Ce droit est un privilège, et ce privilège tellement nuisible, qu'une branche d'industrie exclusivement française, dont l'Europe et l'Asie étaient jadis tributaires, s'est naturalisée sur plusieurs points commerciaux de notre continent,

---

[1] Le tirage du fil d'or jusqu'à une grosseur donnée.

et que Lyon, où cette industrie a pris naissance, est obligé maintenant de tirer de l'étranger la plus grande partie du fil d'or qu'elle emploie dans ses fabriques..

On a encore avancé comme un fait, que le système des corporations était la seule garantie qu'on pût avoir à Lyon, contre les émeutes des ouvriers. Cependant il reste prouvé que, depuis 1744, époque des réglements de corporations, on peut citer quinze ou vingt révoltes, plus ou moins caractérisées (une entre autres, dans laquelle le chef de la maréchaussée fut tué sur la place); et que, depuis la suppression de ces mêmes maîtrises, il n'y a pas eu la moindre émeute parmi les ouvriers de cette ville.

Les fabriques de rubans de Saint-Chamont et de Saint-Étienne, du département de la Loire, ont également pris une extension proportionnée à celle des manufactures de soieries de Lyon.

Un fait isolé, mais frappant, fera mieux sentir encore la bienfaisante influence que la révolution a exercée sur l'industrie.

Dans les montagnes des Vosges se trouve la petite ville de Guebviller, à laquelle donne son nom la vallée où elle est bâtie. Là dominait, avant la révolution, un saint et noble chapitre : un prince-abbé le dirigeait; seize *quartiers de noblesse* étaient nécessaires pour y être admis; des revenus immenses embarrassaient les bons pères, qui ne cessaient de faire bâtir, et qui ne pouvaient qu'à grand' peine se défaire de leur superflu. Le bon homme l'a dit :

.... Dieu prodigue ses biens
A ceux qui font vœu d'être siens.

Ce profond silence qui favorisait le doux repos des chanoines, et que les oremus seuls interrompaient, cette bienheureuse fainéantise, cette population sacrifiée au bien-être de quelques diseurs de bréviaire; hélas! toutes ces images de béatitude se sont évanouies. De bruyants ateliers se construisent. Là où dînait le prieur, cent métiers à la *Jenny-Mull* vont faire entendre leur cliquetis éternel. Tout est bruit, travail, activité, industrie. Une pompe à vapeur, de la force de cinquante chevaux, donne le mouvement à la mécanique, qui, elle-même, est le principal moteur d'une manufacture immense. On y compte déja jusqu'à douze fabriques de divers genres; M. *Schlumberger* en établit une nouvelle, qui doit rivaliser avec les plus vastes établissements, et qui a pour objet spécial la filature en fin des cotons, depuis le numéro cent à trois cents.

Tout auprès de la ville, une manufacture de produits chimiques donne de beaux et nombreux résultats. Le village auquel les saints pères faisaient la charité, va devenir une ville importante et riche. Je ne sais si je me trompe, mais je crois que les noms de MM. *Schlumberger*, *Davillier*, *Kœhlin*, etc., qui enrichissent leurs concitoyens et font honneur à leur patrie, sont à-peu-près aussi agréables à Dieu que les mille et quelques *quartiers*, accumulés sur toutes les têtes réunies du vieux chapitre, depuis sa fondation.

Il est temps de m'arrêter; j'ai voulu dans cette introduction tracer l'esquisse rapide d'une *Histoire de l'Industrie*; déplorer son long esclavage en France; relever, à ses propres yeux, la classe ouvrière trop long-temps dédaignée; montrer dans les arts mécaniques le moyen de civilisation le plus actif et le plus puissant, et la source la plus abondante du bien-être, de la richesse, et de l'indépendance des nations; j'ai voulu sur-tout faire chérir la liberté, qui seule, et malgré sa longue et déplorable lutte, a pu produire les résultats prodigieux dont cet ouvrage a pour but de rendre compte.

L'*Histoire complète de l'Industrie* manque à la littérature de tous les peuples; et l'on peut s'étonner que parmi les philosophes, dont l'esprit subtil s'est exercé sur tant de matières oiseuses, aucun n'ait encore cherché quelle a été l'influence réciproque de la pensée sur les arts mécaniques et des arts mécaniques sur la pensée.

J'ai dû me borner à indiquer dans cette introduction les principaux traits de ce vaste tableau des progrès et des conquêtes paisibles de l'industrie humaine; je n'ose même me flatter d'avoir donné à la partie très circonscrite sur laquelle je me suis arrêté, tout le développement dont elle est susceptible. Peut-être, cependant, lira-t-on avec quelque intérêt les chapitres suivants; j'aurai atteint mon but, si l'on y trouve des raisons de plus d'aimer la France, de haïr le despotisme, et d'apprécier les bienfaits d'une sage liberté, hors de laquelle il n'y a pour les nations ni industrie ni véritable prospérité.

EXPOSITION DE 1819.

CHAPITRE PREMIER.

Le Louvre — Aveu d'un journaliste Anglais. — Progrès de l'industrie en France.

« Imaginez, disait un journaliste anglais, après
« avoir visité le Louvre, pendant l'exposition des
« produits de l'industrie française, en 1819, imagi-
« nez vingt-huit salles du plus magnifique palais de
« l'Europe, remplies de tout ce que peut inventer
« le besoin, de tout ce que peuvent perfectionner
« le goût et le luxe, de tout ce que le génie peut
« créer, de tout ce que le talent peut exécuter. C'est
« un véritable triomphe pour la France, triomphe
« plus glorieux que tous ceux qu'elle a jamais obte-
« nus. Dans ce pays, les arts marchent à pas de
« géant vers la perfection. Des manufactures, en-
« core dans l'enfance il y a cinq ans, sont déja par-
« venues au plus haut point de développement :
« d'autres, à peine connues l'année précédente, ap-
« pellent aujourd'hui les regards et l'attention pu-
« blique. Dans les arts d'agrément les Français ont
« toujours occupé le premier rang parmi les nations
« industrieuses. Les voilà pour le moins au second
« dans les produits des choses usuelles. »

L'opinion d'un Anglais sur ces matières mérite d'être citée; c'est une industrie rivale qui juge notre industrie; c'est elle qui prend la peine de justifier notre enthousiasme national par les éloges que lui arrache la vérité.

Pour la première fois depuis vingt ans, nous avons vu s'ouvrir ce magnifique concours de l'industrie française.

Je n'insisterai sur l'origine républicaine de cette grande institution, que pour prouver que cette époque fertile en malheurs et en crimes n'a point été perdue pour la gloire nationale : ce qui la distinguera dans l'histoire, de cette autre époque désastreuse de 1815, où les calamités ne trouvèrent aucun dédommagement, où le crime fut sans aucune compensation.

De tous les moyens qu'un ministre peut employer pour se faire pardonner les fautes, et même, au besoin les vices de son administration, il faut avouer que le plus noble est d'occuper l'opinion publique d'un objet d'intérêt général. Ce fut donc à-la-fois une idée heureuse et une conception habile de M. le ministre de l'intérieur Decase que cette exposition solennelle des produits de l'industrie française. De quoi s'agissait-il en effet? De consoler la nation des revers de sa fortune; de lui prouver que, dans le repos des armes, elle peut régner encore par les lois, par l'industrie et par les arts. Pour apprécier les droits de la faction oligarchique qui prétend nous imposer son joug, il suffit de cette seule remarque, qu'elle dédaigne l'industrie, et qu'elle est étrangère aux arts.

Une telle exposition de nos richesses nouvelles devait déplaire à certains hommes incorrigibles. L'on vit un journal, déja perdu d'honneur, saisir cette occasion pour prouver que le commerce est le fléau des arts, que les travaux industriels sont à mépriser, et les classes ouvrières dignes d'une pitié dédaigneuse. Il était naturel que les ennemis de la révolution détestassent cette industrie, qui a grandi avec elle, et qui a suivi les progrès de la société tout entière.

Sous quelque rapport en effet que l'on considère aujourd'hui l'état social, on ne peut nier les progrès immenses dont il est redevable à la révolution. Je sais que cette proposition, d'une évidence mathématique, est formellement contredite par les vieux enfants qui s'intitulent hommes monarchiques; on s'amuse à leur répondre : il suffit, je crois, de les mettre en présence des faits, sinon pour les convaincre, du moins pour les confondre.

Après avoir comparé la France à elle-même, à deux époques éloignées seulement d'un demi-siècle, il est impossible à tout homme qui n'a pas renoncé à son bon sens, ou qui n'a pas l'intention de se moquer de celui des autres, de ne point avouer qu'un régime à-peu-près constitutionnel a remplacé l'arbitraire; que la nation est plus heureuse; que le peuple est moins pauvre; que l'instruction est plus généralement répandue; que les impôts sont plus également répartis; que la terre est mieux cultivée; que les arts libéraux ont avancé vers la perfection, et que les arts industriels sont au moment de l'atteindre. Je ne parle pas ici de la gloire des armes; les hommes auxquels je parle ne manqueraient pas à leur tour de prouver, par le fait, qu'un jour de revers a détruit trente ans de victoires. Laissons-leur ce funeste avantage, et contentons-nous de les inviter à triompher sur ce point avec plus de modestie.

Chacune des assertions que je viens d'avancer peut se prouver par des résultats; je me borne en ce moment à ceux qui constatent avec tant d'éclat les progrès de l'industrie nationale.

S'il est vrai que l'on voit toujours marcher d'un pas égal les besoins, l'industrie, et les connaissances; s'il est plus certain encore que le peuple le plus et le mieux occupé est en même temps le plus libre et le plus paisible; le premier devoir d'un gouvernement sage est de protéger, d'encourager, les hommes utilement industrieux.

Les produits de l'industrie française ont été exposés dans les vastes salles du Louvre, qui jamais ne reçurent d'hôtes plus honorables.

C'est au premier étage, dans les deux corps-de-logis de l'est et du sud, que s'est faite l'exposition.

Les deux magnifiques escaliers, ouvrage de M. Fontaines, ont reçu le premier tribut de l'admiration publique. C'est assez en faire l'éloge, que de dire qu'ils sont dignes de cette partie du monument qui a placé Perrault au premier rang des architectes. Un des chefs-d'œuvre de la sculpture moderne, l'*Ajax* de M. Dupaty, décore la partie supérieure d'un de ces escaliers.

Parmi les travaux intérieurs exécutés depuis quatre ans, j'ai remarqué le pavé en mosaïque des portiques de la colonnade, les plafonds et les parquets de plusieurs salles, et la totalité des croisées en glaces, dont on porte la valeur à plus de cent mille francs.

Oui, ce devait être un spectacle affligeant pour les ennemis de la gloire française, que ce palais national, ce Capitole de la France, ce Louvre, si élégant, si orné, si grave, si magnifique dans ses détails et si simple dans son ensemble, la merveille peut-être de l'architecture moderne, devenu le sanctuaire de l'industrie nationale, et le dépôt de cette foule de merveilles qu'un peuple étonnant a enfantées au milieu de ses troubles publics.

CHAPITRE II.

Instruments aratoires. — Appareils de distillation. — Bateau insubmergible. — Pompes à feu.

Sans doute on ne s'étonnera pas que je m'arrête d'abord dans la première salle du rez-de-chaussée où se trouvent exposés des instruments aratoires, des ustensiles en fer, en plomb, en bois, dont le seul mérite est dans leur utilité, et qui n'ont de prix qu'aux yeux des amis de l'économie rurale et domestique.

Pour la plupart de ceux qui entrent avec moi, cette salle n'est qu'un passage; la foule se porte par le grand escalier aux salles supérieures, où brillent l'or et l'acier, où étincellent les cristaux, où flottent ces légers tissus qui l'emportent en beauté en finesse sur ceux de la Chine, de l'Inde, et de la Perse.

Mes regards se fixent d'abord sur le premier, le plus noble et le plus simple des instruments, sur *la modeste charrue*. Long-temps ignorée des cultivateurs, elle a rendu plus de services aux hommes que les travaux orgueilleux de vingt législateurs et de vingt rois. On a vu les habitants du Pérou passer de longues journées à donner à leurs terres un mauvais labour, que la charrue aurait exécuté beaucoup mieux en beaucoup moins de temps ; et dans ce siècle même, il y a encore au Sénégal, en Égypte, au Chili, des contrées entières, où l'on se sert de truelles, de cornes de bœufs, et d'épées de fer, pour remuer laborieusement une terre qui demeure ingrate. Le bienfait de l'invention de la charrue fut senti des Égyptiens, des Phéniciens, des Grecs, des Chinois, qui divinisèrent et adorèrent ceux de qui ils croyaient la tenir, Osiris, Dagon, Triptolème, et le successeur de Fo-hi, Chin-Lough, qui a donné son nom à la Chine.

Elle n'est arrivée que lentement au point de perfection où nous la voyons aujourd'hui : d'abord un simple morceau de bois très long, et recourbé de manière à ce qu'une partie enfonçant dans la terre, l'autre servit à atteler les bœufs ; ensuite une charrue à manche et sans roue ; plus tard un instrument de deux pièces, dont l'une servait de soc et l'autre de timon, précédèrent la charrue telle que nous la connaissons aujourd'hui.

Je vois ici douze modèles de charrues, depuis l'araire des Romains jusqu'à la charrue à double soc. Il ne m'appartient pas de prononcer sur ces divers modèles, présentés par MM. Guillaume et Molard, sous-directeurs du conservatoire des arts et métiers : dans ce genre d'industrie, la pratique et l'expérience sont les seuls juges irrécusables.

Les charrues de grandeur naturelle, construites sur les dessins de M. *Molard* jeune, sous-directeur du conservatoire des arts et métiers, et sous la direction de son neveu, sont à-la-fois simples et solides. Les pièces exposées au frottement sont en fer fondu : d'où résulte le double avantage d'une plus longue durée de l'instrument, et d'un usage moins pénible pour les animaux de trait. J'ai remarqué plus particulièrement celle des charrues du même auteur, qui se trouve munie de deux petites roues de fonte, destinées à régler la profondeur de l'*enture* du soc: cette disposition m'a paru nouvelle et d'un bon effet.

M. *Guillaume*, déja honorablement connu par les charrues qui portent son nom, en a présenté plusieurs auxquelles la société centrale d'agriculture avait accordé son approbation.

La charrue de l'invention de M. Paul *Hanin* est munie de deux socs superposés, dont le supérieur a pour objet d'enlever et de déposer au fond du sillon le gazon que le soc inférieur recouvre.

Le semoir à graines rondes, exposé par M. *Scipion Mourgue*, est en usage dans plusieurs contrées de la France; mais il en a perfectionné la construction en le rendant propre à répandre à-la-fois la graine et la poudre d'engrais.

Le hache-paille de M. *Hoyou* a sur ceux d'Allemagne l'avantage de faire avancer la paille par le mouvement même de la lame qui sert à la couper.

M. *Molard,* dont le nom s'associe à la plupart des inventions ou des améliorations dont l'économie domestique et l'agriculture se sont enrichies depuis quelques années, a mis à l'exposition deux haches tubercules exécutées sur ses dessins, et qui n'exigent qu'un seul mouvement de rotation. Celui de M. *Burette,* d'un appareil plus simple, m'a paru cependant d'un usage moins facile.

MM. *Crochard* et *Maupassant de Rincy,* ont inventé deux machines singulières et très utiles, l'une pour fabriquer les bouchons de liége, l'autre pour faire des tonneaux à la mécanique. Ces deux inventions ont un avantage commun, c'est de donner des dimensions uniformes à leurs produits, et d'être, par-là même, fort utiles, soit au débit, soit au jaugeage des liquides.

On doit à M. *Caillon,* mécanicien, l'ingénieuse machine propre à dresser et à faire les languettes, les rainures et les mordures sur les métaux, avec une grande facilité et une extrême précision. Cette invention précieuse a mérité à son auteur les éloges du comité des arts mécaniques de la société d'encouragement.

Le même M. *Burette,* dont j'ai parlé plus haut, a présenté au concours deux machines d'un assez grand intérêt : l'une, dont l'expérience a confirmé les heureux résultats, est destinée à réduire en farine les pommes de terre ; l'autre, qui sert à exprimer le jus des fruits, est faite (si j'ai été bien informé) à l'imitation de celle que M. Molard aîné, l'un des fondateurs du Conservatoire des arts et métiers, et membre de l'Institut de France, a publiée avec gravure dans le *Bulletin de la Société d'encouragement*. M. Burette a substitué à la toile métallique sans feu, dont se compose la presse à cylindre de M. Molard, un manchon en tôle criblé de petits trous, et destiné à produire le même effet que la toile : je ne sais jusqu'à quel point ce procédé nouveau peut être considéré comme un perfectionnement.

M. *Montgolfier* a enrichi cette exposition d'une presse hydraulique de Pascal, disposée de la manière la plus simple, pour exprimer l'huile des graines; d'un bélier hydraulique applicable aux irrigations, et d'une machine à broyer les graines grasses entre deux cylindres, d'après le procédé indiqué en 1808, au *Bulletin de la Société d'encouragement*, page 174, par M. Molard aîné. Je crois cependant y avoir remarqué cette différence que les cylindres de la machine de M. Montgolfier sont animés de la même vitesse, tandis que ceux employés par M. Molard, avec des vitesses différentes produisent en même temps l'effet du laminoir et de la meule.

Le moulin à cribler le blé, de M. *Moussel*, se fait remarquer par un assortiment de cribles de rechange que l'auteur y joint, et qui le rend propre à séparer les différentes graines.

M. le baron *Caignard de la Tour* a tiré un parti fort ingénieux de la vis d'Archimède, pour conduire l'air sous l'eau : l'auteur a trouvé le moyen d'adapter à cette espèce de soufflet une machine acoustique qui produit des sons quand elle est mise en mouvement par l'air et l'eau réunis.

La machine à vapeur est portée à un degré de perfection qui laisse bien peu de chose à desirer. L'exposition nous en a offert un modéle construit à l'école royale des arts et métiers de Châlons; cette machine est combinée suivant le système de Wolf.

Saisissons encore une occasion de rendre hommage aux progrès de la civilisation. Les moulins à vent et les moulins à eau appartiennent à l'Europe moderne : ce furent long-temps des bras humains qui tournèrent la meule. Le dernier et le plus malheureux des hommes était, suivant Moïse, « *le premier né de la servante qui tourne la meule au moulin.* » Chez les Grecs et chez les Romains, le besoin de moudre le blé pour le réduire en farine, consumait la vie de plusieurs millions d'esclaves. Rome, que le stupide Caligula avait privée de chevaux et d'esclaves, pensa périr par la famine[1]. Le moulin était le supplice le plus affreux après l'exil[2]; et ce ne fut que vers la fin du quatrième siècle, que les moulins à eau et à vent, dont l'origine est incertaine, épargnèrent à l'humanité un supplice affreux, facilitèrent la mouture des grains, et assurèrent l'approvisionnement des plus grands empires.

Je m'arrête devant le tonneau pompe, dont M. Launay est l'inventeur, pour remarquer que les Français sont peut-être le peuple auquel la science hydraulique est le plus redevable. Les effets de la vapeur, si bien mise en œuvre par l'industrie britannique, avaient été depuis long-temps calculés et appréciés par l'Académie des sciences de Paris. Ceux qui ont le mieux écrit sur la théorie de l'hydraulique (excepté le fameux et bizarre Schott) étaient des Français; Mariotte, de Gaux, Bélidor, de Chasles, etc., etc., etc. Les pompes à feu ont été inventées à Paris et perfectionnées à Londres et en Amérique. Notre destin, dans toutes les parties de la mécanique et de la science, est de créer et d'abandonner ensuite nos propres créations, comme cet oiseau qui dépose ses œufs dans le sable et abandonne a d'autres le soin de les féconder.

[1] *Voyez* Suétone
[2] Édits de Constantin. — Poésies d'Ausone.

CHAPITRE III.

Du fer. — Fonte de fer. - Mortiers en fonte. — Ustensiles divers en fonte. — Cuivres laminés. — M. Dufaud ; lames pour canons de fusil.

Une des plus grandes richesses de la France, c'est le fer. Aucun pays n'a des mines de fer aussi considérables ni aussi productives. Le fer blanchi, le fer battu, le fer trempé, le fer fondu, ont fait la fortune de plus d'une province, où se sont établies ces diverses manufactures.

La fonte du fer a présenté de grands obstacles à l'industrie humaine. L'or est ductile en sortant du fourneau; mais le fer rougit et reste intraitable. Aussi l'art de la fonte a-t-il été excessivement long à se perfectionner. Les Grecs eux-mêmes ne purent fondre que des ouvrages d'une très médiocre grandeur. Sous Louis XIV, Le Moine fit faire des progrès à cette industrie que MM. Périer, frères, ont le plus contribué à porter au degré de perfection où elle est arrivée.

C'est sur-tout par l'emploi du fer que nos richesses industrielles se sont accrues depuis quelques années dans une progression surprenante. Pour s'en convaincre, il suffit de jeter les yeux dans cette salle sur ce fer, cet acier, ce plomb, façonnés en tuyaux, en mortiers, en fourneaux, en ressorts, et principalement sur ces faulx et ces limes, pour lesquelles la France fut si long-temps tributaire de l'Allemagne.

Dans cette même salle consacrée aux métaux, M. *Dufaud*, ancien élève de l'école Polytechnique, mérite une mention particulière; les fers qu'il expose ont été fabriqués au laminoir, sans le secours du marteau. Ce nouveau procédé, qu'il a introduit dans les forges, en change absolument le système; et par l'augmentation considérable que le procédé apporte dans les produits, il est permis d'espérer que les forges nationales suffiront désormais à la consommation de notre industrie.

Les lames pour canon de fusil, exposées par ce savant artiste, sont fabriquées par une machine de son invention; M. Dufaud résout ainsi deux problèmes d'une haute importance, laminer d'une largeur et d'une épaisseur égales, une lame de fer d'une largeur et d'une épaisseur données. J'ajoute que quatre hommes, au moyen de cette machine, fabriquent mille lames, dans le même espace de temps, qu'emploieraient cinquante hommes, travaillant à force de bras par l'ancienne méthode.

CHAPITRE IV.

Rouissage.

On sait que l'opération du rouissage est longue et sujette aux plus graves inconvénients, principalement dans les pays chauds, où les débris des végétaux putréfiés chargent l'air de principes délétères, d'où résultent pour les habitants des lieux où on fait rouir le chanvre et le lin, des fièvres pernicieuses, auxquelles succombent un grand nombre d'entre eux. M. Tissot le jeune, mécanicien à Paris, a donc bien mérité de la patrie et de l'humanité par l'invention de *machines propres à teiller le lin et le chanvre sans rouissage*. J'ai vu cinq de ces machines dans la salle que je parcours; elles sont composées de cylindres à engrenage, les unes sur un plan horizontal, les autres dans une forme circulaire.

CHAPITRE V.

Produits chimiques. — Tanneries. — Bois vernis. — Papiers peints. — Lits pour le service des malades et autres inventions philanthropiques de M. Daujon.

Il est singulier que la science la plus obscure, la plus inutile, la plus compliquée dans son origine, que la chimie ait fini par donner les résultats les plus utiles et les plus précieux. Confondue avec la magie, elle domina long-temps les esprits crédules, envoya plus d'un charlatan au bûcher, se mêla aux folies médicales de Paracelse, aux rêveries mystiques de Van-Helmont, et ne donna quelques fruits utiles à l'humanité, que vers la fin du xviie siècle. Boyle et de Sthal préparèrent alors la grande révolution qui s'est opérée dans la doctrine chimique; et Lavoisier, Fourcroy, Chaptal, Berthollet, et Darcet, en l'accomplissant, influèrent prodigieusement sur les destinées de l'industrie humaine.

Ce n'est qu'en 1765 que l'on a découvert la propriété de la sciure de chêne pour tanner les cuirs. Cette invention anglaise est passée en France, où elle vient d'être perfectionnée.

Je fais une pause au haut du grand escalier, en présence du fils d'Oïlée; cet impie Ajax, qui fait tant d'honneur à l'imagination d'Homère et au ciseau de Dupaty.

Les murs de la première chambre, où j'entre par le grand escalier, sont décorés des papiers peints de M. *Dufour;* j'ai vu des gens s'y méprendre, et se croire au salon d'exposition; peut-être au dernier salon se seront-ils crus dans la salle des papiers peints.

On ne saurait trop louer, trop encourager les efforts qui tendent à affranchir notre industrie: sous ce rapport, M. *Werner* mérite des éloges et des récompenses; mais je ne puis lui offrir que les premiers pour l'heureux emploi qu'il a su faire des bois indigènes, dans la construction des meubles qu'il a exposés dans cette salle: sous ses habiles mains le frêne, le merisier, le sapin même, se colorent; se veinent, se nuancent, et acquièrent le brillant de l'acajou.

Les Anglais avaient fait plusieurs essais du même genre, qui avaient été couronnés d'un médiocre succès; les Allemands avaient été plus heureux[1]; félicitons M. Werner de nous avoir enrichis d'une branche d'industrie étrangère.

---

[1] Voyez *Beckmann*, Transactions de la société royale de Gottingue; *Repertory of arts*, 1791, etc.

Un char triomphal attire les regards; j'en détourne les miens: maintenant *cui bono?*

On ne peut faire cette question en examinant les utiles inventions de M. *Daujon*, mécanicien. Ce lit, qui permet à un malade de conserver la même attitude sans nuire au service que son état exige; toutes ces précautions habilement calculées pour lui épargner les secousses, les mouvements douloureux; cet autre lit monté sur un ressort, au moyen duquel on peut transporter les malades à de grandes distances; ces brancards doux, légers, et peu dispendieux, propres au même usage, ces chaises longues, destinées aux mystères de Lucine, et cette échelle à incendie dont l'heureux secours a déja été éprouvé, recommandent M. Daujon à l'estime de tous les amis de l'humanité: puisse l'auteur de ces inventions philanthropiques obtenir les encouragements que méritent ses travaux!

Oui, M. Daujon, votre *lit mécanique propre au service des malades* me semble plus noble cent fois que le lit d'ivoire et de citronnier où Lucullus reposait sa mollesse; que ces beaux *lits à la duchesse* où les Pompadour et les Dubarry recevaient leurs visites du matin; j'ose même dire (au risque du jeu de mots), que ces *lits de justice*, si brillants, si magnifiques, où tant de choses injustes furent enregistrées, devant lesquels la magistrature agenouillée attendait l'ordre du monarque pour se relever et s'asseoir.

Il est vrai de dire que les Anglais connaissent depuis assez long-temps une machine semblable au lit mécanique de M. Daujon, et dont on peut trouver le modèle dans l'*Encyclopédie domestique*, imprimée à Londres en 1802. Il est également vrai que pendant long-temps un luxe frivole et des mœurs inhumaines dans leur légèreté ont accompagné en France la domination de l'arbitraire, et que l'on songeait d'autant moins aux malades, que l'on songeait davantage à ses plaisirs et au soin de paraître à la cour.

CHAPITRE VI.

Fabriques de laines. — Seconde salle.

Si quelque chose peut ajouter à l'amour des vrais Français pour leur patrie (nous avons vu un temps où ce mot de Français n'avait pas besoin d'épithète); si quelque chose peut donner une idée de la puissance industrielle de notre pays, de l'immensité de ses ressources, du génie de ses habitants, c'est, sans aucun doute, le spectacle que nous avons eu récemment sous les yeux.

Une révolution terrible, et sans exemple dans l'histoire des peuples, a bouleversé jusque dans ses fondements un ordre de choses qui, depuis un siècle, ne se soutenait plus que par sa masse; une guerre de trente ans a moissonné dans leur fleur, et enseveli sous des lauriers, des générations entières; une seule nation, pendant ce laps de temps, s'est emparée violemment du commerce du monde, et nous a fermé, pendant dix ans, l'Océan qui nous entoure. Les peuples de l'Europe, impatients d'un joug que leurs maîtres portaient en silence, se sont soulevés contre nous; la force, aidée des éléments et de la trahison, a rompu la digue de fer que la valeur française opposait à l'irruption européenne: la France s'est vue envahie; son territoire a été réduit; ses places ont été désarmées; les vainqueurs ne se sont pas contentés de se partager son trésor: il a fallu, pour assouvir leur avidité, doubler les impôts, recourir à des emprunts, enlever au riche son superflu, priver le pauvre du nécessaire, et, pour obtenir que nos dignes alliés repassassent le Rhin et la Manche, il a fallu leur faire un pont d'or, qu'ils ont emporté avec eux.

Trois ans se sont à peine écoulés depuis que les étrangers ont abandonné à leurs auxiliaires le soin d'achever la France: on veut savoir ce qui lui reste de vie; et l'ordonnance du 13 janvier 1819 annonce l'exposition publique des produits de l'industrie française: les plus confiants n'espèrent y trouver que les débris d'un grand naufrage. Par un prodige dont la raison a peine à se rendre compte, toutes les richesses de l'industrie la plus active, tous les perfectionnements des arts consacrés au commerce, toutes les preuves d'une incontestable supériorité dans presque tous les genres, sont étalés à leurs yeux.

On pourrait se souvenir que c'est à Louis XIV, c'est-à-dire à Colbert, que la France fut redevable du grand développement que prirent chez elle les fabriques de laines, si l'on ne se rappelait en même temps la fatale révocation de l'édit de Nantes, qui détruisit en un jour le succès de vingt années. En 1669, on comptait dans le royaume quarante-quatre mille métiers en laine ; en 1710, il n'en restait plus que dix-huit mille ; l'Allemagne, l'Angleterre, et sur-tout la Belgique, s'étaient enrichies de nos pertes ; c'est de cette époque que datent les progrès de ce genre d'industrie dans les Pays-Bas. Jusque-là les Belges s'étaient bornés à la culture de leurs troupeaux ; et telle était depuis long-temps pour eux cette source de richesses, qu'un de leurs princes, Philippe-le-Bon, avait institué l'ordre de la *Toison-d'Or*, pour en consacrer l'origine : les ingrats qui le portent aujourd'hui ne savent pas que c'est au commerce qu'ils le doivent, et probablement ne me sauront aucun gré de le leur apprendre.

Les progrès étonnants qu'a faits, depuis quelques années, cette maîtresse branche de l'industrie, sont dus à l'emploi des machines et au perfectionnement des laines par l'introduction des races mérinos. L'importation des chèvres du Thibet ne tardera pas à la porter au plus haut degré de perfection, et la France n'oubliera pas l'auteur de ce dernier bienfait. J'ai nommé M. Ternaux.

La victoire, légalisée par les traités les plus saints, les plus authentiques, nous avait rendus possesseurs des chefs-d'œuvre des arts. Des vainqueurs moins scrupuleux nous en ont violemment dépouillés : mais, dans leur triomphe sans gloire, ils ne nous ont enlevé que de l'or et du marbre; ils n'ont point tari la fécondité de notre sol; ils n'ont point éteint le courage de nos vétérans, l'activité, le génie de nos artistes, l'industrie, le patriotisme de nos fabricants. C'est en vain que les auxiliaires qu'ils ont laissés au milieu de nous, après avoir abreuvé de dégoûts nos guerriers, cherchent aujourd'hui à flétrir le commerce et l'industrie, source d'une autre gloire; ils subiront encore le spectacle de ce paisible triomphe, et s'en vengeront à leur manière, en dénonçant à l'Europe notre séditieuse prospérité.

Quelques troupeaux de mérinos, voilà ce qui reste de leurs conquêtes aux triomphateurs de la Corogne, de Marengo, du Helder, d'Austerlitz, d'Iéna, de Friedland: mais ces faibles germes, l'industrie française les a fécondés; ils sont désormais impérissables.

Dans son cours majestueux, le grand fleuve de la civilisation recouvre peu à peu, de ses ondes réparatrices, le terrain envahi par les gothiques préjugés du vieux temps. L'ignorance n'est plus l'attribut indispensable de la noblesse: presque tous nos gentilshommes savent lire; il en est même quelques uns qui savent écrire; mais la plupart de ceux-là se trompent quand ils croient ne pas déroger.

Parmi les échantillons de laine mérinos, on a remarqué ceux qui proviennent des troupeaux de M. *de Polignac*, et l'on a vu avec plaisir le nom de M. le *maréchal Beurnonville* inscrit sur le chef d'une pièce de très beau drap de Louviers, fabriquée avec la laine de ses troupeaux.

On peut suivre dans cette salle la marche entière de la fabrication: j'ai remarqué les échantillons de la filature hydraulique de M. *Dobo*.

M. Dobo est un mécanicien non moins désintéressé qu'habile; il a trouvé un procédé d'encliquetage, sans bruit, sans recul, applicable à l'horlogerie et à toutes sortes de mécaniques; il l'expose et l'explique à tous ceux qui se présentent; il ne demande d'autre prix de sa découverte que de la répandre.

Ce n'est point un des traits les moins honorables du caractère de l'artiste français, que ce desir généreux de faire participer les autres au bien qu'il découvre. Nos voisins cachent leurs procédés; nous étalons les nôtres; aussi tout le monde profite-t-il du bienfait, excepté le bienfaiteur; son nom même est le plus souvent ignoré, et on le comparerait volontiers (avec Bacon) à ces cadrans solaires placés sur la muraille extérieure d'un édifice, qui montrent l'heure à tout le monde, excepté au propriétaire enfermé dans le logis.

CHAPITRE VII.

Manufactures Ternaux.

La salle sous le n° 5, placée immédiatement derrière le frontispice de la colonnade, est occupée par les produits variés des cinq manufactures de MM. Ternaux.

On y remarque principalement des draps de vigogne, de demi-vigogne, façon de vigogne, et des draps superfins de Louviers, à la beauté, à la solidité desquels les draps étrangers ne peuvent désormais atteindre.

En achetant la fabrique de feu Bonvallet qu'ils exploitent à Saint-Ouen, MM. Ternaux ont perfectionné sa découverte, qui consiste à appliquer sur le drap une impression en relief imitant la broderie.

Les tissus de cachemire qu'ils ont exposés, et sur lesquels se portent tous les regards, égalent au moins, pour le fini du travail, et surpassent de beaucoup, pour la fraîcheur, l'élégance, et la variété du dessin, les ouvrages du même genre dont l'Asie impose encore à l'Europe le tribut onéreux. Le prix des schals français est moins élevé que celui des tissus de cachemire; la préférence que le luxe pourrait encore donner à ces derniers ne serait donc plus qu'un sot engouement, contre lequel les amis de l'industrie nationale doivent appeler toute la sévérité des douanes.

CHAPITRE VIII.

Fabriques de coton.

Toutes les sciences ont leurs axiomes. Ceux de la science du commerce me semblent parfaitement exposés dans une excellente *Adresse de la société de Philadelphie pour l'encouragement de l'industrie na-*

tionale, dont les auteurs réfutent avec autant de raison que de talent cette maxime fondamentale du système d'Adam Smith, sur la *richesse des nations:*

« Si un pays étranger peut vous fournir un objet de commerce à meilleur marché que vous ne pouvez le fabriquer vous-mêmes, achetez-le de l'étranger, et ne le fabriquez pas. »

La réfutation de ce précepte destructeur de toute industrie n'est que le développement des propositions suivantes:

1° L'industrie est la base la plus solide de la force, du bonheur, et de l'indépendance des nations, et, sous toutes les formes, elle réclame la protection des gouvernements;

2° Jamais, sans cette protection de l'industrie domestique, une nation ne peut atteindre le degré de prospérité dont elle est susceptible;

3° Les nations, comme les individus, marchent à leur ruine quand leurs dépenses excèdent leurs revenus;

4° Il n'y a point, à cet égard, de maux politiques auxquels une sage législation ne puisse porter remède;

5° Les intérêts de l'agriculture, des manufactures, et du commerce, sont liés si étroitement, qu'on ne peut blesser les uns sans nuire aux autres;

6° Toute mesure administrative doit tendre à favoriser le développement de l'industrie nationale;

7° L'industrie et le commerce traversent quelquefois des états soumis au despotisme; ils ne se fixent que dans les pays libres.

C'est pour avoir ignoré ces principes, ou par l'impossibilité de les mettre en pratique dans une monarchie fondée sur les absurdes priviléges de la noblesse, que la France, avec tous les éléments de prospérité qu'elle renferme, est restée pendant tant de siècles tributaire des nations commerciales de l'Europe, pour ces mêmes produits industriels qu'elle étale aujourd'hui avec un si juste orgueil.

L'industrie qui s'exerce sur le coton est celle où nos succès ont été en même temps les plus retardés et les plus rapides; un aperçu statistique de son état actuel suffira pour donner une idée de son importance, et du poids qu'elle met dans la balance de notre commerce.

Nos manufactures emploient annuellement environ quarante-deux millions de livres pesant de coton, lesquelles évaluées en laine brute au prix commun de 1 fr. 50 c. la livre font une somme de soixante-trois millions.

Ces mêmes cotons, cardés, filés, employés pour mèches, couvertures de lit, bonneterie, tissus de toutes espèces, pour habillement et meubles, mousselines et toiles peintes, donnent à la vente un produit d'environ quatre cents millions.

On peut évaluer que chaque livre de coton en

laine, qui revient à 1 fr. 50 c.; produit, après avoir été filée, tissée, blanchie ou teinte, pour les objets de la consommation la plus courante, de 8 à 10 fr. la livre pesant; en toile peinte, de 14 à 16 fr.; en mousselines unies, rayées, brochées, en coton à coudre et à broder, de 25 à 40 fr.

On ne peut estimer à moins de sept cent mille individus de tout sexe et de tout âge le nombre de ceux que cette seule industrie occupe, et parmi lesquels le tiers se compose de femmes ou d'enfants qui n'ont pas atteint leur seizième année : on commence même à les employer dès l'âge de sept ou huit ans.

Les capitaux qu'elle emploie en immeubles, mécaniques, mobilier, en approvisionnements, en objets manufacturés de toute espèce, s'élèvent à un milliard.

Non seulement les produits en coton de nos manufactures nationales suppléent à ceux que nous tirions jadis de l'Inde, du Levant, de la Saxe, de la Suisse, et de l'Angleterre; mais après avoir alimenté la consommation intérieure, ils donnent un excédant déjà considérable qui s'exporte à l'étranger.

Je crois rester au-dessous de la vérité en portant à trois cent cinquante millions par an la valeur des bénéfices et de la main d'œuvre que cette industrie produit à la France; je ne parle ni de l'appui qu'elle prête à l'agriculture et aux autres branches de commerce, ni des ressources qu'elle offre au trésor public.

Ce n'est point dans les caprices de la mode, mais dans la nature même du coton, qu'il faut chercher la cause du prodigieux emploi qu'on en fait dans les quatre parties du monde. La facilité avec laquelle cette matière première se prête à la main d'œuvre, sa souplesse, son extensibilité, sa solidité, l'avantage inappréciable d'être à l'abri des ravages de toute espèce d'insectes, l'économie qu'elle présente au consommateur, en ont étendu l'usage aux besoins de tous les peuples; la filature à la mécanique, et l'invention des machines propres à régulariser le tissage et à perfectionner le blanchîment, ont eu pour résultat d'assurer à l'industrie européenne cette supériorité que l'Inde a conservée si long-temps, et dont l'Angleterre, toujours habile à profiter, par l'application, des découvertes des autres peuples, s'est réservé pendant plusieurs années tous les avantages.

MM. *Oberkampf*, de Jouy; *Kœchlin*, de Mulhausen; *Gros-Davillier-Roman*, et *Odier*, etc., de Waisserling, se partagent l'honneur d'avoir introduit, inventé, ou perfectionné, les machines à l'emploi desquelles l'industrie *cotonnière* est redevable des immenses progrès qu'elle a faits.

La filature de MM. *Davillier-Lombard*, à Gisors, tient le premier rang parmi les établissements de ce genre; elle fournit au commerce et au tissage des fils d'une qualité supérieure, depuis le n° 15 jusqu'au n° 200. On sait qu'au-dessus de ce degré de finesse (cent trente mille aunes à la livre), le fil de coton n'est plus qu'un objet de curiosité ou de fantaisie, sans une grande importance dans la consommation générale.

CHAPITRE IX.

Toiles peintes.—MM. Kœchlin, de Mulhausen; Oberkampf, de Jouy; Davillier, de Waisserling.

On a tant fait de biographies des hommes célèbres, n'en pourrait-on pas faire une des hommes utiles? Ne lirait-on pas avec autant d'intérêt des notices sur la vie des citoyens qui ont enrichi leur pays, qui ont augmenté les jouissances en le fécondant par leur industrie, que ces recueils où figurent, par ordre alphabétique, tant de noms qu'il faudrait oublier, et tant d'autres dont la célébrité malheureuse a coûté si cher à leurs contemporains?

Parmi beaucoup de noms qui trouveraient place dans ce nobiliaire commercial, celui de M. *Kœchlin*, de Mulhausen, se trouverait un des premiers inscrits.

Samuel Kœchlin, aïeul des dix frères ou beaux-frères associés, dont se compose aujourd'hui cette maison de commerce, fonda à Mulhausen la première fabrique de toiles de coton peintes, dont il fit venir les ouvriers de Hambourg; ce fut sous sa direction que feu M. *Orberkampf*, qui occupe un nom si honorable dans les annales de l'industrie française, puisa les principes d'un art qu'il introduisit en France [1].

En 1802, à la faveur du mouvement imprimé à cette époque à tous les genres d'industrie, les petits-fils du précédent recréèrent leur établissement de famille, où ils importèrent les perfectionnements et les mécaniques propres à ajouter aux progrès que l'art avait déja faits en France par les soins de MM. *Oberkampf*, de Jouy, et *Gros-Davillier*, de Waisserling. Ces mécaniques sont aujourd'hui communes à presque toutes les grandes manufactures, à l'exception de la *machine à poser*,[2] et des métiers à tisser (mis en mouvement par un seul moteur), qui, je crois, ne sont encore employés que dans cette dernière fabrique.

---

[1] Mulhausen ne fut réunie à la France qu'en 1798.
[2] Mécanique pour préparer la chaîne.

Les établissements industriels de MM. Kœchlin emploient de trois à quatre mille ouvriers, et se composent d'une manufacture de toiles peintes et d'une filature de coton à Mulhausen; d'une autre filature à Mas-Vaux, où sont établis les métiers qui fournissent les toiles destinées à l'impression.

Depuis son établissement, cette maison n'a été étrangère à aucune des améliorations, à aucune des créations, qui ont amené les progrès extraordinaires de ce genre d'industrie. On doit à l'un de ses associés une découverte qui fait époque dans l'art des impressions sur toile; en 1810, M. Daniel Kœchlin a trouvé le moyen d'appliquer sur toile de coton le *rouge d'Andrinople*, que l'on n'avait pu jusque-là fixer que sur le coton en fil: on lui doit aussi le secret de *l'enlevage*, c'est-à-dire d'imprimer sur les toiles rouges, à l'aide de procédés chimiques, les couleurs qu'on nomme d'*enluminage*, et de composer ainsi les dessins les plus riches et les plus variés.

L'impression sur les toiles est d'une invention toute moderne, et n'a fait que des progrès assez lents. En 1769, un nommé Stoucrad fit annoncer qu'il avait découvert le secret de peindre des camaïeux sur toiles, et de les orner de fleurs d'or ou d'argent.

Les Suisses et les Anglais perfectionnèrent ensuite cette industrie, depuis si long-temps connue et pratiquée aux Indes. Peu à peu on trouva le secret de trancher, de nuancer les couleurs; tantôt *imprimées*, tantôt *pinceautées*, tantôt appliquées sur des gravures en bois, tantôt sur des tailles-douces, elles parvinrent insensiblement à un certain degré d'élégance et de solidité; et une source nouvelle de richesses et de jouissances s'ouvrit pour la France. La jeune femme ne dédaigna plus de se vêtir avec cette même toile qui avait couvert les fauteuils de sa grand'mère, et tapissé les galeries de ses aïeux.

Ce n'est pas seulement comme fabricants, c'est aussi comme citoyens que MM. Kœchlin ont un droit particulier à l'estime des Français. Occupés exclusivement de leur industrie, aucun des membres de cette nombreuse famille ne s'était voué au métier des armes; mais au moment où le territoire français fut menacé par les armées étrangères, on les vit, ne consultant que leur patriotisme, au risque presque certain de compromettre la sûreté de leurs établissements, accourir dans les rangs de notre armée, offrir leurs bras et leur fortune pour la défense de la patrie, et ce n'est qu'après que la France a été rendue à la paix, et que nos guerriers ont eu déposé leurs armes, qu'ils sont rentrés dans leurs foyers, pour y reprendre paisiblement le cours de leurs travaux industriels.

Toute l'Europe connaît les produits de la manufacture de Jouy; et le nom de son fondateur, M. *Oberkampf*, est un de ceux qui se recommandent à plus de titres à l'estime et à la reconnaissance nationales. Également distingué par la noblesse de son caractère, par la bonté de son ame, par la justesse de son esprit, et le succès de ses entreprises, sa mémoire restera en vénération dans la patrie qu'il avait adoptée, et à laquelle il a ouvert une nouvelle source de richesses.

M. *Oberkampf* fonda au village de Jouy, près de Versailles, en 1759, la première manufacture de toiles peintes que la France ait possédée, et la seule en Europe qui se soit constamment interdit à l'impression toutes autres couleurs que celles que l'on désigne sous le nom de *bon teint*.

On peut suivre, dans cette fabrique, tous les degrés de perfectionnement par lesquels l'art de l'impression sur toile a passé, dans l'espace d'un demi-siécle, depuis le *pinceautage* jusqu'au procédé du *rouleau*, que M. *Oberkampf* employa le premier en France.

Les consommateurs sont, en tout pays, les meilleurs juges des produits de l'industrie à leur usage: ce sont eux qui ont fait la réputation et qui soutiennent la vogue prodigieuse des toiles peintes de la manufacture de MM. *Gros-Davillier* de Wasserling, la seule en France qui réunisse, dans le même lieu et sous la même direction, la filature, le tissage, le blanchiment, et l'impression. La supériorité de ses produits, reconnue sur tous les marchés de l'Europe et des colonies, se fonde sur la beauté des couleurs, le goût des dessins, et en même temps sur la finesse et l'excellente qualité des tissus.

Cette perfection est due à la réunion des artistes et des artisans les plus distingués, à l'intelligence et à la persévérante activité des chefs qui dirigent ce précieux établissement, où plus de cinq mille ouvriers de tout âge et de tout sexe sont continuellement employés.

Pour achever de faire connaître nos richesses manufacturières dans le département du Haut-Rhin, où l'on ne compte pas moins de quarante fabriques de toiles peintes, dont la plupart auraient droit à une mention particulière, je ne puis passer sous silence les produits renommés de la manufacture de MM. *Hofer*, de Mulhausen; cette maison rivalise avec celles que j'ai déja citées, pour les impressions en rouge d'Andrinople; et ses schals fond orange et fond carmelite (genre d'impression appelé *lapis*) lui assignent un des premiers rangs dans ce genre d'industrie.

Je dois encore citer avec MM. *Haussmann* frères, de Colmar, qui ont appliqué la lithographie à l'impression, MM. *Hartmann* de Munster, MM. *Schlumberger*, MM. *Dolfus-Mieg*, MM. *Blech-Fries*, de

Mulhausen, MM. *Bovet-Robert* de Thann, MM. *Zurcher* de Cernay, qui ont une part si honorable à la réputation industrielle que s'est acquise cette riche et patriotique Alsace, à laquelle aucun genre de gloire n'est étranger.

CHAPITRE X.

Indifférence pour les inventeurs. — Typographie. — Progrès de cet art. — Famille Didot.

Par une inconséquence dont j'ai parlé plus haut et dont je ne me charge pas de rendre compte, le pays des inventions est celui où l'on fait le moins de cas des inventeurs : je ne sais pas si l'on citerait en France trois exemples d'auteurs de découvertes qui aient obtenu dans leur pays la récompense de leurs travaux. On a poussé plus loin l'ingratitude en les désignant au ridicule par des dénominations outrageantes : « *C'est un homme à projet, c'est un faiseur,* » signifie, en d'autres mots, dans le langage de la société, c'est un pauvre diable qui se tue à semer un champ où d'autres feront la moisson. Encore s'il travaillait pour ses compatriotes ! Mais leur sot dédain le poursuit jusque dans ses succès, et presque toujours c'est de l'étranger que nous rachetons, vingt ou trente ans après, une découverte précieuse dont nous avons laissé mourir l'inventeur à l'hôpital : c'est ainsi que l'éclairage par le gaz hydrogène, la première idée de la pompe a feu, la machine à poulies, l'enseignement mutuel, l'art de fabriquer le *papier continu*, la mécanique propre à fondre des caractères d'imprimerie, et tant d'autres inventions, après avoir été trouvées en France, nous sont revenues ou nous reviennent de l'Angleterre, qui nous fait chèrement payer la réimportation.

Les deux dernières découvertes dont je viens de parler appartiennent à un membre de cette famille *Didot*, si justement et si anciennement célèbre dans l'art de la typographie.

Le berceau de cet art, malgré les recherches et les dissertations des savants, est encore enveloppé de nuages; on n'a que des documents incertains sur les premiers pas d'une découverte qui devait changer la face du monde moral. Mais une chose dont on ne peut douter, c'est que l'imprimerie passa long-temps pour un sortilége, et que ses inventeurs furent persécutés comme sorciers. Dans un acte passé par Guttemberg, à Strasbourg, on lit ces paroles : *Guttembergus de Moguntiâ, possidens mirabilia et prodigialia naturæ arcana :* (Guttemberg de Mayence, possédant de merveilleux et prodigieux secrets.) Les effets de cette découverte opérèrent, il est vrai, des prodiges, et jamais hommes ne méritèrent mieux que Guttemberg et ses successeurs, de passer pour des génies surnaturels.

Les noms de ce *Guttemberg*, appelé aussi *Geinsfleich*, de *Jean Faust*, de *Laurent Coster*, d'*Ulrich Gering*, *Schœffer*, *Amerbach*; des *Étiennes*, des *Plantines*, des *Manuces*, des *Juntes*, des *Morels*, des *Wechels*, des *Jean Froben*, des *Didot*, des *Bodoni*, ont acquis une immortalité, que la philosophie consacre, et qui a pour base l'utilité des hommes.

Une simple gravure fut le germe de l'imprimerie. Les Chinois la pratiquaient il y a trois mille ans, et la pratiquent encore aujourd'hui dans cet état d'imperfection.

Dès que les caractères furent rendus mobiles, gravés en relief, et jetés en fonte, l'invention de l'imprimerie se trouva consommée. Les premiers caractères hébreux, grecs, et latins, furent fondus par François Ier; les premiers caractères arabes et orientaux sortent de l'imprimerie du Vatican. De nouvelles découvertes semblent avoir porté cet art au point de perfection où il pouvait atteindre.

Les éditions Didot, connues de l'Europe entière, font partie de notre gloire nationale. Je ne parlerai ici que de ceux des produits de cette industrie qui ont orné l'exposition que je continue à décrire.

MM. Pierre, Firmin, et Henri Didot, ont constaté

à cette exposition ce qui n'était cependant plus l'objet d'un doute, la supériorité de leurs impressions, et la beauté de leurs caractères, résultant de la perfection de leurs machines *polyamatypes*. Les OEuvres de Boileau, celles de Racine, et la Henriade, exposées par M. Pierre Didot, sont des chefs-d'œuvre au-dessus desquels il est douteux que l'art typographique puisse s'élever.

M. *Didot Saint-Léger* vient d'en agrandir le domaine; sa machine à fabriquer le papier continu, et à fondre les caractères, sont dignes de la plus haute attention. L'une était déja connue par ses résultats en Angleterre; le modèle de la seconde est exposé au Louvre.

Cet habile artiste a employé vingt années de sa vie, et toute sa fortune, au perfectionnement de ces deux machines : au moyen de la première, des papiers de toutes dimensions et de toutes qualités, dont il a exposé les échantillons, sont fabriqués sans ouvriers; d'une longueur indéfinie; à la vitesse de soixante à deux cents pieds carrés par minute; et ils peuvent, à qualité supérieure, se vendre beaucoup meilleur marché que les autres. L'expérience étrangère a déja prouvé tous ces avantages.

La machine à fondre les caractères, dont j'ai long-temps examiné le modèle, est supposée fabriquer, également sans ouvriers, des lettres dont l'œil est aussi pur qu'on puisse l'obtenir par le poinçon, et avec une très grande économie.

CHAPITRE XI.

Iconographie. — Découverte de M. Redouté.

Ce n'est point en sa qualité du plus grand peintre de fleurs connu en Europe, que M. *Redouté* expose au concours des produits de l'industrie nationale, quelques uns de ses admirables ouvrages iconographiques; son but est de prendre acte, comme artiste et comme Français, de l'invention qui lui appartient, de l'art d'imprimer en couleur par le moyen d'une seule planche. La priorité de cette découverte, dont la piraterie étrangère cherche à s'emparer, lui est acquise d'une manière incontestable. Son iconographie des plantes grasses, imprimée d'après son procédé, date de 1796. A-peu-près à la même époque, Jamiret et Duruisseau tentèrent un autre moyen': celui-ci fut abandonné presque aussitôt, pour la manière de M. Redouté, qui fut dès-lors exclusivement adoptée.

Le genre de gravure en couleur était long-temps resté dans une triste imperfection. Plusieurs planches successivement appliquées, des appareils difficiles et dispendieux, des combinaisons de couleurs souvent fausses, avaient discrédité ce genre, où les Allemands et les Suisses étaient cependant parvenus à réussir jusqu'à un certain point ; la découverte de M. Redouté vient aplanir tous les obstacles.

Comme tous les hommes d'un talent supérieur, ce célèbre iconographe joint à l'amour des arts ce patriotisme zélé qui ne néglige aucun effort, qui n'épargne aucun sacrifice pour obtenir des succès, dont la récompense la plus précieuse est pour lui dans l'estime de ses concitoyens et dans la gloire qui doit en rejaillir sur sa patrie.

En admirant les ouvrages de M. *Redouté*, il est permis de croire que tous les arts ont leurs limites, et que, dans celui qu'il cultive, la perfection ne peut aller au-delà de ses *liliacées* et de ses *roses*; cette dernière collection, qui l'emporte sur l'autre par le charme des couleurs, suffirait pour assurer à notre école iconographique la supériorité que ses autres ouvrages lui ont acquise.

CHAPITRE XII.

Du verre, chez les anciens et les modernes. — Instruments d'optique et de marine. — Miroirs. — Carreaux-mosaïques. — Diamants faux.

Il n'y a peut-être pas de produit de l'industrie humaine plus étonnant que le verre : transparent, il laisse apercevoir les objets extérieurs, et nous offre un abri sans nous priver de la lumière; poli, susceptible de recevoir mille formes diverses, il peut réfléchir, peindre, multiplier, dénaturer même tout ce qui se présente devant lui. On le taille, on le coupe, on le perce, on le souffle, on le polit, on le dépolit, on le courbe, on l'étame, on le grave, on le peint; il sert à tous les usages de la vie, il se prête à toutes les métamorphoses. Façonné en tubes, en ballons, en cuvettes, en globules, en fils déliés, en larmes, en masses, en surfaces plates, convexes, concaves, paraboliques, il conserve les liqueurs sans leur communiquer sa substance, donne passage à la chaleur et à la lumière, récèle la plus douce et la plus pénétrante harmonie, reste impénétrable à tous les fluides, résiste aux acides les plus violents, nous aide à lire dans les cieux, imite les plus précieux diamants, et met en fusion les métaux présentés à l'action de son foyer.

On me pardonnera peut-être ce long panégyrique du verre; j'ai pour moi un exemple célèbre et sacré. L'histoire rapporte que saint Pierre, se trouvant dans le temple de l'île d'Aradus, où le vulgaire admirait de magnifiques statues de Phidias, les regarda d'un œil indifférent, et donna toute son attention à de grosses colonnes de verre, qui soutenaient le fronton de l'édifice.

Le verre, chez les anciens, était un objet de luxe et d'agrément : chargé de peintures variées, il ornait les théâtres; noirci et poli, il servait à relever la blancheur du marbre de Paros, dans lequel on l'incrustait [1]; façonné en vases, il commença, sous Néron, à être d'un usage plus commun, bien qu'il fût encore réservé aux riches et aux prodigues. Les Romains jouaient avec des balles de verre et avec des échecs de verres [2]. Les sphères des astronomes opulents [3], et les urnes lacrymales des riches, étaient de verre. Les modernes ont fait servir le verre à d'autres usages; chez eux il a remédié à la faiblesse de la vue, abaissé les cieux et les astres, secondé l'astronomie, l'optique, la peinture, et la navigation.

[1] *Voyez* Pline le naturaliste.
[2] *Voyez* Gruter.   [3] *Voyez* Claudien.

Parlons d'abord des instruments d'optique et de marine que j'ai remarqués à l'exposition dernière. C'est sur-tout aux artistes qui cherchent ou qui sont parvenus à nous soustraire au joug d'une industrie étrangère, que s'adressent mes éloges; à ce titre, MM. *Le Rebours et Jecker* ont droit d'y réclamer leur part : jusqu'à ces derniers temps, les Anglais sont restés en possession de fournir à la France, et au reste de l'Europe, tous les instruments d'optique et de marine dans la construction desquels entrait l'espèce de verre que l'on nomme *flint-glass*. Dans la persuasion où l'on était que sa composition était le résultat d'un secret particulier, on a perdu beaucoup de temps et de soins pour le découvrir; on sait aujourd'hui, par d'heureuses expériences, que le *flint-glass* n'est qu'un accident de fourneau, si j'ose m'exprimer ainsi : c'est-à-dire qu'il se rencontre par hasard dans la matière vitrifiée, et que l'art du verrier consiste seulement à le reconnaître quand il s'y trouve. Affranchi de ce premier tribut par les verreries nationales, et particulièrement par celles de M. *Dartig*, de Vénéches (Ardennes) et du Mont-Cénis, M. Le Rebours n'a pas craint d'entrer en lice avec les plus habiles opticiens anglais; et dès ce moment il peut se vanter de marcher leur égal. Entre autres instruments qu'il a exposés au Louvre, on remarque une lunette achromatique de dix-huit pieds de long, dont l'objectif a sept pouces quatre lignes de diamètre; un miroir ardent, propre à fondre les métaux, de cinq pieds de diamètre; deux télescopes de trois pieds de longueur, et une chambre noire d'un effet très remarquable. Je ne dis rien d'une fort jolie petite machine destinée à faire l'office des sangsues ; c'est un service rendu à la pudeur, dont le beau sexe se montrera sans doute très reconnaissant.

Les instruments de marine et de mathématiques de M. *Jecker*, m'ont paru portés à un très haut degré de perfection.

Les carreaux mosaïques revivent après une disparition de vingt siècles. Le dernier et le plus beau morceau de ce genre que l'ancien monde ait admiré, est celui dont Marcus Scaurus, gendre de Sylla, orna le second étage du théâtre, qu'il bâtit pendant son édilité [1]. Trois cent soixante colonnes le soutenaient, et une vaste mosaïque de verre régnait à l'entour.

L'Allemagne, Venise, et l'Angleterre furent longtemps en possession du commerce et de la fabrication des diamants faux; M. *Duhaut-Vieland*, vient de naturaliser chez nous cette branche d'industrie : le faux *Régent*, qu'il a exposé parmi beaucoup d'autres pierres, a peut-être plus de pureté, plus d'éclat que le véritable; l'un vaut dix millions, et l'autre quatre louis.

[1] *Voyez* Pline.

CHAPITRE XIII.

Vinaigre de bois.

Ceux qui s'étonnent que l'on fasse du sucre avec des betteraves, seront encore plus étonnés que l'on fasse du vinaigre avec du bois; ils commenceront par nier le fait, en abusant des mots: « Le vinaigre, diront-ils, est évidemment du vin aigre; donc on ne peut faire du vinaigre avec du bois: » ce à quoi le chimiste répond: « L'acide acétique est la base du vinaigre; cet acide est contenu dans le bois, plus pur et en beaucoup plus grande quantité que dans le vin aigre, ou dans aucune autre liqueur fermentée: donc on peut extraire du bois de meilleur vinaigre que de toute autre substance. »

C'est ce qu'a fait M. *Mollerat* de Pouilly (Côte-d'Or), et ce que l'Institut de France a constaté dans un rapport fait à la classe des sciences physiques le 26 septembre 1808, aux noms de MM. Fourcroy, Bertholet, et Vauquelin, dont l'autorité répond victorieusement à toutes les objections de l'ignorance, de la routine, et de l'intérêt personnel.

Et que diront les incrédules, si nous leur apprenons que l'on peut tirer un excellent vinaigre des fleurs de sureau, du petit-lait, du lait même, et, qui le croirait, de l'eau pure? C'est cependant ce que tous les chimistes savent, et ce dont on peut trouver les preuves dans l'Encyclopédie [1], chez Spielmann, Scheele [2], et dans la plupart des auteurs qui ont traité de la décomposition des corps.

CHAPITRE XIV.

Plaqué d'or et d'argent. — Bonnets rouges. — Coutellerie de Sir-Henry. — Vases de P. Fauconnier. — Yeux artificiels de O. Desjardins.

Rassemblons dans un même chapitre plusieurs objets qui honorent l'industrie française, et qu'il serait difficile de placer convenablement sous des titres particuliers.

Voici encore une conquête sur l'industrie des Anglais; ils s'étaient réservé le secret du plaqué, et déjà nous sommes en état de soutenir avec eux la concurrence, même chez l'étranger. M. *Chatelain* est celui dont les produits, dans ce genre, paraissent obtenir le plus de succès.

[1] Tome VIII, *Arts et métiers*.
[2] *Voyez* Mémoires de la Société royale de médecine; Journal de physique, 1783.

Disons quelques mots en passant de cette singulière manufacture de MM. *Benoist* d'Orléans, consacrée uniquement à la fabrication des bonnets rouges. Je prie certaines personnes de ne point s'effrayer; ces bonnets-là sont destinés à la Turquie. Pour faire connaître l'importance de cette fabrique, il suffit de dire qu'on n'y emploie que des produits de notre sol; qu'elle occupe quinze cents ouvriers, et que ses exportations font annuellement entrer en France une somme de douze ou quinze cent mille francs.

Quelle que soit la quantité d'objets de coutellerie que j'aie remarqués à l'exposition, je n'oserais pourtant assurer que nos voisins d'outre mer ne conservassent une sorte de supériorité sur nous, dans la fabrication des instruments d'acier, si je n'avais sous les yeux quelques uns des produits de l'atelier de M. *Sir-Henry*, coutelier de la Faculté de médecine.

Je ne peux m'occuper de cet artiste sans parler de ses rasoirs d'une trempe particulière et perfectionnée. La petite caisse d'instruments exposés sous le n° 974, dans la salle numérotée 31, suffit pour lui assigner un des premiers rangs, du moins dans la coutellerie chirurgicale. C'est certainement un calcul d'industrie déjà bien remarquable que d'avoir trouvé le moyen de réunir dans un nécessaire de poche, pesant à peine un kilogramme et demi, tous les instruments propres aux diverses amputations : mais ce qu'il importe de savoir, et ce qui est attesté par le rapport de la Faculté de médecine, du mois de juillet dernier, c'est que ces instruments, de même force et de même dimension que ceux ordinairement employés, égalent et surpassent en quelques parties tout ce qu'on a jusqu'ici fabriqué de plus parfait, même en Angleterre, où ce genre d'industrie a été porté si loin. Je ne puis entrer, à cet égard, dans des détails techniques qui pourraient blesser la sensibilité de mes lecteurs, en leur rappelant les maux que ces instruments sont destinés à soulager par d'autres souffrances; mais il importe que l'on sache que l'habileté de M. *Sir-Henry* lui est tout-à-fait personnelle, et qu'il a fabriqué de sa propre main tous les ouvrages qu'il a exposés, et qui ne peuvent manquer d'ajouter beaucoup à sa réputation.

Je me suis arrêté avec étonnement devant une collection d'yeux artificiels où M. *Desjardins* a reproduit sur l'émail, avec un art admirable, les différentes maladies qui affectent l'organe de la vue. Cet artiste, déjà si recommandable par un talent où il ne connaît point de rival en Europe, l'est peut-être davantage encore par l'application gratuite et bienfaisante qu'il en fait aux hôpitaux de la Faculté de médecine, à laquelle il est attaché.

CHAPITRE XV.

Tannerie. — Progrès de cet art.

Parmi les productions innombrables de l'industrie française, exposées aux regards du public dans les salles du Louvre, il en est peu qui fixent moins que les cuirs l'attention du vulgaire des spectateurs, et qui soient néanmoins plus dignes des regards de l'observateur attentif et de la protection du gouvernement. L'emploi du cuir est un des premiers besoins physiques de l'état social; et l'art de le préparer, un de ceux où nous nous sommes, depuis quelques années, approchés le plus près et le plus vite de la perfection.

On s'occupa de tanner le cuir, et de le rendre souple, dès le berceau de la civilisation. Parmi les noms qu'Homère cite avec éloge, se trouve celui de l'ouvrier qui prépara le cuir destiné au bouclier d'Ajax: c'était Tychus de Béotie, le même auquel Pline attribue l'invention de l'art de tanner.

Il n'y a pas un siècle que la *tannerie* était dans l'enfance: on ne connaissait encore que la préparation à la chaux, qui avait le double inconvénient de brûler le cuir et de le rendre spongieux. Ce n'est que depuis une cinquantaine d'années qu'on a découvert, en France, le moyen de fabrication que l'on appelle à *la jusée*, parcequ'elle s'opère avec le jus du tan. Il a fallu lutter pendant plus de vingt ans contre la routine et le préjugé pour faire adopter parmi nous une méthode dont l'évidence avait, dès le premier moment, prouvé tous les avantages.

Cette force de l'habitude, si difficile à rompre, n'était pas le seul obstacle aux progrès de cette branche d'industrie : on l'accabla d'une multitude d'impôts et de droits de marque, depuis 1585 jusqu'à la suppression en 1790 du droit unique établi par l'édit de 1759, lequel subit une infinité de changements jusqu'en 1775, époque à laquelle les droits de marque furent fixés à 15 pour 100 sur le poids de la marchandise.

Cet énorme impôt, en donnant lieu à des vexations inouïes dans son mode de perception, ouvrit la porte à tous les genres de fraude : les commerçants assez heureux pour employer impunément ces moyens illicites firent des fortunes considérables ; les maladroits furent condamnés, les honnêtes gens se ruinèrent.

Le système des corporations, qui régissait alors le commerce français [1], fut encore une des princi-

---

[1] *Voyez* l'Introduction.

pales causes de la stagnation où languissait cette industrie. Toute innovation dans la méthode de fabriquer devenait suspecte au comité syndical : plusieurs sortes de peaux, et notamment celle du cheval, étaient prohibées pour la fabrication; une simple dénonciation contre le novateur donnait lieu aux visites domiciliaires.

L'abolition du droit de marque en 1790, et la liberté rendue au commerce, en faisant disparaître ces odieuses vexations, communiquèrent à l'art du tanneur un mouvement si rapide, que rien ne put en ralentir les progrès. La révolution, qui nous plaça dans un état d'hostilité avec le reste du monde, nous contraignit bientôt à chercher dans notre propre industrie les ressources que nous ne pouvions plus attendre de l'étranger.

L'Angleterre possédait seule, il y a vingt-cinq ans, le secret de fabriquer des tiges de bottes : la France était alors tributaire de ses manufactures. Quelques ouvriers de ce pays vinrent s'établir dans le nôtre, et leur exemple apprit à nos tanneurs le parti qu'on pouvait tirer d'une immense quantité de peaux, que l'insouciance et l'impéritie, compagnes d'une longue oppression, avaient jusqu'ici laissé perdre. Nous ne tardâmes pas à devenir les rivaux de nos maîtres; et maintenant nous pouvons nous glorifier de la préférence qu'obtiennent chez l'étranger les tiges de bottes fabriquées chez nous, peut-être avec plus de perfection, mais certainement à beaucoup meilleur marché.

Au commencement de la révolution, les immenses besoins de nos armées en cuirs de toute espèce se faisaient vivement sentir; les produits annuels de nos fabriques ne pouvaient suffire à cette consommation extraordinaire. Il s'agissait de créer les moyens d'augmenter la masse de cuirs propres à être mis en œuvre, en abrégeant le temps du tannage; MM. *Berthollet*, *Vauquelin et Séguin*, s'en occupèrent. Ce dernier fit des essais qui démontrèrent qu'il était possible d'atteindre ce but, en facilitant le gonflement des cuirs par un mélange d'acide sulfurique avec les eaux tannantes. L'expérience a prouvé qu'il fallait employer cet acide avec beaucoup de réserve : les premiers essais en grand ne furent point heureux; on brûla le cuir en voulant hâter la préparation de quelques mois. On y est enfin parvenu, sans nuire le moins du monde à sa qualité.

Si j'osais avoir une opinion sur un objet où je sens toute mon insuffisance, je croirais pouvoir assurer qu'on peut abréger beaucoup encore le temps que l'on met au tannage. Je puis du moins citer un fait que tous les voyageurs attesteront avec moi. Les habitants des deux péninsules en-deçà et au-delà du Gange ne mettent pas plus de quinze jours à tanner et à corroyer le cuir qu'ils emploient pour chaussure. Je ne pense pas que ce cuir soit d'aussi bonne qualité que le nôtre; mais j'en ai fait usage assez long-temps pour assurer que la manière dont il est tanné conserve sa substance intacte et la rend propre à être mise en œuvre. Les Anglais possèdent ce secret des Indiens. Ne pourrait-on pas en prendre connaissance sur les lieux mêmes?

Les cuirs et une partie des peaux exposés au Louvre s'y trouvent pour ainsi dire en contact dans la même salle, au rez-de-chaussée, avec les productions minérales dont l'exposition fait tant d'honneur à MM. *Chaptal* fils et *Roard*. Ce rapprochement n'a peut-être pas été fait sans motif: si les productions minérales sont l'ame des manufactures, on peut dire aussi que les productions animales, telles que les peaux fabriquées à l'aide de minéraux et d'après les nouveaux procédés, en sont les résultats les plus précieux et les plus nécessaires à la société. L'alun entre essentiellement dans la confection des cuirs dits *de Hongrie*, employés pour soupentes de voitures et à l'équipement des chevaux de charrois. L'acide sulfurique est un ingrédient nécessaire à la première préparation de ces cuirs tannés.

Pendant long-temps les seuls Hongrois connurent et pratiquèrent cette manière de tanner le cuir. Henri IV, et ce n'est pas là son action la moins louable, voulut conquérir pour la France cette branche de richesse. Il envoya en Hongrie un habile tanneur, nommé Rose, qui accomplit ce larcin national, et revint en France établir, sous la protection du bon roi, une manufacture de cuirs de Hongrie.

L'exposition ne présente que les échantillons d'un petit nombre de tanneries; mais les qualités de ces échantillons suffisent pour donner une haute idée du point de perfection où cette industrie est parvenue.

CHAPITRE XVI.

Chanvre et lin.

Le chanvre et le lin sont les premières substances végétales que l'homme civilisé ait employées pour se mettre à l'abri de l'intempérie des saisons; l'époque où fut inventé l'art de tisser les filaments de cette dernière plante se perd dans la nuit des temps: les livres les plus anciens font mention de tissus fabriqués avec la filasse, et le Deutéronome contient un règlement de police à ce sujet.

Le luxe ne tarda pas à perfectionner un art que le besoin avait fait naître. Les esclaves, auxquels on en avait abandonné la culture, jaloux de satisfaire la vanité capricieuse de leurs maîtres, parvinrent, à force d'adresse et de patience, à filer le lin d'une telle finesse, qu'au rapport de Thucydide (liv. 1er), aucun tissu n'était comparable, pour la transparence, aux robes des Athéniennes.

Il faut croire cependant que les Grecs faisaient du lin un usage bien moins fréquent que nous; car Hérodote et Xénophon affirment que la meilleure partie des récoltes en lin passait dans le commerce. Une serge fine faite de laine était chez eux, ainsi que chez les Romains, le vêtement le plus ordinaire.

Pline parle d'un filet de tricot, si fin, qu'il passait tout entier dans un anneau (liv. XIX, chap. 1er). Les Grecs avaient poussé le blanchîment au même degré de perfection. L'usage des alcalis leur était familier, ainsi que nous l'apprend Théophraste; cet auteur, qui écrivait sept cents ans avant l'ère chrétienne, était lui-même fils d'un blanchisseur de Lesbos. Les propriétés détersives de plusieurs espèces de plantes et de terres étaient connues des Romains; et les nuances de blanc qu'ils communiquaient à leurs toiles avaient tant d'éclat, qu'on préférait celles-ci aux richesses que la magnificence impériale étalait dans les fêtes publiques.

L'art de travailler le lin éprouva le même sort que tous les autres; il s'éteignit dans la barbarie du moyen âge, et dix siècles s'écoulèrent avant qu'il reparût avec quelque éclat. Les Hollandais, parmi les peuples modernes, en firent une étude particulière, et s'emparèrent presque exclusivement de cette branche d'industrie. Les toiles de Hollande furent pendant long-temps les seules qu'on recherchât dans le commerce; les autres nations européennes envoyaient les toiles de leurs manufactures à Harlem, pour y recevoir les apprêts convenables, et les revendaient ensuite comme étant de fabrication batave.

La perte de temps et les frais qu'entraînait cette méthode éveillèrent l'industrie des Français et des Anglais, également impatients de s'affranchir du tribut qu'ils payaient aux Provinces-Unies. Chacune des deux nations chercha séparément à découvrir les procédés dont l'emploi était devenu pour les fabricants bataves une source de richesses. C'est ici que se manifestent les dispositions différentes des deux peuples rivaux pour les inventions utiles. Un Irlandais, qui n'avait que des notions très imparfaites de l'art du blanchîment, se présente en Écosse, et annonce le projet d'y fonder une blanchisserie à la hollandaise : les commerçants, des capitalistes, favorisent aussitôt son entreprise, et fournissent les fonds nécessaires. Il échoue dans ses premiers essais; les toiles, affaiblies par les préparations qu'il leur a fait subir sur le pré, ne présentent, à la fin de la belle saison, que la nuance d'un blanc terne et bleuâtre. Ce mauvais succès ne décourage pas ses associés; ils continuent, redoublent d'efforts, et parviennent à triompher des obstacles.

En France, le même art, établi sur de bien meilleures bases, éprouvé dans toutes ses parties par l'illustre *Berthollet* est loin de trouver la même faveur: une association formée à Valenciennes pour le blanchîment des toiles d'après la nouvelle méthode ne rencontre que des entraves, et ne parvient pas même à se procurer l'emplacement dont elle a besoin: le comte de *Bellaing* indigné de cette honteuse cabale, et convaincu des avantages du procédé nouveau que l'on repousse, établit les sociétaires dans une de ses propriétés; mais cette généreuse protection ne les met pas à l'abri des persécutions que l'on continue à leur susciter.

On ne peut néanmoins se dissimuler que la méthode bertholienne s'applique avec moins de succès aux toiles de chanvre et de lin qu'aux tissus de coton: les pertes que les premières éprouvent dans l'opération s'élèvent jusqu'à 27 pour 100, tandis qu'elles ne vont pas à 5 pour 100 dans les autres: quoi qu'il en soit, il est probable que ces difficultés qui restreignent le commerce des toiles indigènes ne tarderont pas à disparaître. Les substances qui rendent le blanchiment aussi pénible qu'indispensable s'attachent à l'écorce pendant le rouissage: tant que la plante végète, elles sont solubles, et cèdent à l'action de l'eau qui s'en empare. Cette circonstance, reconnue depuis quelque temps, a déja été mise à profit par plusieurs mécaniciens: les machines de M. *Christian* pour teiller immédiatement le chanvre et le lin ont été éprouvées par quelques agriculteurs avec un plein succès. A mesure que l'usage s'en répandra, les manipulations du blanchîment deviendront moins nombreuses et plus faciles. La filature du lin présente aussi plus de difficultés à vaincre que celle du coton, et les procédés mécaniques qu'on emploie pour celle-ci ne conviennent pas à l'autre. Un homme éminemment doué du génie des arts, était parvenu à surmonter l'obstacle; mais à cette honteuse époque où le courage, les talents, et le patriotisme étaient en butte aux outrages d'une orgueilleuse stupidité, il fut contraint à s'expatrier et à porter sur la terre étrangère le fruit de sa précieuse découverte. Les petits-fils de ces hommes qui arrachèrent au monarque dévot la révocation de l'édit de Nantes devaient cet hommage aux cendres de leurs pères.

Nos fabriques de toiles sont dans un état de prospérité très surprenant, si l'on fait attention au tort que les tissus de coton doivent nécessairement leur faire. La séparation de la Belgique a été favorable au développement de cette branche d'industrie. On a établi sur les toiles blanches étrangères un droit qui, pour les toiles de ménage, équivaut à la prohibition; et quant à la petite quantité de toiles fines dont nous avons besoin pour compléter nos assortiments d'exportation, elle n'entre qu'en écru.

Cette séparation de la Belgique nous a forcés d'établir des blanchisseries aux environs de Lille, de Douai, d'Armentières, d'Amiens, de Bauvais, de Senlis, du Mans, et de Lyon.

A l'époque où l'Escaut coulait sous les lois de la France, les teinturiers d'Oudenarde teignaient par an quatre-vingt mille pièces de toiles en bleu, dont les trois quarts au moins, destinées à faire des saraux, se consommaient en France : tous ces établissements ont été transportés en France. Les mêmes teintures n'y reviennent pas à moitié prix.

Les fabriques d'Étaires et d'Armentières se bornent aux toiles de ménage et au linge de table : quoique de bonne qualité, l'espèce de lin qu'elles emploient n'atteint pas, à la filature, le degré de finesse nécessaire pour la fabrication des batistes.

Nos premières fabriques de toiles de ménage sont celles de Lisieux et Vimoutiers, connues sous le nom de cretonnes ; le nombre en est quadruplé depuis vingt ans. La majeure partie des lins qu'elles emploient vient de la Flandre française : celui qui croît aux environs de Lisieux, et dont la culture augmente tous les ans, suffira bientôt à leur consommation.

La fabrique de Bernay se soutient sans augmenter; celles de Mortagne, Mamers, et Alençon, ont un peu souffert de la perte de nos colonies, où elles faisaient des exportations considérables.

Les toiles fines dites *demi-Hollande,* qui se fabriquent et se blanchissent aux environs de Beauvais et de Clermont, approchent de la batiste pour la finesse.

Les fabriques de Mayenne et de Laval sont les plus heureusement situées; elles récoltent leur lin; elles sont dans un pays où la main d'œuvre est à bon marché; et leurs blanchisseries autrefois inférieures à celles du Nord se sont singulièrement améliorées depuis quelques années. Ces toiles, connues dans le commerce sous le nom de *Laval* et de *royale,* sont recherchées pour la consommation intérieure.

Cholet ne fabrique plus l'espéce de toile qui portait autrefois son nom : ceux de ses ouvriers qui ne sont pas occupés aux tissus de coton continuent la fabrication des mouchoirs, à bas prix, dont cette petite ville s'était pendant long-temps réservé le privilège.

La fabrique de Quintin, dite *toile de Bretagne,* a beaucoup perdu par la guerre des insurgés d'Amérique, où se faisait presque toute sa consommation; en perfectionnant ses qualités, elle a trouvé le moyen d'écouler ses produits dans l'intérieur.

La fabrique de Warem est considérable, et ses

produits en toile de ménage sont d'une qualité parfaite; elle en exporte la plus grande partie.

Il se fabrique aussi beaucoup de toiles légères, dites *de Villefranche*, dans les environs de Lyon.

On aura une idée à-peu-près complète du nombre et de l'espèce de nos fabriques de toiles, en joignant aux principales dont j'ai déja parlé celles des anciennes provinces de Lorraine, d'Alsace, et de Picardie. Les toiles connues de cette dernière province sont fabriquées avec les chanvres du pays, et se consomment presque en totalité sur les lieux mêmes.

Les tissus de lin et de chanvre ont deux grands avantages, particulièrement dans les qualités communes et demi-fines, la force et la durée. Leur fabrication est une vieille propriété de l'industrie française.

CHAPITRE XVII.

Cristaux. — Progrès de l'industrie dans cette partie. — Manufactures Chagot père et fils, de Mont-Cenis.—Incrustations

Les beaux produits de nos manufactures de verrerie, que je rencontre sur ma route, me forcent de consacrer de nouveau quelques pages aux verres, cristaux, et glaces, dont j'ai déja eu occasion de parler plus haut.

Qu'on ne s'étonne pas de chercher en vain dans cette notice une disposition encyclopédique et régulière des matières; je n'ai pas prétendu faire ici un rapport scientifique sur la dernière exposition : loin de moi la pensée d'empiéter sur les droits et les attributions de messieurs de l'académie des sciences. Une promenade à travers les salles du Louvre, guidée par une attention patriotique et scrupuleuse; quelques points de vues historiques sur l'état et les progrès de l'industrie; une esquisse rapide et exacte de ces produits merveilleux de tous les arts de la France : tel est le but que je me suis proposé. Les évolutions militaires et les pas de l'arpenteur sont circonscrits dans un espace donné : la course du promeneur a son but aussi; mais une précision géométrique lui ôterait tout son charme, une rigueur pédantesque lui conviendrait moins encore qu'une irrégularité vagabonde.

Ici, comme dans toutes les branches industrielles, les pas que les arts modernes ont faits sont immenses. Qu'il y a loin des premiers essais, à l'aide desquels *Stach* obtint ses verres bleus, qui eurent, il y a quarante ans, une si grande vogue en France, aux verres transparents et purs qui sortent aujourd'hui de la manufacture de *Saint-Quirin* (département de la Meurthe)!

Il y a plus loin encore des cristaux opaques que parvint à former M. *Achard*, à-peu-près à la même époque, aux cristaux magnifiques exposés cette année dans les salles du Louvre.

La fondation et les perfectionnements de cette branche d'industrie, en France, sont dus aux établissements du Creuzot, dont M. *Chagot* est aujourd'hui propriétaire ; la manufacture des cristaux n'en forme qu'une partie. Ces établissements se composent d'une grande fonderie, de grosses forges, d'affineries, de laminoirs, de l'exploitation d'une mine de fer, d'une mine de houille, et d'une cristallisation, la première qui ait été fondée en France, sous la protection de la reine Marie-Antoinette, qui lui avait donné le titre de *manufacture de la reine*, à *Mont-Cenis*, Saône-et-Loire.

La nature des objets qui s'exécutent dans la fonderic n'a pas permis, à raison de leur poids et de leur volume, de les produire à l'exposition du Louvre, d'ailleurs le public les a constamment sous les yeux; il suffit d'indiquer la superbe coupole de la Halle-aux-Blés, le Château-d'eau du boulevart Bondi et la fontaine de l'Institut, pour qu'on puisse juger de l'importance et de la perfection des travaux gigantesques de la fonderie de Creuzot.

La manufacture des cristaux qui fait partie de ce vaste établissement, par la beauté et la pureté de la matière, par l'élégance des formes et le précieux de la taille, soutient très avantageusement la concurrence avec les cristaux anglais. On sait cependant que l'Angleterre abonde en substances propres à la cristallisation, et que cette branche de la chimie, l'un des plus importants agents de la science, a été cultivée avec un succès et une patience rare, chez nos voisins. C'est donc une victoire nouvelle et précieuse que vient de remporter notre industrie : il faut l'attribuer en grande partie aux connaissances chimiques de M. H. Chagot fils, entrepreneur de cette belle manufacture, où il a introduit la fabrication du minium, et les moyens d'épuration des matières constitutives du cristal.

Parmi les nombreux chefs-d'œuvre de cette fabrique, qui ont été exposés, on a particulièrement remarqué deux superbes candelabres de quatorze pieds de haut; trois beaux vases d'ornement, et un plateau de vingt-deux pouces de diamètre, d'une exécution tellement difficile, que le même ouvrier n'a pu parvenir encore à en faire un second : aussi la valeur de cette seule pièce est-elle de neuf cents fr., tandis qu'on peut se procurer pour moins du double de ce prix un service de dessert, composé de cent pièces diverses, taillées avec un art admirable, et qui joignent la solidité à l'éclat du diamant.

M. le chevalier *de Saint-Amans*, attaché à la manufacture de Mont-Cenis, a inventé le procédé ingénieux des incrustations, au moyen duquel on saisit dans le cristal même des desseins coloriés de toute espèce, que leur enveloppe transparente met à jamais à l'abri des outrages de l'air et du temps.

On a incrusté de cette manière des trophées et des portraits; tous ne sont pas également bien choisis : quand il s'agit d'éterniser des souvenirs, il faut songer à la postérité.

CHAPITRE XVIII.

Commerce et fabrication des glaces. — Produits de la grande manufacture de Paris. — Verre filé. — Verres à vitres, à cloches, cylindriques.

Voici un exemple singulier et frappant de l'influence du despotisme sur l'industrie: Louis XIII était mort, la France n'offrait qu'un sol fertile, des institutions incertaines, une nation sans caractère, une cour galante et servile: les ouvriers français découragés se répandirent en Europe; Venise, qui avait commencé à fabriquer des glaces, offrit à plusieurs de ces fugitifs les moyens d'employer leur industrie, et leur confia ses manufactures. Bientôt la fabrication des glaces devint une des principales sources de richesses, et comme un patrimoine de la république: elle en fournit à toute l'Europe; elle vit les trésors de Saint-Marc se grossir chaque jour par l'industrie de quelques Français. L'orgueilleux Colbert s'indigna enfin; et par adresse, par séduction, par argent, rappela les ouvriers Français en France. Depuis ce temps, les glaces françaises ont acquis une supériorité marquée; plusieurs manufactures s'établirent; le commerce y trouva une mine opulente; les perfectionnements se succédèrent; et vers 1650, Thevard inventa les *glaces coulées*, les seules auxquelles on puisse donner de grandes dimensions.

Il faut savoir gré à M. *Lefèvre* d'avoir étamé ses glaces avec l'étain indigène des mines de Pirial et de Vaurcy. Il a recouvert cet étamage d'un caustique qui en augmente la solidité, et par conséquent la durée, sans ajouter beaucoup aux frais d'étamage.

La grande manufacture de glaces de Paris, dirigée par M. *Denauroy* [1], a fourni cinq glaces de dimensions extraordinaires : les deux principales, dont l'une a cent six pouces sur soixante-douze, et l'autre cent dix-neuf sur soixante-dix, sont, je crois, les deux plus grandes glaces que l'on ait encore fabriquées.

C'est Réaumur qui a observé le premier, que le verre peut se dévider comme un écheveau de fil. Un ouvrier tient le morceau de verre au-dessus de la flamme d'une lampe; un autre applique contre le morceau en fusion le bout d'un crochet de même matière, le tire à lui, engage ce crochet sur la circonférence d'une roue verticale qu'il tourne rapidement, et réduit en fils aussi minces qu'un fil de ver à soie, ovales, flexibles à un degré étonnant, cette matière transparente, légère et fragile. On ne peut attendre qu'un très mince degré d'utilité de ce procédé ingénieux, de ce petit miracle de l'industrie:

[1] Petit-fils d'une sœur de Racine.

ceux qui s'y adonnent, ne doivent pas espérer que le débit d'objets si frivoles les dédommage des soins qu'ils se sont donnés, du temps et du talent qu'ils y ont perdus.

Ce fut long-temps une opération difficile, que la fusion de ces verres cylindriques, sous lesquels on met à couvert les pendules et les ornements précieux de nos cheminées. Cette partie de l'art du verrier semble portée aujourd'hui au plus haut degré de perfection. Du moins conçoit-on difficilement qu'on puisse aller au-delà des deux cylindres de la verrerie *Monterma* (Ardennes); l'un de trente-cinq pouces de hauteur sur seize de diamètre, l'autre de forme ovale de vingt-deux pouces et demi de haut sur vingt-deux pouces trois quarts dans le diamètre de sa longueur, et huit pouces de diamètre dans sa largeur. Le verre en est épais, brillant, sans tache, et sans couleur.

La plupart des produits de nos verreries ont été exposés dans la salle où se trouvaient les porcelaines, ce qui rappelle cette comparaison poétique :

... Comme elle a l'éclat du verre,
Elle en a la fragilité.

Sans respect pour la différence de leur emploi, je rendrai compte, dans un même chapitre, des porcelaines qui décorent la table du riche, et de l'humble faïence qui couvre la table du pauvre.

CHAPITRE XIX.

Coup d'œil historique sur les vases des anciens. — Vases grecs. — Faïences françaises.

Les premiers vases dont se servirent les hommes furent sans doute des fruits desséchés et creusés, assez larges et assez denses pour contenir et transporter les liquides. La courge, la citrouille, étaient les vases ordinaires de ces Égyptiens si puissants et si vantés. Aujourd'hui quelques indigènes de l'Amérique font encore servir leurs calebasses au même usage. Quand l'homme eut massacré l'animal sauvage, et, plus sauvage que lui, dévoré ses entrailles et saisi sa dépouille, il se servit des cornes de la victime pour boire ou conserver les liqueurs. Homère et Xénophon nous montrent leurs personnages se passant de main en main, autour de la table du repas, la corne de bœuf, en guise de coupe; c'était dans une corne que l'huile sainte était gardée au fond du tabernacle des Hébreux [1]. Les anciens rois de Danemarck vidaient, avant le combat, une grande corne remplie d'hydromel [2]. A Rome, sous l'empire

---

[1] *Voyez* Esdras. — [2] *Voyez* Bartholin

d'un luxe riche des dilapidations de trois siècles, et des dépouilles du monde connu, la mesure commune des liquides était une corne de taureau, de bœuf ou de belier [1].

Cependant Platon [2] prétend que l'art de la poterie fut une des premières inventions de l'esprit humain, « parceque, dit-il, l'emploi des métaux n'est « point nécessaire à cette industrie facile. » En effet, chez la plupart des nations barbares on a trouvé des vases très solides, faits de terre grasse durcie au soleil ou cuite au feu. A la Louisiane, les femmes seules fabriquent ces porcelaines grossières, mais indestructibles. Chorabus l'Athénien eut des autels pour avoir inventé la poterie. Les rois de Juda donnèrent un logement dans leur palais et accès dans leur cour, à une famille de potiers habiles; et les beaux vases toscans, dont nos cabinets possédent quelques fragments mutilés, le disputèrent, sous Auguste, aux vases d'or et d'argent. La table de Trimalcion, chez Pétrone, offre de petits huiliers d'argile étrusque, à côté des immenses amphores de Corinthe, étincelantes de smaragdites.

L'érudition des mots, celle qui s'occupe sérieusement de la position d'une virgule dans une phrase oiseuse, ou qui poursuit à travers les ténèbres de

---

[1] *Voyez* Cantelius, *de obsoniis.*
[2] *République*, liv. I

la dernière antiquité, une syllabe perdue, est moins intéressante sans doute que ces souvenirs des coutumes anciennes, que cette érudition *des mœurs et des choses,* qui reporte notre pensée sur les révolutions des coutumes, et fait revivre pour nous, tous ces usages différents que l'industrie humaine a successivement inventés et remplacés; néanmoins je crois convenable de m'arrêter ici, et de résister au desir de donner à mes lecteurs la description des trois cents et quelques formes de vases employés par les Grecs, au rapport d'Athénée[1].

Tout métier chez les Grecs s'était élevé à la dignité d'un art; cela devait être, là où la beauté des formes, en quelque genre que ce fût, était le premier mérite, où le goût semblait être un besoin de toutes les classes : ce n'était pas assez qu'une chose fût utile et commode, il fallait encore qu'elle fût agréable pour passer en usage. La preuve de cette vérité se retrouve jusque dans les moindres débris que le temps nous a conservés; jusque dans le vase de terre où l'esclave faisait cuire ses aliments. Chez les Grecs, le goût était un instinct; parmi nous, c'est une acquisition : les arts libéraux tendent sans cesse à la réunir à ce domaine public.

Nos efforts ont été long-temps moins sensibles, dans le genre d'industrie dont je m'occupe en ce

[1] *Deipnosoph.*, liv. II

moment, que dans beaucoup d'autres, et ce n'est que depuis peu d'années que l'influence des arts du dessin se fait sentir dans l'industrie du potier.

La dernière exposition a manifesté, dans ce genre, des progrès étonnants.

La fabrique de MM. *Fabry* et *Utschneider*, de Sarguemines, a brillamment soutenu la grande et ancienne réputation dont elle jouit : parmi les nombreux articles en faïence, en terre rouge, cailloutage et porphyre, dont elle a offert les modèles, j'ai donné une attention particulière à de belles jattes en argile naturelle au-dehors, et brillantes au-dedans du plus beau vernis; à des vases d'ornement de différentes dimensions, et modelés de très bon goût.

Ainsi les produits des fameuses terres de Wedgewood, ces petites poteries fauves et noires, d'un grain si fin et d'un aspect si aimable, ces pots à lait si délicats, si gracieux, ces théières si élégantes, cette faïence bronzée, brillante et légère, dont l'Angleterre se vantait avec raison, sont égalés par nos manufactures, et nous avons atteint ou devancé nos rivaux dans cette branche d'industrie, que Raynal appelle la *propreté du luxe,* et qui vaut mieux que son opulence.

CHAPITRE XX.

Porcelaines de Sèvres. — Porcelaines de fabriques diverses. — Immenses progrès de l'industrie en ce genre. — Peinture sur porcelaine, émaux, et camées.

Mes desirs sont vastes et ma fortune est modeste; je me trouve ainsi placé, comme beaucoup d'autres, entre la tentation de me procurer de belles choses, et la difficulté de les acquérir : grace soit donc rendue à ceux des fabricants qui font cesser tout d'un coup notre incertitude, en indiquant le prix des objets qu'ils exposent. M. *Frémont* a pris ce parti, et doit s'en trouver bien.

Le temps où l'on ne connaissait guère en France d'autres porcelaines que celles du Japon et de la Chine, n'est pas à un demi-siècle de nous. Que de peines ne se donnèrent point Turgot, Lauragais, Réaumur, pour découvrir les mystères de cette industrie, et la nationaliser en France! Il faut lire un auteur contemporain pour observer dans son singulier langage le degré d'intérêt et de curiosité qu'excitait alors le succès incertain des nouvelles manufactures : « La terre du Limousin, dit-il (plus
« naïvement qu'il n'appartenait à un homme qui vi-

« vait du temps de Voltaire), la terre du Limousin
« ne parut pas plus tôt qu'elle subjugua tous les es-
« prits, etc., etc. »

Aujourd'hui, à quelle distance nos produits en ce genre ne laissent-ils pas ceux des fabriques d'Asie qui nous ont servi de modèles; ceux même de cette manufacture royale de Sèvres, dont l'établissement n'exigea pas moins que la puissance et la richesse du gouvernement?

La manufacture de Sèvres, à qui reste la gloire d'avoir fondé cette branche d'industrie, a éprouvé le sort de toutes les entreprises que ne dirigent point le zèle et l'activité de l'intérêt particulier: la routine s'établit et les progrès s'arrêtent. L'exposition de cette année en est la preuve. Je ne parle pas des vases de dimension colossale: j'apprécie peu le mérite des masses fragiles, et je veux que des formes gigantesques soient du moins le garant de leur durée. J'ai vainement cherché les autres produits de la manufacture de Sèvres, je n'ai vu que ceux des fabriques de MM. *Nast, Dihl, Dagoty, Schœler, Darthe,* et *Cadet-Devaux,* etc.

Notre école de peinture, qui laisse déjà si loin d'elle les maîtres du siècle de Louis XIV, exerce la plus heureuse influence sur tous les arts où le dessin préside, et cette influence se fait particulièrement sentir dans les progrès de nos fabriques de porcelaine, auxquelles sont attachés des peintres dont quelques uns, tels que M. *Desvignes* et madame *Jacquotot*, ont acquis dans ce genre une très juste célébrité.

Le même écrivain cité plus haut disait encore : « *On assure* qu'il est *possible* d'exécuter sur porce-« laine de grands tableaux. » Quels progrès immenses, depuis la possibilité exprimée dubitativement, jusqu'aux belles productions que nous avons sous les yeux !

Il y a de l'étonnement dans l'admiration qu'on éprouve, à la vue du point de perfection où ce genre de produit est arrivé : on se demande comment des particuliers ont pu retrouver les frais de leurs recherches dans les ventes ordinaires d'un commerce qui expose à des pertes et à des accidents, dont le moindre emporte les bénéfices d'une semaine de travail.

CHAPITRE XXI.

De l'esprit de système. — Fabriques de dentelles. — Blondes et tulles — Madame la marquise d'Argence

Le malheur des classifications rigoureuses est de n'offrir un ensemble régulier, en apparence, que par des rapprochements forcés, et aux dépens des parties qui composent le tout. Dans les systèmes de botanique les plus ingénieux, vous trouvez des classifications disparates, et de choquantes anomalies; il semble que la nature, pour se venger de la contrainte que la science lui impose, veuille toujours lui échapper par quelque endroit.

Comment, par exemple, eussé-je classé le chapitre des dentelles, dans un traité régulier et complet ? Aurais-je dû le ranger dans l'article du *chanvre et du lin ?* Mais plusieurs espèces de dentelles se fabriquent avec la soie? Devais-je séparer la *blonde* de la *dentelle*, qui n'en diffère que par la matière employée, et rejeter à une grande distance l'une de l'autre deux branches du même tronc? Comment eussé-je satisfait à-la-fois le simple bon sens et l'esprit de système?

La fabrication des dentelles remonte au seizième siècle; pendant long-temps certaines provinces en possédèrent le privilège particulier et exclusif. Par-tout cependant où il y a une grande masse de population à employer, cette industrie peut être appliquée avec succès: elle l'a été dans ces dernières années; et l'industrie, la politique et la morale ont eu également à se louer de cet essai.

De nombreux échantillons de dentelles fabriquées dans les maisons de correction et de charité, ainsi que d'autres ouvrages sortis des mêmes établissements, prouvent suffisamment que dans plusieurs départements c'est à un esprit de haine pour toutes les institutions fondées depuis 1792, beaucoup plus qu'à la difficulté de les soutenir, qu'il faut attribuer la suppression de la plupart des dépôts de mendicité : il était tout naturel d'attendre du zèle dévot de certains préfets de 1815 le rétablissement de l'honorable corporation des gueux, ne fût-ce que pour y trouver l'occasion de ces aumônes honteuses, dans le secret desquelles on n'initie pas même ceux qui passent pour en être l'objet. C'est la lèpre des pays catholiques que cette foule de fainéants en guenilles qui fondent leur existence sur le rachat des ames du purgatoire, et qui surprennent à la pitié les secours que l'on doit à l'honnête misère. Espérons que le succès de la souscription ouverte chez M. Lafitte, député de la Seine, décidera le gouvernement à rétablir, dans tous les départements où ils ont été supprimés, ces ateliers de travail pour les pauvres valides, dont M. de Pontécoulant, aujourd'hui pair de France, a donné le premier exemple en 1801, dans le ci-devant département de la Dyle, qu'il administrait alors.

Je dois citer avec éloge les dentelles des hospices d'*Arras*, d'*Avranches*, de *Pontorson*, de la fabrique de charité de *Vannes*, des maisons de détention de *Rouen*, de *Gaillon*; ces ouvrages sont loin d'être parfaits, mais les prix en sont modiques. Destinées à orner le simple bavolet des paysannes, toutes peuvent atteindre à ce luxe innocent.

Les dentelles sont des ouvrages de femme, et je voudrais que cette branche d'industrie leur fût exclusivement réservée. Celles qui portaient à l'exposition le nom de madame la *marquise d'Argence*, font beaucoup d'honneur au talent de cette dame; mais, en la félicitant de vivre à une époque où l'on peut sans déroger exercer une profession utile, je la plains d'être née dans un temps où l'éducation des marquises était, à quelques égards, plus négligée que ne l'est aujourd'hui celle d'une simple ouvrière. Je me contente, pour le prouver, de transcrire *fidèlement* l'avis que cette dame a cru devoir donner au public :

« *Mad. la marquise d'Argence, par brevet d'in-*
« *tion seul propriétaire et unique inventeur de la fila-*
« *ture du lin par la mécanique*, DÉPOS AUJOURS DUY,
« à la salle d'exposition, au Louvre, un échantillon
« des PRODUI de son PROSEDÉ; le 22 août 1819. »

Ces produits (orthographe à part) sont des fils de tulle, de dentelle, et des tissus faits avec ces mêmes fils, d'une assez belle qualité, pour justifier les soins que prend cette dame d'annoncer au public qu'elle demeure sur le boulevart des Invalides, n° 29.

CHAPITRE XXII.

Coup d'œil historique sur la soie. — Étoffes de soie. — Velours de de soie, etc., etc.

Le monde, quoi qu'on en dise, doit quelque chose aux moines; ce sont eux qui, chargés par Justinien de découvrir le secret, perdu depuis long-temps, de la fabrication de la soie [1], répandirent dans l'ancien hémisphère l'usage de cette substance si précieuse et si brillante.

Avant le cinquième siècle, tout ce qui regardait la soie était mystérieux; les académiciens avaient bâti plus d'un système explicatif de la naissance et de la beauté de ce fil délié, souple, fort, éclatant. Suivant les uns, c'était le fruit des entrailles d'une petite araignée; suivant d'autres, c'était une condensation des vapeurs de l'atmosphère. Le luxe, la rareté, la superstition concoururent à donner un prix singulier et une valeur énorme à la soie; longtemps une livre de soie se paya une livre d'or : les plus prodigues et les plus insensés des affranchis se firent faire des vêtements de soie; et le petit nom-

[1] *Voyez* Procope

bre de Romains qui gardaient encore le souvenir des vertus austères de la république dédaignèrent une étoffe devenue le signe et l'apanage du luxe et de la débauche.

Héliogabale ne portait que de la soie. Trajan et Marc-Aurèle refusèrent toujours les chlamydes de soie que leur offraient les peuples vaincus. Aurélien, à qui l'impératrice sa femme demandait instamment une robe de cette matière, lui répondit : « Jupiter « me préserve de donner tant d'or pour si peu de « fil ! »

Un petit ver de peu d'apparence et d'une vie courte renferme dans son sein une source de richesses inappréciables. Des manufactures de soie ont jeté l'opulence en Italie, en Sicile, en Espagne, dans la Calabre, dans la Grèce, et dans les provinces méridionales de la France. La soie a fourni à la peinture de riches nuances et des effets inconnus jusqu'alors.

C'est en Chine que se trouvent les vers qui produisent la soie la plus fine. Les soies du Piémont, de Bologne, de Bergame, de Valence en Espagne, en approchent assez; les soies françaises, moins légères, l'emportent sur ces dernières pour le nerf et pour l'éclat.

En passant de l'examen de la matière première à celui des tissus, on a pu remarquer les étoffes de

M. *Chouard*, de Lyon, ornées de tableaux brochés, dans l'étoffe même, par un procédé nouveau.

Les plus riches étoffes en soie pour meubles, qui aient été exposées, sortent de la fabrique de MM. *Gérard* frères, de Lyon. On doit regretter que l'art du dessin continue à rester étranger à la fabrication de ces tentures, où tout paraît encore sacrifié à la seule ostentation d'un luxe de mauvais goût : ce sont toujours de lourdes arabesques, des figures bizarres d'une maussade uniformité; en un mot, de modernes antiquailles. Pourquoi nos manufacturiers de Lyon sont-ils les derniers à sortir de l'ornière? Je leur conseille, pour leur intérêt, et au risque de passer pour libéraux, de prendre le chemin des arts; c'est celui de la fortune.

CHAPITRE XXIII.

Meubles. — Bois indigènes. — Ameublement des temps héroïques. — Bronzes.

La première qualité d'un meuble c'est, sans contredit, d'être commode, et propre avant tout à l'usage auquel il est destiné : c'est pour m'asseoir que j'achète un fauteuil; si je ne trouve d'appui ni pour mon dos ni pour mes bras, si je ne puis me pencher d'aucun côté sans trouver un contour qui me repousse ou un angle qui me blesse, vous aurez beau me vanter sa forme taillée en lyre, ses pieds de biche, et ses bras en cou de cygne, tout ami de l'attique que je suis, je pourrais bien donner la préférence à la bergère des anciens jours. La perfection, dans tous les arts, est de réunir la grace à l'utilité; c'est à ce but que visent depuis quelques années nos fabricants de meubles, et ils sont tout près de l'atteindre.

J'ai déja dit un mot des meubles en bois indigène de M. *Werner*, tapissier décorateur, rue de Grenelle-Saint-Germain. Cet artiste (ce nom appartient à tous ceux qui créent ou perfectionnent une branche d'industrie) a mis en réputation les bois français, et particulièrement le frêne. Il a démontré, en l'employant à la fabrication de toute espèce de meubles, que ce bois a plus d'égalité que l'acajou; que son poli se conserve mieux; qu'il est susceptible d'une plus grande variété d'accidents, et qu'il prend facilement la teinte inaltérable des étoffes dont on le revêt.

A ces beaux meubles, qui réunissent la grace moderne et les formes nobles de l'époque des Phidias et des Scopas; à ces surfaces nuancées et polies; à ces richesses de la sculpture et de l'architecture, destinées à orner le boudoir des femmes et le cabinet des savants; à ces produits brillants de la civilisation la plus haute, opposons l'ameublement des premiers siècles : rapprochons ainsi les deux extrémités de la chaîne de l'industrie, et jetons un coup d'œil sur l'intérieur d'une maison grecque, avant la naissance de ces arts dont nous venons d'admirer les derniers fruits.

Une chambre vaste et carrée reçoit le jour d'une fenêtre oblongue sans vitres ; des peaux de chevreuil sont suspendues à l'entour. On y voit des sièges sans bras, en forme de trône, ornés d'un marchepied [1], couverts de pelleteries chez les grands, drapés d'étoffes de pourpre chez les rois [2], souvent enrichis d'or mat, d'ivoire, et d'ambre incrustés [3]. Le lit est une couchette sanglée, sans pavillons, sans rideaux, contenant de molles peaux de bêtes et des coussins remplis de la plume des oiseaux [4]. Au milieu de la chambre un vaste trépied d'une forme simple reçoit l'encens que les femmes y jettent [5] ; et quelques cuvettes en terre blanche, premiers essais de l'art, élégants dans leur simplicité, sont distribuées autour de la salle [6]. Ainsi vivaient Hector, Homère, Hésiode, et les premiers Grecs.

[1] *Feith*, Antiq Hom., l III, c. II.
[2] Homère, *Iliad*, l. IX, X, XXIV.
[3] Id., *Odyss.*, l. IV.
[4] *Feith.*, l III, c VIII
[5] *Iliad*. l. IX
[6] *Ib.* l. XXIII

La tradition et les cabinets des curieux nous apprennent de quels ornements riches et futiles, contournés et ridicules, nos vénérables aïeux décoraient leurs appartements. Le mauvais goût est frère des mauvaises mœurs: les institutions serviles enfantent la corruption dans les arts; les belles formes et les ornements d'un style grandiose se sont montrés chez nous, dès que la révélation de quelques hautes vérités politiques nous a instruits de notre dignité d'hommes; de beaux vases et des figures élégantes ont orné nos cheminées et nos salons: des bronzes antiques ont remplacé les magots ignobles et les bergers de boudoir.

Dans le noble concours ouvert en France aux arts industriels, le bronze est l'un des produits de notre industrie qui ont jeté le plus d'éclat.

Je ne perdrai pas cette occasion de rendre un nouvel hommage à la mémoire d'un homme, non moins recommandable par les qualités de son cœur et de son esprit, que par les services importants qu'il a rendus à l'une des principales branches de l'industrie nationale: je veux parler de M. *Ravrio*, qui a trouvé un si digne successeur dans la personne de M. *Lenoir*, son élève et son ami.

Doué d'un goût exquis, dessinateur habile, et nourri des études de l'antique, M. Ravrio, secondant les efforts de M. Galle à qui cet art est redevable de plusieurs perfectionnements, a puissamment contribué à amener les bronzes à ce degré de supériorité qui rend aujourd'hui toutes les nations civilisées du monde tributaires de la France pour cette branche d'industrie commerciale. Ce ne fut pas assez pour cet excellent homme d'avoir tout sacrifié au perfectionnement de son art; il voulut garantir ceux qui l'exercent des dangers auxquels il les expose. Tel est le but philanthropique du prix qu'a fondé M. Ravrio, et dont les heureux résultats obtenus pour les doreurs s'étendront bientôt, grâce à la persévérance du savant Darcet, à beaucoup d'autres professions également pernicieuses à la santé de l'ouvrier, par l'imperfection des procédés qu'on y emploie.....

Il est assez bizarre d'observer que ces cheminées-poêles, adoptées de nouveau par notre économie domestique, étaient précisément les cheminées les plus usitées chez les Romains, qui s'en servaient pour chauffer leurs étuves et des appartements tout entiers. . . . .

CHAPITRE XXIV.

Coup d'œil sur l'histoire de l'horlogerie. — Diverses machines pour mesurer le temps.

Une histoire complète de l'horlogerie ferait plus d'honneur à l'esprit humain que l'histoire de toutes les académies du monde.

C'est une merveilleuse création, sans doute, qu'une horloge : cette machine qui renferme en elle-même le principe de son mouvement et de sa vie, mesure le temps, saisit, pour ainsi dire, et suit, dans sa marche rapide, cet être idéal qui ne nous est connu que par la succession des impressions qu'il laisse ; cette machine, dont les usages innombrables ressemblent aux effets d'un talisman magique ; qui détermine le degré de vitesse de la course d'un cheval, du vol d'un oiseau, le nombre des tours de roue, des coups de rames, de piston, de marteau, de lime ; la marche d'un vaisseau, les évolutions d'une armée : à laquelle les plus grandes découvertes en astronomie ont été dues : indispensable dans la marine, utile dans la guerre, dans la musique, dans la physique, dans la chimie, dans toutes les sciences et dans tous les arts, qui veulent une mesure exacte du temps, et une précision rigoureuse. C'est un véritable prodige que cette invention purement mécanique, devenue chez les modernes la régulatrice de la vie civile.

Tantôt une grossière horloge, du haut du clocher de village qui la porte, adresse la parole à une population nombreuse; c'est elle qui, à des espaces égaux, avertit les citoyens de leurs travaux et de leurs devoirs. Elle veille toujours: au milieu de la nuit, elle indique l'instant précis où le breuvage salutaire doit être présenté au malade; elle convoque les hommes et les invite à discuter les grands intérêts sociaux, ou à se rassembler dans le lieu saint: elle sonne l'heure de la prière, de la naissance et de la mort; sa voix solennelle, et toujours égale, semble dire aux citoyens que la vie est courte, que le passé n'est plus, que l'avenir s'avance, que la patrie et la vertu réclament leurs instants.

Tantôt un petit prodige, caché dans les vêtements de l'homme, toujours agité, exposé à une infinité d'accidents, composé d'une multitude de pièces, bat en vingt-quatre heures quatre cent mille coups égaux [1], et règle les affaires et les plaisirs de l'habitant de la ville. Au premier aspect d'une montre, les Chinois la regardèrent comme un être surnaturel et vivant; ils placèrent des gardes au-

---

[1] Voyez *Traité de l'horlogerie*, par Lepaute.

près d'elle, comme s'ils eussent craint qu'elle ne leur échappât[1]. C'est à l'horlogerie sur-tout que l'on doit appliquer ce mot de Fontenelle : « Bien des choses « sont sous nos yeux, sans que nous les voyions; il « leur manque des spectateurs. Rien ne serait plus « merveilleux pour qui saurait en être étonné. »

Les ombres projetées par les arbres des forêts et par le faîte des édifices furent les premiers gnomons dont se servirent les hommes, pour déterminer la mesure du temps par la marche du soleil. On connaît l'horloge d'Achaz, et le cadran solaire de Papirius Cursor. A Rome, quand les rayons de l'astre frappaient une plaque de cuivre placée entre la tribune aux harangues et le *græco-stasis*, un héraut montait à la tribune, et proclamait que le milieu de la journée était venu. L'obélisque d'Auguste, que l'on voit encore dans la Ville éternelle, n'était qu'un gnomon élevé par Sésostris, quinze cent soixante-dix ans avant Jésus-Christ.

Le gnomon de Cassini, à Bologne, celui de Florence, celui de Tonnerre, etc., sont les plus exactes et les plus récentes de ces horloges monumentales.

Parlerons-nous des diverses et nombreuses méthodes[2] employées par les anciens peuples pour mesurer le temps? Tantôt plusieurs vases, percés

[1] Voyez *Lettres édifiantes*, le P. Trigault
[2] V. Vitruve.

régulièrement, et placés les uns au-dessus des autres, se transmettaient le liquide, et indiquaient la fuite des heures par sa chute égale et continuelle. Tantôt le sable remplissait le même but. Des roues, des globes, des machines furent mises en usage tour-à-tour, pour marquer avec quelque précision la division du temps; précision bien difficile à atteindre par ces méthodes. Ce ne fut qu'après les plus inutiles et les plus nombreux essais, que les mathématiciens de Rome et d'Alexandrie parvinrent à donner un peu d'exactitude à ces horloges imparfaites.

Le premier germe de l'horlogerie mécanique fut jeté dans le quatorzième siècle; on imagina d'abord de remplacer les clepsydres *à renversement* par les clepsydres *à roue*. Ensuite on partit de là pour exécuter un rouage intérieur auquel on ajouta bientôt le balancier; et, par la progression lente de plusieurs améliorations successives, l'horlogerie mécanique se trouva inventée. Walingford, Gerbert, Regiomontanus, se disputent l'honneur de la découverte. On peut croire que chacun d'eux a droit à quelque part de gloire. Mais doit-on attribuer à un seul de ces hommes une conception si forte, si belle, si compliquée, si féconde?

Bientôt la sonnerie, la pendule, la répétition, le ressort spiral, les horloges nautiques et planétaires, ajoutèrent leurs merveilles aux premières merveilles de cette invention. Les Leroy, les Berthoud, les Janvier, les Breguet, parurent; des découvertes de toute espèce perfectionnèrent une si admirable industrie. Plus exacts dans leurs travaux que le soleil même dans sa course, les horlogers firent mentir le vers de Virgile :

> *Solem quis dicere falsum*
> *Audeat?*

et purent, avec un juste orgueil, prendre pour leur devise une pendule à secondes, avec ces mots: *Solis mendaces arguit horas*[1].

Que de prodiges dans le développement de cette industrie! Quels raprochements ingénieux! Quelle suite de combinaisons de génie!

Trouver la mesure du temps dans l'ombre du soleil; suppléer ensuite à l'absence de l'astre par les clepsydres mouvantes; suppléer à l'imperfection des clepsydres par un mécanisme simple, admirable; après avoir donné au temps un corps et une marche visibles, lui donner une voix par la sonnerie; rendre, par l'application d'un pendule, la mesure du temps tellement exacte, qu'elle ne varie point d'une seconde en vingt-quatre heures; enfin renfermer une sonnerie parfaite dans une montre d'une di

---

[1] *Ils convainquent d'erreur le soleil lui-même.* C'est en effet la devise des horlogers de Paris

mension infiniment petite; appliquer les horloges à l'art de la navigation, à la musique, à la stratégie, etc.: qui ne serait saisi d'une vive admiration devant ce beau développement des facultés humaines, devant cette foule de prodiges opérés par la lente et graduelle application de l'intelligence et de l'adresse aux besoins et aux plaisirs de l'homme?

Ce beau sujet m'a peut-être entraîné trop loin; je me hâte de revenir à l'exposition de 1819, et aux produits de l'horlogerie française actuelle.

CHAPITRE XXV.

Suite de l'horlogerie. — MM. Lepaute, Breguet, Wagner, etc. — Chronomètre français.

C'est au Hollandais Huygens que l'Europe est redevable des horloges à pendule : aujourd'hui l'horlogerie française est la première de l'Europe, et par conséquent du monde; entre les mains des *Breguet*, des *Lepaute*, des *Berthoud*, des *Janvier*, des *Robin*, elle s'est élevée à la hauteur des sciences exactes, dont elle est devenue l'indispensable auxiliaire.

Cette supériorité de l'horlogerie française ne date que du dix-huitième siècle. Nos artistes découragés par l'arbitraire, l'industrie étouffée par l'édit de Nantes, les soins constants de l'Angleterre pour s'emparer de nos bons ouvriers, nous laissèrent depuis 1600 dans une infériorité remarquable en ce genre, sur-tout si on la compare à l'état florissant de notre horlogerie au quinzième siècle. Ce ne fut que sous l'influence de Julien Leroy, de 1700 à 1746, que cette précieuse branche des arts mécaniques redevint toute française.

Dès-lors nous l'emportâmes sur nos voisins pour les montres servant à l'usage civil, et pour es horloges qui servent à l'astronomie. Plus tard, vers 1770, nous avons obtenu la même supériorité pour le confectionnement des horloges marines, dont les principes constitutifs, les moyens, d'exécution et d'épreuves furent publiés en 1773 par Ferdinand Berthoud, en vertu d'un ordre du roi. Tous les travaux de Harrison en Angleterre, où il obtint le prix proposé par le parlement, ne sont rien, si on les compare à l'ouvrage de ce grand mécanicien.

En 1780, le neveu de Ferdinand Berthoud, Louis Berthoud, inventa les montres marines portatives, qui n'ont pas été perfectionnées depuis ce temps, à moins que l'on ne veuille regarder comme un perfectionnement la beauté des formes et le luxe de main d'œuvre.

Je ne m'occuperai pas d'abord des belles horloges des Lepaute et des Leroy. Plus modestes, mais l'un usage non moins utile, les horloges en bois dont MM. *Jupey* frères, de Riancourt, ont exposé des modèles, les grosses horloges de clocher, à l'instar de celles de M. *Wagner*, sont les premières dont je ferai mention. On peut leur appliquer le mot spirituel de l'abbé Desmarets, sur une femme que la nature n'avait pas favorisée: *Pretiosior æ intùs* : « Son plus grand prix lui vient du dedans. » Ces machines ingénieuses sont plus répandues dans les campagnes des pays étrangers qu'elles ne le sont en France, où la plupart des clochers de village manquent encore d'horloge. Si nos bons villageois employaient à cet usage l'argent qu'ils dépensent en chapelets et en scapulaires, ils apprendraient à mieux connaître le prix du temps, et sauraient que l'emploi le plus agréable à Dieu qu'on en puisse faire est celui que l'on passe au travail.

M. Wagner a prouvé que l'on pouvait, sans beaucoup augmenter la dépense, donner une plus grande perfection à ces pendules. Sa grande horloge publique marche huit jours de suite, au moyen d'un poids de trois livres, et sonne l'heure, la demie, et les quarts sur trois cloches; elle indique même le temps *vrai* et le temps *moyen* espèce de luxe pour les gens de campagne, mais qui peut néanmoins devenir utile en excitant en eux le désir de connaître en quoi l'un diffère de l'autre, chose bonne à apprendre et facile à expliquer.

M. Wagner a exposé des engrenages pour les machines à filature, qui prouvent avec quel art merveilleux il est parvenu à tailler le cuivre, et à faire céder les métaux les plus durs à la puissance des outils qu'il emploie.

Félicitons MM. Bordier, Duchemin et Vaillant de n'être pas nés vers l'an de grace 1300 ou 1350 : ils auraient certainement été pris pour des sorciers; et si la Sorbonne s'était contentée de leur faire crever les yeux (comme il arriva aux auteurs de plusieurs horloges mécaniques, dont parlent Schott et Leo Allatius), au lieu de les faire rôtir, ainsi qu'il arriva à certains autres, ils auraient dû s'estimer fort heureux. Il est vrai que les merveilles du quatorzième siècle avaient quelque chose de plus surnaturel peut-être que celles de notre exposition. Ici, c'était la vierge Marie qui faisait la procession avec les mages et les apôtres; là, c'était le Père Éternel qui donnait sa bénédiction aux paysans; ailleurs, des monarques, des amours, des dieux, des anges se prosternant devant le roi. La plus curieuse, sans doute, de ces anciennes horloges, était celle de Saint-Albans, exécutée par le bénédictin Walingford, au commencement du quatorzième siècle, et qui fut pour lui le sujet d'un excellent calembour, le seul peut-être qui ait jamais réuni au très petit mérite du jeu de mots celui de la profondeur et de la justesse. Il donna pour épigraphe à son horloge, et pour titre à l'ouvrage qu'il composa pour l'expliquer, le mot *Albion*, qui était en même temps une allusion patriotique et une explication de son mécanisme : *All-by-one, tout par un seul moteur* [1].

M. *Paveret*, de Jussey (Haute-Saône), a inventé une machine cylindrique, propre à faire les engrenages, les échappements, et à tourner les pivots : j'en ai entendu faire les plus grands éloges par les hommes de l'art; je me borne à les répéter.

La montre astronomique de M. *Berguiller* indique les heures du temps vrai et du temps moyen ; celle qu'il est au même instant, à toutes les longitudes, dans onze capitales de l'Europe, trois d'Asie, quatre d'Afrique, et quatre d'Amérique; les mois, les quantièmes, les déclinaisons du soleil, les phases de la lune, les heures de son lever, de son coucher, de son passage au méridien; l'heure et la force des marées; la longueur des jours et des nuits; les signes du zodiaque; enfin les degrés de chaleur et de froid d'après la division de Réaumur. Le même ressort met en mouvement tous ces rouages. Cette montre bat la demi-seconde par échappement, à force constante, avec une précision telle qu'elle ne peut varier. C'est, je crois, la première montre de ce genre qui ait été construite.

---

[1] *Voyez* le Catalogue de la Bibliothèque Bodleienne.

Une pendule de M. *Pecqueur*, chef des ateliers du Conservatoire des arts et métiers, marque sur deux cadrans jusqu'aux secondes du temps sidéral et du temps moyen qu'elle indique.

Une pendule à équation et à remontoir nouveau, qui agit à chaque seconde, de M. *Roy;* deux montres marines de MM. *Berthoud* frères, et plusieurs pièces d'horlogerie de M. *Lepaute* fils, suffiraient à la réputation de ces artistes habiles, désormais sans rivaux en Europe.

Nommer *Breguet*, c'est annoncer des perfectionnements obtenus par le concours du génie qui invente, de la science qui calcule, de l'observation qui compose, et de l'art qui exécute. Déjà l'on s'était aperçu que plusieurs horloges à pendules, placées sur le même support, s'influençaient réciproquement; et cet effet était vaguement attribué au mouvement de l'air, déplacé par les lentilles. M. Breguet a reconnu, par des expériences, que le déplacement de l'air n'avait pas d'effet appréciable, et que l'influence du pendule d'une horloge sur le pendule d'une autre horloge ayant un support commun, provenait du seul ébranlement qu'ils y produisent : cette découverte le conduisit à faire servir l'influence réciproque de deux horloges à la régularité de leur marche. Sur ce principe il a construit une horloge astronomique à deux pendules régulateurs, suspendus à un même bras de cuivre fondu.

Chaque pendule est mise en mouvement par un rouage différent, et marque l'heure, la minute, et la seconde, sur un cadran séparé. Par ce moyen, les légères anomalies de l'un des pendules se trouvent incessamment corrigées par les oscillations de l'autre, et il en résulte le plus haut degré d'exactitude que l'on ait encore obtenu dans l'art de mesurer le temps. Cette régularité est telle qu'une montre à mouvement double, dans une même boîte, a été pendant trois mois entre les mains de MM. Bouvard et Arago, membres du bureau des longitudes, sans que les deux aiguilles de seconde aient différé d'un seul battement.

M. Breguet a exposé une montre marine marchant huit jours, dans laquelle la chaîne, le ressort auxiliaire, le double encliquetage, en un mot, tout le mécanisme de la fusée est remplacé par deux barillets dentés, et agissant en sens inverse. Ce moyen, qui prévient une foule de causes d'arrêts et d'inégalités, rend la force motrice tout-à-fait élastique.

On doit à cet habile horloger l'invention d'un thermomètre métallique composé de trois lames, en platine, en or, en argent, dont chacune n'a qu'un quarante-huitième de ligne d'épaisseur. L'extrême sensibilité de ce thermomètre lui donne sur tous les autres une incontestable supériorité.

Je me suis arrêté, comme tous les curieux, devant le chronomètre français, dont M. *Pescher* est l'inventeur. Cet instrument singulier, au premier aspect, présente une aiguille en cristal, retenue au centre d'un cadran vertical en glace, à la circonférence duquel les heures sont marquées : cette aiguille ne reçoit son mouvement d'aucune force motrice extérieure, et semble renfermer en elle-même le principe de sa marche; elle a cette singulière propriété, que, si on la dirige vers un autre point que celui qu'elle doit indiquer, elle y retourne d'elle-même, comme l'aiguille d'une boussole, sans qu'aucun principe d'aimant ou d'électricité produise cet effet, que l'auteur rapporte aux lois de la mécanique. Une autre circonstance de ce chronomètre, c'est que les divisions du cadran ne sont pas égales, mais proportionnelles et plus resserrées à mesure qu'elles se rapprochent de la situation horizontale; ce qui n'empêche pas que l'aiguille ne les parcoure en temps égaux. Ce chronomètre français est une énigme, dont quelques personnes ont trouvé le mot.

L'aiguille porte une boîte dans laquelle est renfermé un mouvement de montre, qui fait mouvoir une masse qui reste constamment perpendiculaire. Le poids en se déplaçant déplace l'aiguille, et, ne pouvant pas décrire un cercle concentrique au cadran, cause l'inégalité des heures. Cette explication est simple; et il est évident que la machine de M. Pescher est mue par l'application du principe au moyen duquel on fait marcher une horloge le long d'un plan incliné, c'est-à-dire par un continuel changement d'équilibre[1].

CHAPITRE XXVI.

Progrès des arts métallurgiques. — Manufactures d'Emphi, de Romilly, etc.

Le progrès des arts métallurgiques est trop sensible dans cette exposition, et je retrouve sous mes yeux trop de preuves de leur état florissant, pour que je ne consacre pas quelques lignes de plus à cette branche-mère de l'industrie nationale, dont j'ai eu l'occasion de parler plus haut.

On ne saurait trop apprécier les efforts de nos maîtres de forges pour nous soustraire aux tributs que nous payons encore à l'étranger, comme on ne

[1] Nous devons à une lettre de M. Janvier, qui a lui-même publié un traité complet sur l'horlogerie, et dont le nom est si recommandable, les particularités et la rectifications de plusieurs erreurs qui nous étaient échappées dans le cours de cet article.

saurait trop encourager les mécaniciens agronomes qui s'attachent, comme ceux dont j'ai parlé dans le chapitre précédent, à perfectionner les instruments nécessaires au premier des arts.

Parmi les maîtres de forges les plus recommandables par leurs utiles travaux, je dois citer MM. *Couleaux* frères, dans le département du Bas-Rhin; M. *Rochet*, dans celui de la Côte-d'Or; M. *Falatieu*, dans la Haute-Saône. Il existe à Saint-Étienne une importante fabrique d'acier; le département de la Nièvre en possède plusieurs: dans le midi de la France nous trouvons celle de MM. *Garrigou*, établie aux portes de Toulouse; et plus loin, dans le département de l'Arriége, M. *Raffié* vient de fonder à Foix un établissement de la plus haute importance, pour la fabrication des faulx et des limes. Plusieurs rapports du comité consultatif attestent l'excellence de ces produits; mais de pareilles entreprises, qui n'ont pour but que l'intérêt général, ne peuvent prospérer sans l'appui du gouvernement, qui leur doit appui, encouragement et protection.

Les divers produits en cuivre de la manufacture d'*Emphi*, département de la Nièvre, méritent les plus grands éloges, et annoncent une grande perfection de travail.

Je n'ai pas vu sans étonnement deux planches en cuivre de l'établissement de *Romilly;* ces planches portent douze pieds six pouces sur six pieds six pouces, mesure extraordinaire à laquelle on n'avait pas encore atteint.

Parmi les tôles de fer, on a remarqué celles du Pont-Saint-Oure de la Nièvre, appartenant à M. *Fouques*, dont la dimension et la beauté surpassent tout ce qu'on a vu jusqu'ici.

La fabrique d'acier de M. *Milleret*, dont les procédés ont été établis par M. *Bonnier*, dans le département de la Loire, paraît avoir fourni les produits les plus beaux et les plus complets.

Les limes de MM. *Saint-Bris, Dequenne, Mont-Mourreau*, et *Raffié*, sont d'une exécution assez parfaite pour nous donner la certitude que bientôt nous n'aurons plus, dans ce genre, rien à demander à l'étranger.

Les fils métalliques de toutes grosseurs, que j'ai soigneusement examinés, prouvent que nos tréfileries sont portées à une très grande perfection. Une pièce de fil-de-fer à l'usage des fabricants de cardes, et que l'on avait mise sous verre pour mieux fixer l'attention, était indiquée par le tréfileur, M. *Mouchet* fils (de l'Aigle), comme ayant trois lieues de longueur sous un poids qui n'excédait pas un kilogramme. C'est, je crois, de la même fabrique que sortait ce fil d'acier de seize millimètres de diamètre, également tiré à la filière, sans morsures, et ces cordes métalliques à l'usage des facteurs d'instruments de musique. On ne saurait trop encourager ce dernier genre d'industrie, dans lequel la France reconnaît encore des maîtres étrangers.

Plusieurs objets de serrurerie, exécutés dans le département de la Somme, et particulièrement les cylindres cannelés de la fabrique de M. *Rivery*, sont également remarquables par leur exécution, et parcequ'ils ont été fabriqués d'après le nouveau système de M. *Dufaud*, ancien élève de l'école Polytechnique, avec des fers indigènes de Grossouvre, lesquels, au dire des fabricants du pays d'Escarbotin, sont les seuls qui réunissent les qualités nécessaires à la fabrication de ces ouvrages.

CHAPITRE XXVII.

Orfévrerie.

La supériorité des Anglais dans les ouvrages argentés, dorés, plaqués et doublés, fut long-temps incontestable, et c'est encore une des branches où l'industrie française est parvenue, pendant cette période maudite de la révolution, à égaler, si ce n'est à surpasser, l'industrie de nos voisins d'outremer: je crois pouvoir affirmer qu'en Angleterre il ne se fabrique rien de plus solide et de plus beau que les plaqués d'argent de MM. *Châtelain*, et les vaisselles doublées d'or et d'argent de M. *Tourrot*.

Parmi les nombreuses manufactures en plaqué d'or et d'argent, celle de la rue de Popincourt est une des plus remarquables pour la variété des objets; elle appartient à M. François *Levrat*, à qui fut adjugé, en 1811, le grand prix d'encouragement. Sa vaisselle se vend au prix de quinze francs le marc, plaqué au dixième, et de vingt-un francs, plaqué au cinquième.

MM. *Jeanetty* et *Chatenay*, rue du Colombier, ont, les premiers, je crois, fabriqué avec le platine, des cassolettes, des boîtes, des couteaux, des cuillers, et des fourchettes, qui, malgré la dureté réfractaire de ce métal, ont reçu les formes les plus élégantes.

A cette exposition, comme dans les précédentes, les plus riches et les plus beaux produits de l'orfévrerie française sont sortis de la fabrique de M. *Odiot*.

Ce qui passait tout le reste en magnificence, c'est le riche service en vermeil commandé par M. Demidoff, dont le prix est porté à 130,000 fr. Ce service est composé de 60 pièces ornées de bas-reliefs d'un goût exquis, représentant des bacchanales et autres scènes analogues à la joie des festins. Les vases qui comportent ce genre d'ornement sont supportés par des figures d'un dessin et d'un travail achevés, parmi lesquelles on remarque une Cérès couronnée d'épis; un Bacchus couvert de la peau d'une panthère; et un faune vêtu d'une tunique légère, et tenant à la main une couronne de fleurs. Je ne pense pas que l'art de l'orfèvre ait encore rien produit, je ne dis pas de plus magnifique, mais d'un luxe d'aussi bon goût et d'une exécution aussi parfaite.

CHAPITRE XXVIII.

Conclusion. — Coup d'œil général sur les progrès de l'industrie française, constatés par l'exposition de 1819. — Vêtements de l'homme. — Tissus de toute espèce, laines, cachemires, soieries, tulles, crêpes, cotons, teintures, blanchiment, impression sur étoffes.

D'après tant de beaux résultats, le progrès de l'industrie française est visible.

Dans les tissus, dans les filatures, dans tout ce qui tient aux vêtements de l'homme, il est aisé de constater des perfectionnements majeurs, obtenus depuis peu d'années, et dus à ce mouvement irrésistible qui entraîne la société vers les améliorations de tout genre.

Le croisement des races de moutons espagnols,

a donné du corps et de l'éclat à nos laines, tandis que la température moins ardente de notre climat adoucissait la roideur des mérinos de l'Estramadure. La filature des laines a fait des progrès remarquables; les fabriques de draps se sont multipliées : l'adoption générale des machines a épargné le travail des hommes, et rendu la main-d'œuvre moins chère, tout en perfectionnant les produits : une nouvelle vie a, pour ainsi dire, animé la fabrication des lainages; enfin, les chèvres de Cachemire ont quitté leurs montagnes lointaines, et sont venues offrir au luxe et à la parure leurs belles et douces toisons.

Le dessin a embelli et varié ces étoffes de fantaisie, inventées par la mode, et mobiles comme elle. La soie, branche si importante de notre industrie, a perfectionné toutes ses parties. On a créé de nouvelles et ingénieuses combinaisons. Les consommateurs se sont présentés en foule; les fabriques existantes n'ont plus suffi. L'art de filer et de teindre la soie, et le mécanisme même du tissage, se sont améliorés. A la place des machines compliquées, difficiles à mouvoir, et meurtrières pour la population qui les manipulait, des machines simples et précises ont été mises en usage : on a su faire mieux à moins de frais; on a appris à ne pas prodiguer en vain les sueurs et la vie des hommes.

Depuis peu, nous sommes parvenus à enlever le

monopole du tulle et du crêpe aux villes d'Italie; à donner un degré plus élevé de finesse au chanvre filé à la mécanique, et un degré bien supérieur et presque incroyable aux cotons filés. La fabrication des perkales, mousselines, etc., est devenue une source de richesse pour plusieurs villes; des familles sans nombre ont trouvé dans ces ateliers une occupation lucrative.

La teinture, le blanchîment, l'impression sur étoffes, n'ont pas fait moins de progès. La cochenille remplacée par la garance et par la *laque-laque,* pour la teinture sur laine; le bleu de Prusse appliqué sur la soie, et l'indigo effacé par une nuance plus agréable; un vert solide, et un plus beau rouge, donnés aux toiles de coton ; quelques couleurs fixées sur le fil de lin, qui jusqu'ici avait trompé tous les essais de ce genre; des couleurs plus vives inventées ; le procédé de blanchîment bertholien pratiqué avec le plus grand succès; le rouge d'Andrinople enfin assujetti à l'opération des agents chimiques auxquels il avait toujours résisté; l'action rapide, continue et régulière du cylindre, introduite dans l'impression des toiles : telles sont les principales et importantes améliorations que l'on a pu remarquer dans cette branche d'industrie.

La fabrication des tapis, ces belles décorations de l'habitation de l'homme, est devenue vulgaire, et, pour ainsi dire, populaire. Les fortunes les plus modiques ont pu aspirer à ces élégantes tentures, où des ornements de bon goût, de riches draperies, de frais paysages, des arabesques soignées, sont exécutés sur papier peint. Le bois de nos forêts a reçu des teintes nouvelles et riantes, qui ne le cèdent pas aux plus belles nuances des bois étrangers, et des formes élégantes que varient et épurent chaque jour les progrès du dessin.

L'économie domestique a fait des conquêtes. Les procédés d'éclairage et de chaufage, inventés précédemment, ont été perfectionnés; on a découvert le moyen précieux de conserver les viandes dans un acide particulier. Les progrès étonnants des arts chimiques ont favorisé à-la-fois l'économie domestique et toutes les branches des arts et des sciences. L'art de fabriquer la soude s'est perfectionné à un point merveilleux; des couleurs plus solides ont promis aux tableaux de nos peintres une immortalité qui manque aux chefs-d'œuvre de Léonard de Vinci. On a extrait des ossements des animaux des matières utiles et une nourriture salubre.

La porcelaine des pauvres, la poterie grès, s'est améliorée. Dans la fabrication de la belle porcelaine, on a cherché et trouvé de grandes économies; les pâtes ont gagné de solidité; les prix ont baissé. La peinture et la dorure de cette belle matière se sont enrichies de procédés simples et précieux, et de couleurs aussi éclatantes que durables. La cristallerie s'est tout-à-coup élevée à l'état le plus florissant. On a appris à préserver les glaces des effets de l'humidité, et à boucher les trous faits dans le tain, sans en altérer la réflexion ni l'éclat. Le luxe a trouvé de nouveaux moyens de jouissance, et le simple citoyen a vu naître chaque jour de nouvelles sources de bien-être.

Les arts métallurgiques ont acquis plusieurs méthodes nouvelles, et ont suivi un mouvement de perfectionnement très sensible. La fonte des fers a beaucoup gagné, et de nombreuses améliorations ont été données aux moyens mécaniques qu'on emploie dans les forges. Le nombre de ces dernières a augmenté; la fabrication de l'acier s'est singulièrement étendue; celle du laiton par la *blende* a été découverte. Le platine devenu malléable, en conservant l'énergie de résistance que son inflexibilité oppose à tous les acides et aux changements de température, s'est facilement prêté à toutes les préparations de l'industrie et à toutes les métamorphoses que lui demandait l'économie domestique.

Ces progrès des arts métallurgiques, progrès qui feront époque dans l'histoire de notre gloire manufacturière, ont singulièrement influé sur la fabrication des objets auxquels sont employées ces précieuses matières. Les manufactures de limes, de scies, de faulx, se sont, pour ainsi dire, acclimatées chez nous. L'importation des faulx étrangères a graduellement diminué; vingt fabriques ont envoyé à l'exposition de beaux outils de fer et d'acier, qui manquaient à nos expositions précédentes. Les armes, la quincaillerie, la serrurerie, ont partagé le mouvement général. L'orfévrerie elle-même et la bijouterie, qui tiennent d'un côté aux arts du goût, d'un autre aux arts mécaniques, ont fait des progrès. Le perfectionnement du plaqué promet à l'avenir dans cette partie des progrès plus grands encore. Enfin, tout en songeant à l'élégance des formes, à la variété des combinaisons, à la solidité, à la perfection des produits, on n'a point oublié les soins de l'humanité; on a veillé à la conservation des hommes. Un moyen de préserver les ouvriers doreurs de cette mort affreuse et prématurée qui les attend et que précèdent des douleurs lentes et épouvantables, a été découvert et appliqué.

Les machines utiles à l'agriculture se sont multipliées; d'autres machines de toute espèce ont favorisé les progrès des manufactures et des arts. La mécanique a offert plusieurs produits merveilleux, en horlogerie, en optique, et pour les instruments nécessaires aux sciences exactes. La calcographie et l'imprimerie ont trouvé de nouvelles ressources.

La lithographie a facilité la multiplication des dessins. En un mot, comme si le génie des arts s'était retrempé au milieu des troubles civils, on a vu parmi tant d'orages s'aggrandir de tous côtés le domaine de l'industrie, et les fruits de ce domaine immense se presser dans les salles du Louvre, pour donner aux Français un magnifique spectacle, qui les consolât de tant de malheurs, nés d'un seul revers.

L'ILE DE FRANCE,

AUJOURD'HUI

L'ILE MAURICE.

Une colonie française florissait encore dans les mers de l'Inde : au sein de ses rochers, dont la seule industrie avait fait la paisible conquête, s'élevait une population fière, brave, laborieuse, digne en tout du pays dont elle tirait son origine. Les hommes s'y distinguaient par le courage dans les périls, par la constance dans les travaux; et les femmes, par cette grace, cette beauté natives, dont nulle part la nature ne s'est montrée aussi prodigue. Cette colonie était L'ILE DE FRANCE. Quelle autre mérita mieux de porter le nom de la mère patrie !

Oubliée de la métropole aux jours terribles de la révolution, elle ne cessa pas de lui rester fidèle; loin de mendier les secours de l'étranger, ou d'accepter sa perfide assistance, elle sut non seulement suffire à sa propre défense, mais encore faire sortir de son port les seuls bâtiments armés qui maintinssent alors l'honneur du pavillon français sur des mers où, dix ans plutôt, l'illustre Suffren les avait promenés victorieux. Ceux qui ont écrit l'histoire de cette mémorable campagne maritime de 1782 n'ont pas assez dit que c'est à cette foule de jeunes créoles des îles de France et de Bourbon, si prompts à se rendre volontairement à l'appel du célèbre amiral, que celui-ci fut en partie redevable du succès de ses plus brillantes entreprises.

Toujours soumis aux lois de la métropole, mais étrangers à ses erreurs, les colons de l'Ile-de-France, en embrassant la cause de la liberté, parvinrent à se garantir de la contagion de l'anarchie.

Lorsqu'en 1795 des commissaires civils, embarqués sur la flotte destinée à aller prendre station dans les mers de l'Inde, sous le commandement du contre-amiral Sercey, menaçaient l'Ile-de-France de ce typhus politique auquel avait déja succombé Saint-Domingue, on vit avec admiration les habitants de la première de ces colonies, après avoir soumis à une espèce de quarantaine les vaisseaux qu'ils en croyaient infestés, se rallier aux autres pour conserver à la France sa dernière colonie, que menaçait une flotte anglaise. A cette époque, le lieutenant-colonel d'artillerie, aujourd'hui général, Villaret-de-Joyeuse, fut député par la colonie et par le général Malartic, pour plaider sa cause auprès du directoire et du conseil des cinq-cents.

Rassurés sur les intentions du gouvernement, les habitants de l'Ile-de-France se hâtèrent de rétablir leurs relations, un moment interrompues, avec la mère patrie, de rouvrir le port Louis à ses vaisseaux, de reconnaître son autorité, de recevoir ses agents.

Par un arrêté du 11 pluviôse an 11, le gouvernement français régla que les colonies des îles de France et de Bourbon seraient régies par un capitaine-général, un préfet colonial, et un commissaire de justice. Cet ordre de choses existait, et le lieutenant-général Decaen était gouverneur des deux colonies, lorsque, vers la fin de l'année 1809, la compagnie des Indes anglaises forma le projet de s'emparer de l'Ile-de-France.

Depuis long-temps cette île était l'objet de la haine et de la jalousie des marchands de Londres. L'expédition qui, dans le siècle dernier, fit la conquête de Madras, l'une des présidences anglaises à la côte de Coromandel, était partie de l'Ile-de-France. C'est de son port que sortirent les frégates et les corsaires qui, dans la dernière guerre, firent tant et de si riches captures sur le commerce anglais, dans le golfe de Bengale, dans le détroit de la Sonde, et dans la mer Rouge.

Une plus haute considération porta le gouvernement de la Grande-Bretagne à favoriser les projets de la compagnie des Indes contre l'Ile-de-France. Lorsque les peuples navigateurs de l'Europe eurent fondé des établissements sur les côtes de Malabar et de Coromandel, à l'entrée du golfe de Bengale, à Ceylan, à Java, aux Moluques, aux Philippines, ils sentirent que des vaisseaux partis des rives du Texel, de la Tamise, et de l'embouchure de la Garonne ou de la Seine, pour se rendre à Pondichéry, à Trinquemale et à Calcutta, avaient besoin, dans un si long trajet, de quelques points intermédiaires de relâche. Les Hollandais, qui d'abord s'établirent à Sainte-Hélène, l'avaient quittée pour le cap de Bonne-Espérance ; les Français occupèrent l'île Maurice, abandonnée en 1712 par les Hollandais ; et les Anglais, après avoir conquis et perdu Sainte-Hélène, avaient fini par en demeurer possesseurs. Cette dernière île [1] n'est qu'un misérable rocher qui n'offre guère qu'un bon mouillage et ses aiguades ; l'Ile-de-France, beaucoup plus vaste, susceptible de recevoir plusieurs genres de culture, joignait à ces avantages celui d'un havre excellent, et d'un port où les navires trouvent un abri sûr contre les moussons et contre les croisières ennemies.

Le cap de Bonne-Espérance, situé à moitié route des Indes, et à l'extrémité méridionale de l'Afrique, est un établissement d'une tout autre importance. Son territoire continental, et conséquemment sans limites, est peuplé d'environ soixante mille ames ; la ville du Cap en renferme à elle seule vingt-deux mille. Tout vaisseau étranger doit tribut pour en-

---

[1] Devenue si célèbre par l'exil et la mort de Napoléon.

trer et stationner dans le port; un grand hôpital permet d'y déposer les malades, et de recomposer les équipages affaiblis par les maladies ou les fatigues de la traversée; la terre des environs, fertile et cultivée, produit tout ce qui est nécessaire au ravitaillement des vaisseaux; le gouvernement et le commerce renferment dans de vastes magasins les objets les plus utiles à la navigation. De si grands avantages ne pouvaient manquer de tenter la cupidité anglaise. Mettant à profit les malheurs des temps, après s'être emparée du cap de Bonne-Espérance, la Grande-Bretagne s'en est assuré la possession en faisant ratifier, par le légitime traité de Paris, la cession que lui en avait faite l'illégitime traité d'Amiens; car s'il est une chose digne de remarque, même dans un temps où les paroles ont perdu tout crédit et sont incessamment démenties par les faits, c'est que tous les gouvernements qui se sont élevés contre l'ambition du chef de la France, qui, faisant taire leurs vieilles inimitiés et leurs jalousies secrètes, se sont ligués ensemble pour refouler le peuple français non seulement dans les limites naturelles de son territoire, mais même en-deçà de celles qui lui sont garanties par d'anciens traités, se sont montrés, après la victoire, aussi ambitieux, aussi empressés d'étendre leur domination et leur puissance, que le gouvernement envahisseur qu'ils venaient de renverser. Les mêmes *voix* qui disaient aux Français : *Vous restituerez la Belgique, vous restituerez la Savoie, vous restituerez Nice et Genève*, disaient aussi, *Nous gardons Venise, nous gardons la Pologne*: et dix plénipotentiaires anglais criaient à-la-fois: Nous gardons *Heilgoland*, nous gardons *Malte*, nous gardons *Siera-Leone*, nous gardons le cap de *Bonne-Espérance*, nous gardons l'*Ile-de-France*, nous gardons l'île de *Ceylan*, et son port magnifique de *Trinquemale* (que M. de Suffren avait conquis en 1782, et que la France a fait l'inconcevable faute de restituer aux Hollandais à la paix de 1783); nous gardons les états de *Tippoo, sultan,* ceux des soubhas du *Decan* et d'*Oude*, du nabab d'*Arcote;* nous gardons les royaumes de *Travencor*, de *Tanjaor*, les provinces de *Canara*, de *Guzerate*, de *Catteck*, etc., etc., les territoires de *Golconde*, de *Baroche*, de *Malaca*; et cependant, comme nous avons de notre côté promis des restitutions à nos alliés, nous consentons à restituer les dix-sept îles de *Feroë*, où l'on compte jusqu'à trois mille habitants; l'île stérile de *Gorée*, qui n'est plus bonne à rien depuis que nous avons aboli la traite; l'île *Saint-Pierre et Miquelon*, dont nous avons ruiné les établissements de fond en comble; l'île *Bourbon*, sans aucune valeur, du moment qu'on la sépare de l'Ile-de-France, son annexe indispensable; et même *Ba-*

tavia que dévore une peste endémique, où nous avons eu soin de soulever en partant contre le joug européen, la population indigène, la plus brave et la plus féroce qui soit au monde : en dédommagement de quoi nous gardons des territoires dont l'étendue peut s'estimer à six cents milles carrés; la population à une trentaine de millions d'ames, et les revenus, environ à deux cent millions de francs.

C'est par suite, et comme garant de cette même modération, que l'Angleterre a jugé à propos d'occuper les points militaires les plus importants du globe : *Heilgoland*, dans les mers d'Allemagne; *Corfou*, dans l'Adriatique; *Malte*, dans la Méditerranée; *Gibraltar*, à l'entrée du détroit; le cap de *Bonne-Espérance*, en Afrique; *Ceylan*, clef du golfe de Bengale; *La Trinité*, *Québec*, et *Halifax*, en Amérique.

Maîtres du cap de Bonne-Espérance, l'île Sainte-Hélène ne sera plus d'aucune valeur pour les Anglais aussitôt qu'elle aura cessé d'être la prison de leur plus formidable ennemi. L'Ile de France, située non loin de la pointe de l'Afrique, en est trop rapprochée pour être utile aux vaisseaux qui vont aborder au Cap à leur retour de l'Inde, ou à ceux qui y ont touché en venant d'Europe; ce fut donc bien moins pour l'acquérir que pour la ravir à la France, que l'Angleterre a exigé qu'on la lui cédât : maintenant elle est plus à charge aux Anglais qu'elle ne leur est utile, et l'on sait qu'ils ne conservent que ce qui peut leur offrir des avantages.

Cette politique trop connue explique les craintes que manifestent quelques colons de l'Ile-de-France sur les vues du cabinet britannique à leur égard, et leur fait voir la marche et les progrès d'un projet de ruine et de destruction dans les événements qui s'y sont succédé, et dans les mesures qui ont été prises depuis que cette colonie a passé sous une domination étrangère, et qu'elle a cessé de porter le nom d'Ile-de-France.

Au printemps de l'année 1810, le général Decaen, capitaine-général, n'avait dans l'île, pour toute défense, qu'une garnison d'environ six cents hommes, et quelques batteries mal liées sur les côtes. Il connaissait les projets de la compagnie des Indes anglaises; il en avait depuis long-temps prévenu M. de Crest, ministre, au souvenir duquel la destruction totale de la marine française est si malheureusement attachée. Vers la fin de 1809, le général Decaen avait même envoyé son premier aide-de-camp à ce ministre pour réclamer des secours. Avec deux mille hommes, il répondait de la conservation de l'île; et sa résistance, avec le peu de troupes qui lui étaient restées, montre assez que cette promesse n'eût point été vaine. Ce ne fut qu'au bout de deux ans, après des supplications sans nombre et sans fin, que le ministre de la marine se décida à envoyer au brave général Decaen un secours de trois frégates et de huit cents hommes. Il n'était plus temps. L'expédition anglaise, forte de vingt-quatre mille hommes, sans comprendre les équipages d'au moins cent vingt bâtiments, avait effectué son débarquement à l'Ilesde-France. La première attaque avait été repoussée avec une grande perte pour les Anglais ; mais l'habileté du capitaine, le courage des troupes et des habitants, succombèrent à la fin sous le nombre : le général se vit contraint de signer, le 2 décembre 1810, une capitulation en vertu de laquelle la garnison et les marins des frégates furent reconduits en France.

De cette époque datent tous les malheurs de cette intéressante colonie, définitivement cédée aux Anglais par les traités de 1814.

Des taxes accablantes ont attiré dans les caisses du fisc tout le numéraire qui existait dans l'île ; il y a été remplacé par des valeurs ou des monnaies étrangères, que l'on a forcé les colons de recevoir à un taux au-dessus de leur valeur réelle ; des droits ruineux ont éloigné du port jusqu'aux bâtiments anglais ; les travaux nécessaires à sa sûreté et à sa conservation ont été négligés, une police inquisitoriale a été établie dans l'île, et les esclaves, transformés en délateurs, ont été secrétement invités à dénoncer leurs maîtres; des vaisseaux armés rôdent autour de l'île; des soldats répandus sur les côtes, ou disséminés dans l'intérieur, y font le vil métier d'espions; plusieurs branches d'industrie qui étaient libres, sont devenues un monopole réservé aux seuls Anglais; les places dans l'administration ont été ôtées aux colons, et données à des hommes venus du dehors; il a même été interdit aux conseils municipaux de s'assembler et de faire des représentations; l'autorité du capitaine-général était balancée par celle du préfet colonial et du commissaire de justice; l'autorité du gouverneur anglais est arbitraire, absolue; elle ne souffre ni contradiction, ni remontrances: des terrains appartenant à des colons ont été réunis au domaine, et n'ont pas encore été payés aux propriétaires, dont ils sont maintenant l'unique ressource.

Les flammes, les ouragans, la peste et les Anglais semblent avoir conspiré la ruine de cette malheureuse colonie.

L'incendie qui éclata dans la nuit du 25 au 26 septembre 1816, a consumé la plus riche moitié de la ville de Port-Louis: la perte a été évaluée à plus de trente millions de francs; les vents ont dispersé la cendre des habitations particulières et des édifices publics; la place est restée nue, et rien n'annonce de la part du gouvernement l'intention de rétablir ce qui a été détruit.

Dans la nuit du 28 février au 1ᵉʳ mars 1818, un ouragan terrible parcourut l'île; ses ravages occasionèrent une perte de plus d'un million cinq cent mille francs aux infortunés colons.

Le feu se manifesta de nouveau dans la ville de Port-Louis, au mois de mars 1819; les jeunes gens, les élèves du lycée, et les habitants, parvinrent à en arrêter les progrès. On remarqua, avec moins d'étonnement que d'indignation, la conduite des troupes : la garnison ne fit aucun effort contre l'incendie, seulement on vit plusieurs soldats ivres se livrer impunément au pillage.

Trois fois des maladies pestilentielles, apportées dans l'île, ont décimé les familles et les ateliers des colons; et lorsque accablés de tant de maux, ils ont laissé échapper quelques plaintes, pour toute consolation on leur a dit : *Vous êtes plus heureux que vous ne méritez de l'être.* Ces paroles sont sorties de la bouche d'un Anglais; elles s'adressaient aux habitants d'une île qui, hier encore, s'appelait l'Ile-de-France : le sens en est suffisamment expliqué.

Un journal qui se publie à Calcutta, l'*Asiatic Miror*, annonça, au mois de novembre 1819, que *la fièvre, les dyssenteries* et le *cholera-morbus* exerçaient d'affreux ravages à Trinquemale et dans les environs : ces terribles fléaux frappaient de mort indistinctement les habitants et les troupes ; les équipages des vaisseaux qui se trouvaient à Ceylan en étaient également atteints. On savait que la frégate *la Topaze* avait touché à Manille ; son apparition à la vue de l'île Maurice y jeta l'effroi ; par une négligence déja assez criminelle, sans qu'on la suppose le fruit d'un calcul atroce, aucune des précautions prescrites par les lois sanitaires ne fut prise ; et le gouverneur, à qui les habitants s'en plaignirent, crut se justifier en disant qu'il les ignorait. La frégate fut introduite dans le port, et même dans l'arrière-port, appelé *le trou Fanfaron*, sans avoir été soumise à aucune quarantaine, et ses embarcations furent dirigées sur tous les points des côtes : on a été jusqu'à dire qu'il avait été débarqué des barriques bien goudronnées renfermant des effets, lesquels, après avoir servi aux pestiférés de l'équipage, furent distribués aux noirs de l'île. Des témoignages nombreux à l'appui d'une si terrible accusation, ne suffiraient pas pour en détruire l'invraisemblance : il faut avoir éprouvé une bien longue série de malheurs et d'iniquités, pour ne pas repousser avec horreur l'idée d'un semblable forfait. L'avarice et la haine n'ont encore rien produit de pareil, même de l'autre côté de la Manche.

Quoi qu'il en soit la maladie se manifesta bientôt

d'une manière terrible, et M. le major-général Darling, cédant aux cris des habitants, ordonna à la commission médicale d'examiner quelles mesures il convenait d'employer pour empêcher la contagion de se répandre dans l'île. Il est au moins singulier que le gouverneur, en consultant des hommes de l'art sur un objet entièrement de leur compétence, ait cru devoir leur indiquer deux moyens d'hygiène, l'un, *l'usage des vêtements chauds pour les esclaves*, l'autre, la substitution au riz de Java et de Madagascar (nourriture habituelle des habitants, dont leur commerce les approvisionne), du *riz de Bengale*, dont les Anglais seuls trafiquent, et dont M. le gouverneur prescrivait *l'usage exclusif*. Il recommande aux membres de la commission médicale d'user de l'influence que leur donnent l'estime et la considération dont ils jouissent, pour calmer les alarmes auxquelles les habitants se sont livrés. Prompts à obéir, le docteur W. Burke, médecin en chef du gouvernement; les sieurs Sibbald, médecin; Markham, chirurgien du cinquante-sixième régiment; Macdonald, médecin de l'artillerie; Gillispie et Kinnis, médecins attachés à l'hôpital, n'hésitèrent pas à déclarer que cette maladie était semblable à celle qui régna dans l'île en 1775 après une longue sécheresse; qu'on pouvait supposer que la cause en était dans l'air, qu'elle n'avait rien de contagieux, et n'avait point été introduite de l'extérieur dans l'île. Cette assertion est appuyée sur des faits évidemment faux. Le docteur Burke et ses complaisants confrères affirment que le premier exemple de la maladie qui soit parvenu à leur connaissance remonte au 6 septembre, et que le 19 novembre un second exemple s'est présenté à l'hôpital civil. Ces deux époques sont antérieures à l'arrivée de la frégate *la Topaze*: ce n'est donc pas cette frégate qui a apporté la contagion. On ne peut donc attribuer ce nouveau désastre ni à la négligence du major-général, ni à sa prétendue ignorance des réglements sanitaires; tel est la conclusion que le gouverneur et ses amis prétendent en tirer. A l'appui du rapport des médecins anglais, ils font publier un autre rapport officieux de médecins et officiers de santé francais, *qui*, disent-ils, *ne croient-pas nécessaire de fuir le séjour de Port-Louis, mais qui pourtant ne désapprouvent pas cette précaution.* Ces médecins ne rougissent pas de déclarer qu'ils se sont assurés de la régularité des visites sanitaires en rade et de la séquestration de tout vaisseau suspect, lorsque la frégate *la Topaze* est encore à l'ancre dans le trou Fanfaron! Ce rapport et la déclaration de la commission de santé, qu'*elle n'a aucun motif de croire que la maladie régnante soit contagieuse*, sont deux pièces plus étranges encore que les rapports du docteur Burke et des médecins anglais. Quatre noirs appelés pour assister une femme noire, avaient été tous quatre attaqués de la même maladie, et y avaient succombé avant la négresse. Les symptômes du typhus n'indiquaient que trop son caractère pestilentiel : perte subite des forces, diminution et bientôt absence de chaleur et de pouls, sueurs froides et visqueuses, développement du charbon et de points gangreneux sur toute la surface du corps. Les malades qui résistaient le plus, succombaient dans deux jours, d'autres dans vingt heures, dans dix, dans cinq, et même dans trois heures. A quels signes ces médecins prétendaient-ils donc reconnaître la peste et son caractère contagieux ? Ce qui surprend le plus dans leur déclaration, ou plutôt ce qui semble démontrer que c'est par obéissance, et non par conviction, qu'elle a été faite, c'est qu'au bas on a eu l'impudence d'y placer le nom de médecins qui ne l'ont pas signée, et ce sont les plus distingués de l'île, les docteurs Michel, Josse, Guillemeau. C'étaient les précautions qu'inspire la prudence, et non les périls d'une confiance fatale, que ces dignes médecins eussent conseillées à leurs compatriotes : la voix du mensonge fut seule entendue ; elle porta la mort dans l'île entière et la couvrit de funérailles ; sept à huit mille individus succombèrent, plus de vingt mille étaient à-la-fois étendus sur des lits de douleur; et c'est dans ces jours de deuil, et comme pour se venger d'avoir été contraint d'éloigner la frégate, que le général Darling accuse, en termes pleins d'orgueil et d'outrages, les infortunés colons de favoriser le commerce des esclaves!

L'hypocrisie, à quelque hauteur qu'elle se place, quelques dédains qu'elle affecte, ne parviendra jamais à dissimuler tout ce qu'elle a de lâche et de honteux; elle n'est ni moins détestable ni moins digne de mépris, assise aux brillants conseils des rois, que dans les noirs conciliabules de quelques obscurs fanatiques. Les Romains stipulèrent pour le genre humain en imposant aux Carthaginois l'obligation de ne plus sacrifier des hommes sur les autels des dieux; mais en réjouissance du traité, ils donnèrent des combats de gladiateurs. Ces Romains si sensibles étaient avides des jeux cruels du cirque; le sang des combattants réjouissait leurs regards; et leurs vierges timides, pour jouir du spectacle des angoisses extrêmes et des dernières douleurs, ordonnaient par un geste au vainqueur d'égorger le vaincu. Les Anglais, à leur tour, sont devenus des héros d'humanité; ils se sont faits, contre le reste de la terre, les protecteurs du sang africain; ils l'ont vengé dans les plaines et dans les mornes de Saint-Domingue, par le massacre et l'incendie; ils ont généralisé le décret de l'assemblée constituante de

France, et stipulé l'abolition de la traite des noirs ; leurs vaisseaux attaquent sur toutes les mers, sous tous les pavillons, les bâtiments négriers; les écrivains anglais poursuivent de leurs éloquentes déclamations, et ceux qui vendent et ceux qui achètent des esclaves ; leur philanthropie n'a pas assez de larmes pour les uns, de haine et d'imprécations pour les autres. Mais les colonies anglaises regorgent d'esclaves, et l'on y découvre à peine un petit nombre d'affranchis. Les bills qui ont fait cesser le trafic des noirs, ne peuvent être mis trop tôt à exécution dans les colonies françaises et étrangères. Chaque heure de délai était un outrage fait à la nature, un crime de lèse-humanité. Mais ces mêmes bills n'ont été mis en vigueur dans les colonies anglaises, qu'après y avoir épuisé pendant vingt ans les précautions, les ménagements nécessaires pour assurer à-la-fois les intérêts des colons et la conservation de la population noire, c'est-à-dire sa reproduction dans l'esclavage. Ruiner les autres et s'enrichir soi-même, voilà tout le secret de cette humanité si fastueuse en paroles, si avare en effets. Le peuple romain défendit les sacrifices humains, parceque seul il voulut avoir le droit de tuer des hommes. Les Anglais n'auraient-ils fait abolir la traite des noirs que parceque seuls ils veulent posséder des esclaves? Qui donc sur la terre ignore ces vérités? qui donc, en lisant la lettre du major-général Darling au conseil-général de la commune du Port-Louis, croira que le seul zèle de l'humanité ait excité son courroux contre l'introduction de quelques esclaves dans l'Ile de France, et que, pour n'avoir pas dénoncé ce trafic clandestin, que la plupart d'entre eux n'ont pas connu, les habitants de cette colonie méritent en effet l'abandon et la flétrissure dont il les menace? Non, ils n'ont point cessé d'être dignes de l'estime et de l'intérêt du monde entier, ces Français qu'un déplorable traité a séparés de la France! non, des hommes qui méritèrent les regrets si vifs des gouverneurs La Bourdonnaie, Souillac, Dupuy, l'honorable suffrage de l'amiral Suffren, les éloges du vertueux et sensible auteur de Paul et Virginie! non, les compatriotes des Bertin, des Parny, des Lonchamps, ne seront point flétris aux yeux de l'Europe, sur le rapport d'un major-général anglais! non, leur voix ne sera point étouffée, leurs cris ne resteront point sans échos, parceque le gouverneur de la colonie aura refusé de recevoir leurs réclamations, et renvoyé sans les ouvrir les lettres des principaux habitants. Il ne sera pas interdit aux presses de Londres de répéter leurs doléances, et celles de la capitale de la France ne resteront pas muettes à leurs plaintes tant que des mots français y seront prononcés, tant que les noms de *morne de la Découverte*, de *baie du Tombeau*, de *cap Malheureux* ne seront point effacés, tant qu'elle renfermera des cultivateurs et des négocians aussi respectables que les Saulnier [1], les Bousquet, les Rondeaux, les Pitot [2]; des avocats aussi instruits, aussi probes que les d'Épinay [3]; des médecins aussi habiles que les Michel [4] et les Guillemeau [5]; et tant d'autres citoyens non moins recommandables par leurs vertus, leurs talens et leur patriotisme : tant que sous des maîtres tels que les Ducoudray [6], les Bernard [7], les d'Abbadie [8], la jeunesse se livrera aux études des lettres, des sciences, et de la philosophie; tant que la maison de chaque habitant sera un hospice ouvert à tout malheureux, à tout voyageur égaré, et souvent un temple où retentit le doux concert des muses [9]. C'est en vain qu'on aura fait reprendre à

[1] Président du conseil-général de la commune de Port-Louis.
[2] Secrétaire-général de la commune.
[3] Avocat très distingué, qui s'est plus particulièrement voué à la défense des opprimés.
[4] M. Michel Margeat.
[5] M. Guillemeau. — M Josse.
[6] Proviseur du lycée; on y compte une centaine d'élèves.
[7] Sous-proviseur, colonel de cavalerie.
[8] Professeur de mathématiques.
[9] Les lettres sont cultivées à l'Ile de France; on n'y a point oublié les noms des Parny, des Bertin, des Lonchamps. La société de la Table ovale a produit des chansons que ne désavoueraient

cette île son vieux nom de Maurice, elle ne cessera point d'être l'Ile de France; jamais les Français ne cesseront de considérer ses habitants comme leurs frères, de se réjouir de leur joie, de s'attendrir au récit de leurs infortunes. Hélas! pourquoi faut-il qu'ils vivent sous des cieux si éloignés des nôtres! Lorsque les Anglais eurent vendu Parga et ses habitants au féroce Ali, « Venez, dirent leurs frères des îles Ioniennes, abandonnez cette terre devenue inhospitalière, fuyez les bourreaux et les supplices que le tyran de Janina vous réserve; il y aura toujours sous notre toit et à notre table place pour des Grecs qui fuient l'esclavage. »

Et nous, si l'immensité des mers ne nous séparait pas des habitants de Maurice, nous leur dirions aussi : « Votre terre a été livrée aux rois de la Grande-Bretagne, quittez-la; soulagez votre oreille de ces sons étrangers qui la fatiguent; venez entendre les doux accents de la langue maternelle; nous ne pouvons encore vous offrir l'entière protection des lois, mais la charte existe, et les ministres passent vite; vous arriverez pour jouir des douceurs du gouver-

---

point les meilleurs chansonniers des deux caveaux. La société de la Table ovale compte au nombre de ses membres les plus distingués, MM. d'Épinay, Arrighi, et M. Thomi Pitot, son président.

nement constitutionnel... » Mais hélas! puisqu'il est impossible aux malheureux colons de l'île Maurice de répondre à l'appel de leur ancienne métropole, qu'ils apprennent du moins qu'ils n'ont point cessé d'être pour elle un objet d'amour et de sollicitude; et que la publication à Paris de la correspondance que nous imprimons, en apprenant au monde leurs malheurs, soit pour eux la preuve que jamais les Français ne cesseront de porter un tendre intérêt à leurs frères de l'Île de France [1].

---

[1] A ce mémoire publié en 1820 était jointe des pièces officielles que j'ai dû supprimer dans ce volume.

FIN DU SECOND ET DERNIER VOLUME DES MÉLANGES.

TABLE.

BEAUX-ARTS.

Salon de 1817. Coup d'œil général............ Page 3
— Première visite. Entrée d'Henri IV à Paris........ 14
— Seconde Visite............................ 26
— Troisième Visite.......................... 40
— Quatrième Visite.......................... 54
— Cinquième Visite.......................... 67
Salon de 1819. Première Visite................. 78
— Seconde Visite............................ 90
— Troisième Visite. Tableaux de genre........... 106
— Quatrième Visite.......................... 124
— Portraits................................ 136
— Tableaux nouveaux, Miniatures, Dessins........ 139
— Cinquième Visite. Pygmalion et Galatée........ 154
— Sculpture................................ 159
— Les Roses, par P. J. Redouté................. 167

SALON D'HORACE VERNET.

Bataille de Jemmapes........................ 172
Défense de la barrière de Clichy................ 182
La jeune Druidesse.......................... 187
La folle de Bedlam.......................... 190
Marine Grecque............................. 195

Une Odalisque tenant un sablier. Une Madeleine péni-
tente .... Page 198
Le Soldat de Waterloo 203
Le Soldat laboureur 206
La Redoute de Kabrunn........................ 210
La défense d'Huningue........................ 214
Un Capucin en méditation devant un poignard...... 217
L'Atelier d'Horace Vernet..................... 220
Essai sur l'opéra français................... 225
— Du Poeme................................ 232
— De la musique 257
— Danse et Décorations..................... 278

INDUSTRIE.

Discours sur l'industrie; dédié au commerce de France. 285

exposition de 1819.

Chap. Ier. Le Louvre. Aveu d'un journaliste anglais.
  Progrès de l'industrie en France........... 337
 II. Instruments aratoires. Appareils de distilla-
  tion. Bateau insubmergible. Pompes à feu... 342
 III. Du fer. Fonte de fer. Mortiers en fonte.
  Ustensiles divers en fonte. Cuivres laminés.
  M. Dufaud; lames pour canons de fusil..... 349
 IV. Rouissage 351
 V. Produits chimiques. Tanneries. Bois vernis.
  Papiers peints. Lits pour le service des malades
  et autres inventions philanthropiques de M.
  Daujon 352
 VI. Fabriques de laines. Seconde salle......... 355
 VII. Manufactures Ternaux 360

de soie. Velours de soie, etc., etc...... Page 416

Chap. XXIII. Meubles. Bois indigènes. Ameublement des temps héroïques. Bronzes............. 418

XXIV. Coup d'œil sur l'histoire de l'horlogerie. Diverses machines pour mesurer le temps.... 423

XXV. Suite de l'horlogerie. MM. Lepaute, Bréguet, Wagner, etc. Chronomètre français.... 428

XXVI. Progrès des arts métallurgiques. Manufactures d'Emphi, de Romilly, etc............ 436

XXVII. Orfévrerie...................... 439

XXVIII. Conclusion. Coup d'œil général sur les progrès de l'industrie française, constatés par l'exposition de 1819. Vêtements de l'homme. Tissus de toute espèce, laines, cachemires, soiries, tulles, crêpes, cotons, teintures, blanchîment, impression sur étoffes............ 441

Fragment d'un mémoire sur l'Ile-de-France, aujourd'hui l'île Maurice...................... 448

FIN DE LA TABLE.

Chap. VIII. Fabriques de coton.............. Page 361
IX. Toiles peintes. MM. Kœchlin, de Mulhausen; Oberkampf, de Jouy; Davillier, de Waisserling.. 366
X. Indifférence pour les inventeurs. Typographie. Progrès de cet art. Famille Didot...... 372
XI. Iconographie. Découverte de M. Redouté... 376
XII. Du verre, chez les anciens et les modernes. Instruments d'optique et de marine. Miroirs. Carreaux-mosaiques. Diamants faux........ 378
XIII. Vinaigre de bois..................... 382
XIV. Plaqué d'or et d'argent. Bonnets rouges. Coutellerie de Sir-Henry. Vases de P. Fauconnier. Yeux artificiels de O. Desjardins....... 383
XV. Tannerie. Progrès de cet art............ 386
XVI. Chanvre et lin........................ 391
XVII. Cristaux. Progrès de l'industrie dans cette partie. Manufactures Chagot père et fils, de Mont-Cenis. Incrustations.................. 399
XVIII. Commerce et fabrication des glaces. Produits de la grande manufacture de Paris. Verre filé. Verres à vitres, à cloches, cylindriques.. 403
XIX. Coup d'œil historique sur les vases des anciens. Vases grecs. Faïences françaises....... 406
XX. Porcelaines de Sèvres. Porcelaines de fabriques diverses. Immenses progrès de l'industrie en ce genre. Peinture sur porcelaine, émaux, et camées.................................. 410
XXI. De l'esprit de système. Fabriques de dentelles. Blondes et tulles. Madame la marquise d'Argence................................ 412
XXII. Coup d'œil historique sur la soie. Étoffes

www.ingramcontent.com/pod-product-compliance
Lightning Source LLC
Chambersburg PA
CBHW072127220426
43664CB00013B/2154